Callwey

Eine Trachtenkunde

Band I

Die Tracht in Niederbayern

Teil 1: Gäuboden

Teil 2: Unteres Rott- und Vilstal

Band II

Die Tracht im Bayerischen- und Böhmerwald

Callwey Reprint

Eine Trachtenkunde

Oskar von Zaborsky-Wahlstätten

Die Tracht im Bayerischen- und Böhmerwald

Band II

Verlag Georg D. W. Callwey München

CIP-Kurztitelaufnahme der Deutschen Bibliothek
Zaborsky-Wahlstätten, Oskar von:
Eine Trachtenkunde / Oskar von Zaborsky-Wahlstätten. – Repr. – München : Callwey.
(Callwey-Reprint)
Ursprüngl. Ausg. u.d.T.: Zaborsky-Wahlstätten, Oskar von: Trachtenkunde der bayerischen Gaue. Bd. 2. → Zaborsky-Wahlstätten, Oskar von: Die Tracht im bayerischen und Böhmerwald

Zaborsky-Wahlstätten, Oskar von:
Die Tracht im Bayerischen und Böhmerwald / Oskar von Zaborsky-Wahlstätten. – 2. Aufl., Repr. – München : Callwey, 1979.
(Eine Trachtenkunde / Oskar von Zaborsky-Wahlstätten ; Bd. 2) (Callwey-Reprint)
1. Aufl. u.d.T.: Zaborsky-Wahlstätten, Oskar von: Die Tracht im Bayerischen und Oberpfälzer Wald.
ISBN 3-7667-0483-4

2. Auflage 1979

Schutzumschlag Baur + Belli Design, München
Lithos Schwitter AG, Basel
Gesamtherstellung Kösel, Kempten
Printed in Germany 1979
ISBN 3-7667-0483-4

Inhalt

Vorbemerkungen für den Leser

Um sehr oft wiederkehrende Begriffe raumsparender zu kennzeichnen, stehen im folgenden Text die Abkürzungen

Jahrhundert	Jh.	Votivtafel	VT
Landkreis	Lkrs.	Abbildungstafel	T.
Bezirk	Bez.	oben = o, unten = u, links = l, rechts = r, Mitte = M.	

Die einzelnen Landkreise sind möglichst stets in der gleichen Reihenfolge von Norden nach Süden behandelt und wie folgt abgekürzt:

Cham	C	Grafenau	G
Kötzting	K	Vilshofen	Vh
Bogen	B	Passau	P
Viechtach	V	Wolfstein	Wo
Regen	R	Wegscheid	We
Deggendorf	D	Böhmerwald (als Ganzes)	Bö

Die hochgestellten Ziffern, die in den Text eingefügt sind, verweisen auf den ausführlichen Anmerkungsteil, in Klammern genannte oder im Text erwähnte Autorennamen auf das Literaturverzeichnis am Schluß des Buches.

Vorwort

Den fast vergessenen und verwehten Blütenflor ostbayerischer Trachten in einen unvergänglichen Kranz zu binden, ist seit zwanzig Jahren mein Anliegen. Damals schon formte sich die erste Fassung dieses Buches, das nach Überwindung unerwarteter äußerer Schwierigkeiten nun endlich erscheinen kann[1]. Dies ist vor allem der Fürsprache hilfsbereiter Persönlichkeiten zu danken. Um die für ein Trachtenwerk unentbehrlichen farbigen Tafeln herstellen zu können, war eine wesentliche materielle Unterstützung nötig. Dazu fand sich eine hohe bayerische Dienststelle bereit, daneben der Adalbert-Stifter-Verein e. V. in München. Und es fanden sich auch großherzige private Förderer, die ihre Beihilfe zur angemessenen Ausstattung dieser Arbeit nicht versagten. Ihrer und zahlreicher Gleichstrebender, die mir durch wertvolle Hinweise sachliche Beiträge für meine Forschung lieferten, gedenke ich in Dankbarkeit:
Herr Dr. Gustav Baumgarter, Wien; Herr Oberlehrer i. R. Josef Blau, früher Neuern; Herr Dr. Hans Bleibrunner, Heimatpfleger des Bezirks Niederbayern; Herr Professor Fritz Blumentritt, früher Budweis; Herr Direktor Dr. Walter Boll, Museum der Stadt Regensburg; Herr Regierungsrat Dr. von Braun-Behrens, Regensburg, Kulturreferent von Niederbayern und der Oberpfalz; Fräulein Dr. Irene Diepolder, Museum der Stadt Regensburg; Herr Dr. Stefan Dittrich, Kötzting, Bundestagsabgeordneter; Herr Direktor Draxler, früher Wallern; Pater Wilhelm Fink O.S.B., Metten; Herr Dr. Torsten Gebhard, München, Hauptkonservator am Bayerischen Landesamt für Denkmalpflege; Herr Hans Herramhof jr., Regensburg; Herr Expositus Georg Hofmann, Schönau bei Viechtach; Herr Conrad Krämer, Kötzting; Herr Universitätsprofessor Dr. Rudolf Kriß, Berchtesgaden; Herr Dr. Lenz Rettenbeck-Kriß, München; die Bayerische Landesstelle für Volkskunde, München, mit Herrn Dr. Hans Moser und Herrn Dr. Karl-S. Kramer; Herr wirkl. Amtsrat Franz Lenz, Wien; Herr Dr. Franz Lipp, Linz, Konservator am Oberösterreichischen Landesmuseum; Herr Max Peinkofer, Bischofsmais; Herr Senator Diplom-Forstwirt Hippolyth Freiherr von Poschinger, Frauenau; Herr Georg Rehm, Poschingerhütte bei Arnbruck; Herr Direktor Dr. Josef M. Ritz, München; Herr Professor Wolfgang M. Schmid, Passau und München; Herr Direktor Heinz Steidl, früher Winterberg; die Vereinigten Farbenglaswerke AG, Zwiesel; die Zinngießerei Wiedamann in Regensburg – und weitere, zahlreiche Beamte und Leiter bzw. Besitzer von Museen und Sammlungen.
Nicht zuletzt aber danke ich meinem Verleger, Herrn Carl Baur-Callwey, der mir trotz aller Schwierigkeiten das Vertrauen bewahrte und unter eigenen Opfern das Buch in der würdigen Gestalt erscheinen ließ.

Leckern b. Kötzting, im März 1958 *Der Verfasser*

Abgrenzungen und Grundlagen

Fragt man einen Niederbayern, der aus dem Gebirgsland nördlich der Donau stammt, nach dem Namen seiner Heimat, so nennt er sie einfach den Wald[2]. Genau so der Böhmerwäldler jenseits des Grenzkammes. Geht der Waldler über die Donau, dann geht er ins Gäu, oder in den Gäuboden, verließ der Böhmerwäldler seine Berge und wandte sich nach Norden, dann ging er ins Land. Früher hießen die Bayerischen Gerichte nördlich der Donau „vorm Wald"[3]. Entgegen dem allgemeinen, seit 1522 auch aus schriftlichen Belegen bekannten Gebrauch des Namens Behaimer oder Böhmerwald, d. i. Wald gegen Böhmen, verweist Wimmer[4] diese Bezeichnung über die Landesgrenze. Nach dem ersten Weltkrieg bürgerte sich der Name „Bayerischer Wald" für das ganze Gebiet bis an die Grenze ein. Trotzdem singen alle Waldler auch heute noch „Tief drin im Böhmerwald" als ihr Heimatlied.
Der „Vorwald", nahe der Donau, geographisch gesprochen der eigentliche Bayerische Wald, ist von den Hauptkämmen, dem Böhmerwald, durch den Pfahl getrennt. Dieser, eine zackige Mauer aus Quarzit, erstreckt sich vom Südosten des Lkrs. Cham über Neurandsberg und Weißenstein, etwa gleichlaufend mit der Donau, fast schnurgerade in einer Länge von über 100 km.
Hans Schreiber[5], dem wir viele wesentliche Feststellungen zu diesem Kapitel verdanken, begrenzt den Gebirgsblock des Böhmerwaldes mit dem Pfahl von Cham bis zum Fuß des Dreisessel, dem Tal der Gr. Mühl bei St. Oswald in Oberösterreich, der Moldau von Unterwuldau bis Hohenfurth, dem Zartlesdorfer Sattel und dem Tal der Maltsch bei Kaplitz. Die Nordostgrenze zieht er östlich von Bergreichenstein, die Nordgrenze durch die Neumark-Further Senke und das Tal des Chambaches. Danach ist der Böhmerwald geographisch gesehen ein Rechteck von 132 km Länge und 37 km Breite mit dem Ausmaß von 4888 km². Davon gehören zu Bayern 1709 km², zu Böhmen 2485 km², zu Oberösterreich 555 km².[6] Im Jahre 1935 war dieses Gebiet von 300 253 Menschen (61 auf dem km²) bewohnt. Es ist zu 51% mit Wald bedeckt. Das Grundgestein ist, um nur die häufigsten zu nennen, besonders im Norden Gneis (57%), vom Tal des Schwarzen Regen bei Patersdorf an vielfach auch Granit (20%)[7].
Von den durch den Wald gezogenen politischen Grenzen ist natürlich die uralte gegen Böhmen die wichtigste. Sie verläuft über den Hauptkamm, von dem sich der höchste Gipfel, der Arber (1457 m) gegen Süden absetzt. Im Spanischen Erbfolgekrieg ergriff Österreich von einigen schmalen Grenzstreifen im Wald Besitz (1707). Daher kommt es, daß die Schwarzkoppe bei Waldmünchen jetzt zu Böhmen gehört und auch auf Bayerischen Landkarten meist Cerkov genannt wird. Das Hin- und Herrücken der Marksteine im Eisensteiner Kessel endete 1766 mit dessen Teilung. Im Unteren Wald trennte die Ilz bis an den Lusen das Fürstbistum Passau ab. In das südöstliche Viertel des Bistumslandes schob sich seit dem 16. Jh. bis 1766 wie ein Keil die österreichische Herrschaft Rannariedl. Sonst war der Wald zum größten Teil als Erbschaft von den Grafen von Bogen (von denen auch die Rauten im Bayerischen Wappen stammen) schon seit dem hohen Mittelalter wittelsbachisch, abgesehen von kleinen unmittelbaren Herrschaften[8].
Sehr alte, z. T. schon vorgeschichtliche Verkehrswege führen quer über den Grenzwald. Besonders am Hauptkamm waren sie nur für Saumrosse und Kraxenträger gangbar. Der bekannteste von ihnen

ist der Goldene Steig von Passau über Wallern nach Prachatitz, doch zählt Schreiber[5] zwölf verschiedene Steige, z. T noch mit Abzweigungen auf, deren nördlichster durch die Senke von Furth und Neumarkt verläuft. An ihnen entstanden frühzeitig Siedlungen und seit dem 10. Jh. mitten im Wald auch Kirchen. Die zahlreichen Grenzburgen, die zur Sicherung dieser Wege dienten, sind in ihren Ursprüngen sehr alt.

Durchaus nicht überall ist der Wald landwirtschaftlich weniger ertragreich als das Land außerhalb seiner Berge[9]. Im Lößgebiet des Chamer Beckens finden sich etwa 60 Ing-Orte[10], die hier eine Einwanderung der Bajuvaren über die Further Senke möglich erscheinen lassen. Allerdings zieht sich von hier auch ein Streugebiet von Ing-Orten gegen Straubing und Regensburg hin, so daß die erste Kolonisation auch in umgekehrter Richtung erfolgt sein kann[11].

Die von den Grundherrschaften gelenkte erste Erschließung des Nordgaus erfaßte mehr die südliche Oberpfalz. Im 10. und 11. Jh. war schon das Tal der Schwarzach (Opf.) besiedelt, im 12. Jh. die „siedlungsfeindlichen" Gebiete zwischen Schwarzach und Regen. Der sich östlich anschließende Teil des Donaurandgebirges (Vorwald), des Pfahles und des hohen Böhmerwaldes war Rodungsgebiet der Klöster Niederaltaich (gegr. 741), Metten (gegr. 766), Rott a. Inn und der Grafen von Bogen; in weit geringerem Maße von Pfaffmünster, Oberaltaich und Windberg. In sehr früher Zeit waren die von der Donau her leicht zugänglichen Buchten und Vorberge besiedelt, z. B. der Graflinger und der Lallinger Winkel bei Deggendorf, und die Passauer Gegend bis nach Tittling und Hutthurm[10].

Durch den Ungarneinfall, der selbst das Tal des Oberen Regen verwüstete, wurde die Siedlungstätigkeit vorübergehend unterbrochen. Die darauf folgende erstreckte sich bis nach Böhmen. So wurde 1195 Winterberg von den Grafen von Bogen gegründet[12].

Es würde hier viel zu weit führen, die verschiedenen Siedlungs-Pfade und -Wellen im einzelnen zu verfolgen. Ihre Erforschung wird erleichtert durch die Gepflogenheit, die Endsilben der neugegründeten Orte in den verschiedenen Zeitabschnitten verschieden zu wählen. So kennt man Dorf-Orte, Zell-Orte, Hof-Orte, Ried-Orte, die Orte auf -ern (die unechten Ing-Orte, weil sie im Volksmunde so gesprochen werden, Lecking statt Leckern), Mais-Orte, und wohl als letzte die Reut-Orte. Diese entstanden auf Veranlassung der Passauer Fürstbischöfe zumeist vor und nach dem Dreißigjährigen Krieg[13].

Zur Besiedlung ist noch nachzutragen, daß u. a. das Kloster Rott a. Inn, wohl nach den Verlusten im Dreißigjährigen Kriege, zweifellos Kolonisten aus seinen Besitzungen am Pieler See in Tirol in sein Rodungsland im Lamer Winkel (K) geschickt hat. Darauf deuten dort Tiroler Namen wie Sonnleitner oder Aufschneitter, und der Spitznamen der Arracher hin, die von den Umwohnern „Tiroler" genannt werden[14]. Wir vermuten, daß die teilweise Besiedlung des Waldes durch alpenländische Familien Eigenarten der Tracht, vielleicht sogar die Vorliebe für die Frauenhüte, begünstigt hat[15].

Es finden sich zahlreiche Belege dafür, daß der böhmische Teil des Waldes im späten Mittelalter und noch im 16. Jh. aus Bayern Nachschub von Siedlern erhielt. Die böhmischen Herren auf den Waldburgen riefen sie nach der Entvölkerung durch die Hussitenkriege ins Land[12]. Rudolf Kubitschek hat dem Städtchen Wallern im Böhmerwald und seinen Bewohnern zwei Arbeiten gewidmet. Er kommt zu dem Ergebnis, daß es sich um eine ausgesprochene Säumersiedlung am Goldenen Steig handelt, deren mundartliche Sonderformen auf eine Bevölkerung aus den Gegenden südlich von Passau und aus dem Rottal schließen läßt[16].

Wenn wir, von unserem Forschungsziel aus gesehen, Grenzen abstecken, so widerstrebt es uns, das von zusammengehörigen Nachbarn bewohnte Chamer Becken durch einen Bach zu teilen und nur die uns zunächst liegende Seite in unsere Betrachtungen einzubeziehen. Wir verlegen die Grenze an die Randberge im Norden des Landkreises Cham. Auch begnügen wir uns nicht mit der häufig vorkommenden Einteilung in einen Oberen und Unteren Wald. Deutlich ist die Abgrenzung des Oberen

Waldes (die Landkreise Cham, Kötzting und Viechtach, im dazugehörigen Vorwald der Lkrs. Bogen) am Brennessattel, am Paß von Bodenmais und bei March (= Mark, Grenze), gegen den Lkrs. Regen. Hier liegt der in drei mehr oder weniger weite Kessel (von Eisenstein, Zwiesel-Buchenau-Frauenau und Regen) geteilte Mittlere Wald, von der Ruselschwelle gegen den Vorwald um Deggendorf und vom Block des Rachel gegen den Unteren Wald abgegrenzt. Seine Bewohner sind durch alte Glasmachertradition und die damit zusammenhängende viel größere Bevölkerungsbewegung von denen des übrigen Waldes merklich unterschieden. Wenn ich nicht irre, fand man hier die häufigsten Familienverbindungen mit den Böhmerwäldlern jenseits der Grenze, was eine ausgesprochene Musikalität und leichtere Beweglichkeit ihres Wesens zur Folge hat. Die kunsthandwerkliche Geschicklichkeit der Glasbläser und Glasschleifer findet man nur hier in solchem Maße vertreten.
Nach Schreiber[5] sprechen die Waldler beiderseits des Grenzkammes nordgauisch (Oberpfälzer und Egerländer Mundart). Dies trifft nur für den Oberen Wald zu. Vom Gebiet der königlichen Freibauern bei Neuern („dem Künischen") bis in die Gegend von Viechtach zieht sich außerdem eine alte, jetzt im Abbröckeln begriffene Mundartzone mit seltsam gedehnten offenen Vokalen, die man in Bayern viel zu einengend nach dem Regental benannt hat[17]. Die Mundart des Mittleren Waldes hat am meisten den altbayerischen Charakter bewahrt, und im Unteren Wald machen sich deutlich die weicheren Laute aus dem nahen Oberösterreich bemerkbar, auch auf der böhmischen Seite bis ins Krumauer Gebiet[18].
Im Böhmerwald nördlich des Grenzkammes verschiebt sich die Einteilung. Hier wird der Süden, etwa die Hälfte des Gebiets, vom Unterland an der Moldau und ihren Nebenbächen eingenommen. Nördlich davon liegen die Städte Wallern und Prachatitz. Daran schließt sich an der Grenze, von Bayern aus gesehen hinter dem Rachel und Lusen, das große Hochmoor, das mit seinen Rändern, den Schachten, bis fast an den Falkenstein reicht. Im Nordosten und Norden davon liegt das Oberland an den Quellen der ins Landesinnere strömenden Flüsse, mit den Städten Winterberg und Bergreichenstein. Erschlossen vom uralten Gunthersteig, später auch von der Eisenstraß', folgt das Künische Freibauerngebiet bis St. Katharina westlich von Neuern[19]. Das im Westen daran anschließende Land der Böhmerwäldler war vom tschechischen Sprachgebiet um Taus stark eingeengt. Hier zog sich nur ein schmaler Kranz deutscher Dörfer entlang der Grenze hin. Als westlichstes davon wird Klentsch angesehen[20].

Die statistischen Aufschlüsse Hazzis erfassen auch die äußere und die Charaktererscheinung des Waldlers. Wir bringen daraus die wesentlichsten Feststellungen:

Gericht Viechtach. Die meisten Burschen sind wohl gewachsen, ... die Weibspersonen sind groß, von starkem Körperbau und lebhaftem Ansehen. Wochentags sind sie mäßig, an Feiertagen und auf Hochzeiten gern betrunken. Sie sind redlich und hängen ganz an ihrer Waldgegend. Tanz und Liebesgesänge sind sehr beliebt und sie beginnen früh mit ihren Liebschaften. Die Sprache ist rauh, hart verständlich und etwas langsam. Ihr Blick ist offen und ihr Gang mannbar abgemessen. Sie sind streitsüchtig und für das Alte eigensinnig eingenommen. Es kommen mörderische Raufereien vor, an denen sich ganze Familien mit Hauen, Hacken, Schlagringen u. dgl. beteiligen. Außerdem sind sie abergläubisch. Sie sind gastfrei und im Handel sehr geschickt. Früher wurde jeder Betrug und mindere Offenherzigkeit verworfen. Schläge und Gerauf verzeihen sich diese Gebirgsbewohner gern; aber Schläge aus Hochmut gegeben, werden wie Beschimpfungen nie verziehen[21].

Gericht Kötzting. Die Menschen gleichen ganz denen im Gericht Viechtach, nur sind sie im Tal des Weißen Regens und am Fuß des Hohenbogens gegen Furth zu größer, nerviger und kühner. Im

Lamer Winkel gibt es immer viel Raufereien auf Mord und Tod. (Vermerkt werden Hang zu Zänkereien und Prozessen und die Liebe zum Ehestand.)

Gericht Furth, Eschlkam und Neukirchen (K). „So stehen auch die wilden Gesichtszüge der Bewohner mit ihrem offenen Charakter und ihrer Gutmütigkeit sehr sonderbar ab. Frohsinn und allgemeine Tätigkeit beleben vorzüglich die Gegend von Furth[22].

Gericht Zwiesel und Weißenstein. Die Bewohner sind meistens gut gewachsene nervige Menschen, ihre Größe geht bei dem größten Teil über das Mittelmäßige. Sie sind überhaupt breitschulterig und stark von Körperbau. Ihr Gesicht ist fleischig und ernst. Das weibliche Geschlecht ist etwas kleiner aber ebenfalls sehr starkbeinig; sonst sind sie gut gewachsen, nur haben die meisten etwas große Mäuler und dicke Füße, dagegen ist ihnen ein rundbackiges Gesicht von frischer Farbe, ein munterer Blick und eine helle Stimme eigen . . . Redlichkeit, Fleiß, Gutmütigkeit und Häuslichkeit sind Hauptzierden ihres Charakters. Im Viehhandel sind sie sehr geschickt. Geld zu sammeln ist die Haupttriebfeder aller ihrer Handlungen und die Größe der Heiratsgüter ihr Stolz. Vermerkt werden Glaube an Gespenster, Hexereien, Aberglaube und Andächteleien. – Fluchen und Raufereien sind selten, Zänkereien nichts ungewöhnliches. Die Ehen werden sehr gewissenhaft gehalten und es herrscht strenge Kinderzucht. Ein wenig lockerer sind die Ledigen, die für hübsche Kleider, Tanz, Liebes-Händel und -Genuß und kleine Liebesgesänge zu haben sind.

Gericht Vilshofen. Die Waldbewohner sind kleiner, von der Arbeit abgezehrt, voll Gebrechlichkeit am Körper, aber doch munter, sehr fleißig, nüchtern, ordentlich und sehr menschenfreundlich.

Noch eingehender sind die Physikatsberichte um 1860, von denen wir nur die beiden kennzeichnendsten zitieren können:

Bezirk Regen. Gesunder Verstand und leichter Begriff ist dem Waldler eigen, besonders wenn es sich um seinen Nutzen und Vorteil handelt. An Unternehmungsgeist aber leidet er großen Mangel. Den Wechsel der Verhältnisse zu studieren, in die Ferne zu sehen, zu spekulieren, das ist kein hervorragender Zug von ihm. Er lebt ziemlich abgeschlossen von der übrigen Welt, eingeschlossen in seine Berge.
Im Umgange ist der Waldler offenherzig und im allgemeinen gerade und schlicht gegen die Obrigkeit, aber zurückhaltend und mißtrauisch . . . Alle Gesetze und Verordnungen beurteilt er nur nach seinem Sinn in ihren unmittelbaren Wirkungen auf seinen Geldbeutel. Er geht auf den Sachverhalt nicht tiefer ein, sobald es sich ums Bezahlen handelt. Später daraus hervorgehender Nutzen wiegt seine vorausgehenden Geldleistungen nicht auf, so klein diese auch sein mögen. Seine Sparsamkeit hat ihren Grund in dem mühseligen Erwerb und geringen Geldeinnahmen . . . Die herkömmlichen Steuern und Abgaben leistet er pünktlich, nur Veränderungen machen ihn stutzig und mißtrauisch. (Es folgt ein Exkurs über seine Rechthaberei in Besitz- und Grenzfragen, die in Prozeßsucht ausarten kann.) Vor Gericht sind die Waldler in ihrer Art höflich, aber nicht kriechend. Kriecherei liegt überhaupt nicht in ihrem Charakter. Auch Roheit und Exzesse sind des Waldlers Sache nicht. Mit seiner Umgebung lebt er friedfertig und verträglich, nur wofern er sich und sein Interesse gefährdet glaubt, ist er das Gegenteil . . . Gegen Arme ist er mitleidig und gibt ihnen gern. Überhaupt ist er gutherzig . . . Der König und seine geliebte Heimat geht ihm über alles. Er geht auch nicht besonders gerne fort in die Fremde und bekommt dort häufig Heimweh. Ist er aber einmal unter fremden Leuten, so lernt er etwas Tüchtiges, da er viel gute und natürliche Anlagen besitzt, und kommt dann sehr gut durch die Welt, denn sein Fleiß, seine Treue sowie große Sparsamkeit, die er von Hause her gewohnt ist, machen ihn als Arbeiter sehr beliebt und gesucht[23].

Die Waldler halten sehr an den religiösen Gebräuchen, ohne dabei Frömmler zu sein und man darf sagen, meist selbst ohne tieferes religiöses Gefühl ... Hang zu Mystizismus und Schwärmerei ist nicht vorhanden, wohl aber zum Aberglauben.

Bezirk Wegscheid. Die äußere Erscheinung der Bewohner des Unteren Waldes zeigt bei den Männern hohe stämmige Gestalten, ovale Gesichtsbildung, meist dunkelbraune Augen und männlich schönen Gesichtsausdruck. Doch ist nicht zu verkennen, daß bei den meisten Männern nicht das Heitere und Aufgeweckte sich findet, das sonst Bergbevölkerungen zeigen, sondern daß ein düster listiger Zug in den meisten Gesichtern sich merkbar macht, der ihnen einen trüben melancholischen Typus gibt, welcher dem Charakter der Gegend entspricht ... Das weibliche Geschlecht, insbesondere der ledige Teil desselben, weiset schöne üppige Gestalten auf, die mit körperlicher Wohlgestaltung eine sehr gefällige, fast die Linien vollendeter Schönheit erreichende Gesichtsbildung verbindet; dazu zeigt der ganze Körperbau eine Kraft und Derbheit, welche sie befähigt, den Einflüssen eines rauhen Klimas zu trotzen und die Mühen der landwirtschaftlichen Arbeit gleich den Männern auf sich zu nehmen.
Vorherrschende Temperamente sind das phlegmatische und das melancholische. Diesem gemäß ist der hiesige Bewohner bei seiner Arbeit mehr ausdauernd als flink; mit einer unerschöpflichen Geduld verbindet er einen eisernen Fleiß ... Nahrungssorgen und harte Arbeit erträgt er mit Geduld und die Arbeitsamkeit endet nicht im Greisenalter, sondern nur Gebrechlichkeit oder der Tod. – Der Charakter des Landvolkes zeigt bei aller Derbheit etwas Biederes. Er ist gutmütig, dienstfertig, gastfreundlich. Die Tugenden ehelicher Treue, der Eltern- und Kindesliebe findet man allgemein. Diebstahl ist eine Seltenheit und wird allgemein verachtet. Grobe Roheits-Exzesse kommen nur sehr selten vor; dagegen findet das listig-lauernde Wesen des Waldbewohners großes Behagen am Schmuggelhandel. – Ein Freund der Musik und des Gesanges, singt er bei allen Verrichtungen, und fast in jedem Hause auf dem Lande findet sich eine Zither. Die Sangweise hat, mit Ausnahme der sogen. Schnaderhüpfeln, etwas elegisches; der Inhalt ist großenteils erotisch. Die Sprache hat etwas langsames, gedehntes, manchmal singendes, und eine Menge Idiotismen, welche für Fremde schwer verständlich sind.

Die zahlenmäßige Statistik besagt in Prozenten[24]:

Bezirk	Große, 170 cm und darüber	Mittlere, 162 bis 169 cm	Kleine, unter 162 cm	Haare			Augen		
				blond	braun	schwarz	blau	grau	braun
Cham	23	47	30	52	41	7	28	39	33
Kötzting	23	50	27	45	48	7	24	38	38
Bogen	30	48	22	48	48	4	22	43	35
Viechtach	21	43	36	49	46	5	24	39	37
Regen	22	48	30	47	50	3	29	35	36
Deggendorf Wald und Gäu)	24	53	23	44	50	6	22	43	35
Grafenau	29	51	20	48	46	6	28	36	36
Passau (Wald und Gäu)	22	45	33	45	50	5	25	39	36
Vilshofen (ebenso)	21	47	32	49	46	5	23	43	34
Wolfstein	29	45	26	49	46	5	21	46	33
Wegscheid	18	49	33	41	56	3	23	39	38

Zur äußeren Erscheinung und zum Charakter der *Böhmerwäldler* zitieren wir Schramek[25] (leider sehr stark gekürzt):

Gestalt. Männer wie Weiber sind mittlerer Größe und in der Regel mehr hager als beleibt. Nur Mädchen zeigen öfters drallere Formen, ohne daß diese jenen der tschechischen an Fülle gleichkämen ... Das rauhe Klima, der langandauernde Winter mögen auf den Wuchs ungünstig eingewirkt haben. Wer aber aus diesem äußerlichen Eindrucke schließen wollte, daß die Wäldler infolgedessen auch schwach sein müßten, würde irren; denn namentlich die Burschen und Männer besitzen eine ganz bedeutende Kraft.

Die Haare sind zumeist blond, und zwar bis zur hellsten Schattierung, so daß die „flochshorign" Buben und „Menschr" viel häufiger anzutreffen sind als dunkelhaarige. Die Augen sind vorherrschend blau, hie und da braun, selten schwarz. Das Gesicht ist länglich und die Nase oft in der ersten Hälfte scharf gebogen. Die Gesichtsfarbe ist gesund; in der Jugend mehr rosig, später gebräunt. In der Gegend von Oberplan sind dunkle Typen häufiger.

Der großen Körperkraft entspricht auch die Ausdauer bei der Arbeit und – beim Tanzen! Von früh bis in die sinkende Nacht schwer zu arbeiten, einen Nachmittag, die folgende Nacht und auch noch den nächsten Morgen hindurch unermüdlich zu tanzen und dann noch zu arbeiten, ficht einen echten Wäldler nicht im mindesten an. In der Regel ist auch der Waldbewohner (die Brüchigkeit ausgenommen) kerngesund.

Geistige Kräfte. Der erste Eindruck, den der Wäldler auf den Fremden macht, ist sehr oft ungünstig; denn der Wäldler verhält sich diesem gegenüber – wenigstens anfangs – gewöhnlich wortkarg und auffallend ernst und diese Schweigsamkeit wird leicht für Beschränktheit, der Ernst für Unfreundlichkeit gehalten. Er ist vielmehr viel klüger, als man für möglich halten würde. Er denkt klar und scharf und besitzt sehr viel Mutterwitz. Vorurteile hat er wohl mancherlei, im großen und ganzen aber bildet er sich doch sein Urteil erst nach vorausgegangener Überlegung und Prüfung. Er ist nicht ohne Humor, doch artet dieser nicht selten in Galgenhumor aus: „Mir san dreierlei Leut do aim Wold – ormi Leut, Bedlleut und selchi, die gor nix hobn."

Charakter. Der Wäldler ist gutmütig und – solange er nicht gereizt wird – auch friedfertig und verträglich und weicht oft aus, wenn er durch eine voreilige Rede eine Sache schlechter zu machen befürchtet. Er ist gastfreundlich und weist selbst den Bettler, welcher bei ihm um ein Nachtmahl und ein Streulager ansucht, nicht von seiner Schwelle. Er hält Wort. In vielen Fällen ersetzt im Walde das gegebene Wort den Schuldschein, den schriftlichen Vertrag. Er ist in einem Maße ehrlich, wie man das andernorts nur sehr selten trifft. Gemeiner Diebstahl ist äußerst selten. [Die leidige, offenbar nicht auszurottende Verwechslung der Böhmerwäldler mit den Tschechen hat sie gerade in dieser Beziehung ganz zu Unrecht bei den Bayern verdächtig gemacht.] Genau so wie diese betrachten die Böhmerwäldler allerdings Holzdiebstahl in den riesigen Wäldern der Großgrundbesitzer, Wilddieberei und Schmuggel nicht als Vergehen, sondern als ihr gutes Recht, das ihnen ohne Grund beschnitten wird. Alle Wäldler sind überaus genügsam und anspruchslos. Denn sie begnügen sich die Woche über mit einer, wenngleich hinreichend nahrhaften, so doch sehr einfachen Kost, gehen in Holzschuhen und in grobem, oft auch kreuz und quer geflicktem Gewande umher, verzichten ohne Murren auf kostspielige Vergnügungen und behalten doch bei dem allem ihre gute Laune, welche anderwärts unter den gleichen bescheidenen Verhältnissen nicht aufkäme. Musik und Tanz lieben alle Wäldler beiderlei Geschlechtes und jeglichen Alters. Überschwengliche, sogenannte platonische Liebe kommt bei den Wäldlern wohl nie vor; heiß und stürmisch lieben Bursch und Mädchen einander aber gewiß. Doch kommt ein Wechsel genug oft vor. Uneheliche Kinder sind im Walde keine Seltenheit. Dafür gibts aber auch nie einen Fall ehelicher Untreue. Der Böhmerwäldler ist sehr religiös. Doch ist er lange nicht so bigott wie sein bayerischer Nachbar und ist auch in Glaubenssachen gegen andere viel duldsamer[26].

Das anspruchsvollere Selbstbewußtsein der Bayern neigt dazu, den bescheideneren Blutsverwandten und Nachbarn zu bespötteln und gelegentlich sogar anzufeinden[27]. Der Böhmerwäldler heißt bei den Bayern „Böhm", der Tscheche dagegen "Stockböhm", „Böhmböhm" oder „böhmischer Böhm". – Vielleicht geht auf die Hartnäckigkeit der hussitischen Ketzer, mit denen man die Böhmerwäldler natürlich auch zusammenwarf, der Ausdruck „Kiesböhm" für Dickschädel zurück. Sogar ihre Bescheidenheit wird verspottet. Einer soll in Bayern bei der Wallfahrt am Ende seiner Beichte bekannt haben, daß er ein Böhm sei. Der Beichtvater soll ihn getröstet haben: Keine Sünde ist es ja grad nicht, aber schön ist es auch nicht. – Den Abstand, den der bayerische Waldler zwischen sich und seinem Nachbarn zieht, bekundet in klassischer Weise die Aufschrift auf einem Marterl: „Hier unter diesem Baume hat der Blitz zwei Menschenleben und einen Böhm erschlagen."

Die Männertracht im Bayerischen Wald

Ob es nun von der vermutlich sehr verschiedenen örtlichen Herkunft der Siedler im Bayerischen Walde kommt, oder ob der Grund im sippenartigen Zusammenschluß der Talschaften liegt – gleichlaufend mit körperlichen und seelischen Unterschieden in den einzelnen Teilgebieten des Waldes findet man weit schärfer ausgeprägte Unterschiede der Tracht, besonders der Frauen, als etwa im Niederbayerischen Flach- und Hügelland, wo ein Trachtengebiet allmählich ins andere übergeht. Immerhin zeigt die Kleidung der Waldler so viele gemeinsame Züge, daß wir sie als Ganzes behandeln dürfen.

Abb. 1 (links). Der böse Knecht auf der geschnitzten Legendentafel in Englmar (B), um 1530 (Bogen, Museum). Er trägt die Leibpfaid mit einem Geldsackl im Gürtel, enge Strumpfhose und Lederschuhe. Der grobe Filz- oder Pelzhut ist seitlich und hinten aufgebogen.

Abb. 2 (oben). Die Assistenzfiguren von der geschnitzten Legendentafel auf dem Oberkreuzberg bei Grafenau, um 1550. Der Bauer oder Knecht trägt einen ähnlichen Hut wie der in Abb. 1. Die Leibpfaid mit niedrigem Stehkragen und Gürtel ist vorn mit vielen Knöpfen zu schließen. Der Bürger in pelzverbrämter Schaube und barettförmigem Hut mit seitlich geschlitztem, aufgestelltem Rand. Die Frau trägt den enggefältelten Mantel und das Gebände (haubenartig umgebundenes Tuch).

Für die Tracht im 16. Jahrhundert ließen sich in unserem Gebiet nur wenige Belege finden. Der böse Knecht auf der Martertafel in Englmar (Abb. 1) und die Begleiter des Leichnams des hl. Hermann auf dem Oberkreuzberg (Abb. 2) sind ganz ähnlich gekleidet, wie Peter Opel und Franz Kirchmaier die Gäubodenbauern zeichneten[28]. Wir finden auch im Wald das Wams mit seinen in viele Falten gereihten Schößen und die lose hängende Männerschaube[82], deren Überschlag am Halse breiter, an den Vorderkanten schmaler, in der bürgerlichen Tracht mit Pelzwerk besetzt ist. Ebenso den Hut, dessen Rand hinten und an den Seiten aufgestellt am Gupf anliegt, während er vorn spitzig zuläuft, wie auch die andere barettartige Form, deren Krempe, seitlich eingeschnitten, als vorderer und hinterer Rand aufrecht steht. Von diesem Barett dürfte sich die Schlegelhaube (Abb.3, 4, 6 und T. 15 u) herleiten.

Leider führen die Kleidungsvorschriften der Bayerischen Landesordnung von 1553 in der Hauptsache nur die erlaubten und unerlaubten Stoffarten und Pelzsorten an, so daß wir sie als Quelle für den Zuschnitt der Trachtenstücke wenig ergiebig finden. Aufschlußreicher ist für uns die Kleiderordnung vom 4. September 1604, wenngleich sie sich auf das ganze Herzogtum bezog:

„Wan dan der yezige gemaine formb der paurn claidung an den mannß personen als deren wambuser oder joppen (wie sye es zu nennen pflegen) also gemacht, daz sy den leib nit bedeckhen, sondern sowohl bey hochzeiten oder gemainen tänzen als zur zeit der arbeit (damalß [dabei] ain yeder das wames wol gar ausziehen mag) manichem schier die ganze prust entplessen, desgleichen die hosen sonderlich mit den bishero gebreuchlichen paurn läzen[29] also offen und das gesäß also schendtlich vnd sichtigklich vnd vff ein sollichen form gemacht, daß sie mer zu vermehrung des vncostens oder macherlohns, anraiznung aller leichtfertigkhait, aber gar nichts zu des leibs bedeckhung diennen, so mechten wür gleichwol leiden, daß solche tracht oder leichtferttige form der mannß claider von jedem gleich alspalden verenndert wurde [= würde] ..." Vorhandene Kleider dieser Art dürfen aufgetragen werden, neue aber seien so anzufertigen, „als nemblich soll khain wambuß vornher der gestalt wie bisher offen oder mit ainem so praitten überschlag, sondern also gemacht sein, auf daß dasselbe von dem halß an mit einem aufs mainst zwen zwerchfinger praitten überschlag ab vnd ab biß auf die güertl yber einander gehäff[te]lt werden möge... als dagegen an den großen bisher gewonden wambesüberschlägen ..., welche dann so groß gemacht, daß sie gar vff der achsl vnd in der seitten haben eingehäfftelt werden khönnen vnd doch merere thail nur vergebens an den wambusern offen hangent gelassen worden"[30].

Für das Vorhandensein der engen glatten ärgerniserregenden Bauernhosen ist wieder der Knecht auf der Martertafel in Englmar Beweis. Die Stifterbildnisse von 1601 in Stallwang (T. 1 ro) zeigen, daß wohlhabende Männer damals schon reichlicher geschnittene Kniehosen trugen, die dem Geschmack der Mode und der Schicklichkeit wohlgefälliger waren. Auf dem Relief können wir aber das offenstehende Wams mit sehr kurzen in Falten gelegten Schößen bemerken. Der ehrbare Georg Wanninger und seine Söhne trugen aber darunter ein zweites ähnliches geschlossenes Kleidungsstück, so daß die Sittlichkeit gewahrt blieb. Für die breit übereinander geschlagenen Vorderkanten, wie sie die Kleiderordnung von 1604 rügt, fanden wir im Wald kein Belegstück. Der Grabstein von 1598 in Runding (T. 1 o) zeigt den edlen Jüngling Christoph Friedrich von Eyb zu Hohenwarth im eng anliegenden Wams mit ziemlich langen regelmäßig gefältelten Schößen und ziemlich engen faltenreichen Ärmeln, an den Achseln die bekannten modischen Wülste. Die nur ein kurzes Stück sichtbaren Hosen sind eng, lange Stiefel mit spitzigen Füßlingen sind darübergezogen. Den Hals ziert eine flache Krause, nicht so dick und starr abstehend wie auf dem Relief in Stallwang. Der Hut zeigt die spanische Zylinderform mit gerundetem Gupf[31].

Der Schwedenkrieg hat die Männertracht im Wald wenig verändert (T. 2). Das Wams verlängert sich zum Bauernrock mit angesetzten Schößen, die nach alter Weise regelmäßig in handbreiten Falten fallen. Wir bemerken aber auch schon die einfachere Form des glatt geschnittenen Bauernrocks. So fanden wir schon den reitende Glashändler von 1607 gekleidet (T. 1 o). Wenn auch die rundum gefältelten Rockschöße noch da und dort bis um 1700 nachweisbar sind, so ist doch schon bald nach der Mitte des 17. Jahrhunderts der lange glatte Rock das vorherrschende Kleidungsstück. Ältere Beispiele zeigen ihn von den Schultern etwa glockenartig fallend, ähnlich den Reiterkollern des Schwedenkrieges, aber schon im letzten Viertel des Jahrhunderts trägt man den Leib anliegend und die Schöße in gefälligem Bogen, etwa seit 1700 in zunehmendem Maße abstehend. Schon früh bemerkt man die doppelten oder dreifachen Faltenbündel, die rechts und links im Kreuz ansetzen. Der Vorschrift entsprechend sind die Röcke vorn zugehakt. Die Farbe der vom Hausweber angefertigten Woll- und Halbwollstoffe[32] ist naturfarbig graubraun oder mehr oder weniger hellgrau. Auf die Verwendung des von städtischen Webern hergestellten Tuches lassen Farben wie schwarz, braun und gelbbraun schließen[33]. Die Hosen sind nun dick sackförmig, in der Regel schwarz, auch gelb oder grau. Die Buben, deren Tracht im ganzen der ihrer Väter entspricht, tragen noch bis in die 30er Jahre des 18. Jahrhunderts zuweilen gelbe Hosen. Wenn Erwachsene solche trugen, dann waren es meist Müller oder Bäcker. Die zahlreicheren frühen Belege für gelbe Hosen lassen darauf schließen, daß die Schwarzfärbung einer neueren Geschmacksrichtung entspricht. In Böhmen blieb man länger bei den naturfarbenen Lederhosen, weshalb die Bayern über die „gelbhoserten Böhm'" spotteten, wenn sie zu Wallfahrten ins Gäu kamen, zumal über die Tschechen, die ihre Lederhosen bis zum Absterben ihrer Tracht nicht schwärzten[27].

Mäntel sieht man nur selten auf den Belegen zur Männertracht im Wald, und bis zum Ende des 18. Jahrhunderts stets als Zeichen gehobener sozialer Stellung. Man trug sie in schwarzer, grauer, manchmal gelbbrauner, später auch blauer Farbe. Um 1650 reichten sie selten bis in die Kniekehlen (T. 3), später mindestens bis an die halbe Wade (T. 6 l u). Stets war über den Schultern ein viereckiger Kragen darangenäht, der ihre Abstammung vom spanischen Mäntelchen verrät. Ähnlich wie die Bauern im Gäuboden trugen auch viele Waldler im 17. Jahrhundert hohe Stiefel mit breiten Umschlägen[34]. Häufiger sieht man aber doch Schuhe, mit Schnallen oder Bändern über den Knöcheln geschlossen, dort meist tief ausgebuchtet, so daß ein Riemen die Vorder- und die Hinterlasche darüber zusammenhält[91]. Farbige Sohlen- und Absatzränder waren beliebt. Die Hauptfarbe der Strümpfe ist weiß, selten grau oder braun. Nur zu modisch beeinflußter Kleidung sieht man starkfarbige (T. 1, 2). Werden die Strumpfbänder sichtbar getragen, so sind sie meist schwarz, wohl nur die des Hochzeiters oder Brautführers rot. Manchmal ist ihre seitliche Knüpfung quastenartig oder rosettenartig vergrößert (T. 1 l u, T. 2 r, T. 4 l u).

Die starre, in aufrechtstehenden Gängen dick gefältelte Halskrause kommt wie ihre flachere, liegende, bequemere Nachfolgerin im Wald bis zum Ende des 17. Jahrhunderts vor[35]. Aber schon um seine Mitte kennt man hier den flachen, vorn gerade abgeschnittenen oder in zwei Bogen endenden Kragen, „Überschlag" genannt[36].

Der Glasfuhrmann von 1607 (T. 1) trägt den hohen breitscheibigen Hut, den wir noch im letzten Drittel des 17. Jahrhunderts nachweisen können[37]. Die sorgfältigen Aquarelle des trachtenkundlich interessierten Priesters, wohl eines Windberger Prämonstratensers, der die Matrikelbücher von Neukirchen bei Haggn (B) im Jahre 1655 mit aufschlußreichen Titelbildern versah (T. 2 u) zeigen an den Männerhüten eine breite gefältelte Bandverzierung, die oben und unten mit Schnüren begrenzt ist. Dort sehen wir den hohen Gupf der Hüte oben etwas abgerundet. Dieselbe Hutverzierung finden wir 1660 im Lkrs. Regen. In der Deggendorfer Gegend begegnen wir schon seit 1640 flacheren Hüten. Erst gegen Ende des 17. Jahrhunderts sind sie überall im Wald verbreitet, sehr breitscheibig, mit etwas aufgebogenem Rand, nicht selten mit heller (silberner?) in zwei Trollen ausgehender Hutschnur (T. 3 und 4, beide l u).

Wenn wir in unserem Gebiet durch eine genügende Anzahl von Belegen über die Tracht der zweiten Hälfte des 17. Jahrhunderts unterrichtet sind, so gilt dies nicht für den Unteren Wald. Der Mangel an Votivtafeln als Belege für diesen Zeitraum ist wohl durch die Nähe Passaus zu erklären, wohin die Bewohner des Unteren Waldes wallfahren gingen. Dort sind ihre Taferln im Laufe der Zeit durch neuere verdrängt worden. – So scheint es geboten, auf die Hinterlassenschaftsinventarien zurückzugreifen, die uns manchen Aufschluß, auch über Namen, Stoffart und Farben der Kleidungsstücke, mitteilen. Die frühesten aus dem Wald erhaltenen beginnen in Grafenau mit dem Inventarbuch von 1679[38]. In übersichtlicher Zusammenstellung ergibt sich folgender Bestand:

1. *Wohlhabende Bürger*

Hemet[39], härben[40], leinwerchen, selten rupfen. – „Ein altes schwarzes Hemet" dürfte auf die Bedeutung als ein Ober-Kleidungsstück hindeuten,
Leibhemat, halbleinen,
Hosen, schwarz tüchen, braun tüchen (diese sonst als älter bezeichnet, kommen ohne diesen Altersvermerk in der Berufstracht der Rotgerber und Gastgeben vor), wullen (wohl hausgewebt), halbleinen (Weißbäck), schwarz ledern (solche einmal „geschmiert"),
Hosentrager,
Wams, schwarz tüchen, alt schwarz ledern,
Göller[41], kurzes ledernes aus älterem Bestand,
Mannsrock, grau tüchen, braun, schwarz (alle drei von einem Gastgeb), braun tüchen (Bäck, Rotgerber, Leinweber), ebenso mit Zinnknöpfen (Schmied), grau tüchen mit Zinnknöpfen (Leinweber),
Caputrock, mit rotem Boi[42] gefriedet (eingefaßt),
Röckl (bürgerlicher Wirt, aus Böhmen gebürtig),
Kleid (ganzer Anzug) braun, die Ärmel überschlagen (nach oben umgeschlagen), mit gesticktem Seidenzeug und Fransen (Tressen, vgl. T. 4 o M),
Mantel, schwarz tüchen, einmal mit einem damaschenen[43] Kragen, einmal mit Sammetkragen und wurchetem (gewirktem) Ausschlag (an den Vorderkanten), zeugen, grau tüchen (Gastgeb), lichtgrau tüchen, „an dem Kragen mit Pramanthl (?) gebramt (gebrämt, Leinweber)" – aus älterem Bestand: ein alt härbener Patenmantel (vielleicht zur Frauentracht?), eine alte Kappen[44],
Mannskragen (die alte Mühlsteinkrause),
Mannsüberschlag (der glatt aufliegende Umlegkragen nach wallonischer oder schwedischer Art, mehrmals als „rund" bezeichnet, einmal mit Spitzen(-Einfassung),
Halstuch, mit Spitzen (demnach wohl weiß), *Vorgehäng*, schwarz cordovanisch, mit Seidenfransen,
Leibgürtel, ledern,
Socken, wollen, braun,
Strümpfe, am häufigsten leinene, selten lederne (gamaschenartig), wollen gestrickt, grau wollen, – zur Kirchentracht Hamburger Strümpfe, silberfarbene, werchfarbene, rote. Ohne Herkunftsbezeichnung: grüne. Der Bürgermeister trug sie in Bleu mourant (Modefarbe),
Mannschuh, *Kühstiefel* (hohe?),
Handschuh, wollen, gestrickt,
Mannshut, schwarz, schwarz hoch, grau (Gastgeb),
Haube, Schiflhaube, braun tüchen mit Fuchs darunter gefüttert, Marderhaube,
Fasinedl, Taschentuch,
Schurzlappen (Bäck), *Fürtuch* (Weißgerber), *Ranzen*, ledern (Leinweber),
Waffen, Stoßstecken, Säbel, Teutsche Pistoln, Flinte, Zielrohr, Pulverflasche.

2. *Ärmere Bürger und Inwohner*

Hemet, leinwerchen, rupfen, härben,
Leibhemat, halbleinen (Tagelöhner), rottüchen (Schuster), rupfen,
Hosen, schwarz rupfen, ledern, wollen, grau wollen, zeugen, leinen,
Hosentrager,
Brustfleck, tüchern,
Wams, ledern, schwarz (Glasfuhrmann),
Rock, blau tüchen (Taglöhner), grau wollen (Leinweber), grau tüchen (Schuster, Zimmermann), braun tüchen (Küfer), schwarz, grau (Säumer),
Röckl, wollen,
Kotze (Wetterfleck, Regenmantel), rauh, ungarisch (Glastrager),
Mannsüberschlag (siehe oben), wenn nähere Angabe dann: rund,
Socken, wollen, blau gestrickt,
Strümpfe, leinen,
Mannsschuh,
Mannshut, schwarz, braun (Küfer), alt grau.

Wir tragen hier die Trachtenbeschreibung aus einem Steckbrief nach, der im Jahre 1630 gegen einen wegen einer Mordtat verfolgten Metzgerknecht, Sohn eines Bürgers und Metzgers in Ruhmannsfelden (V) ergangen ist. Er „tregt an ain schwarz pa(r)cheten zerschnütenen leib (Wams, entsprechend der Landsknechtstracht mit Zierschnitten) vnd bissweilen ein rot lindisch[45] wollen hemet, daran sein haften gemacht, daß er die hosen einhengen mag, schwarz liderne hosen, ain weißleten huet auf, an der seiten ain streicher (Wetzstahl), an einem khettl hangendt ... tregt im rechten ohr an einem khlainen ringl ein khlaines mezgerpeyl ..."[46].

Wenn die Bauern nach dem Mandat von 1604 ihre Wämser von oben bis unten mit Hafteln verschlossen tragen mußten, so scheint ihnen dies später zur Gewohnheit geworden zu sein, denn bis zur Wende des 17. Jahrhunderts trugen sie ihre Röcke zugehakt. Im Lkrs. Bogen finden wir den ersten offenen Bauernrock im Jahre 1727, im Lkrs. Wegscheid sind sie bis um 1760 geschlossen, zumeist noch ohne Knöpfe. Vielleicht wurde im Bistumsland ein ähnliches Mandat besonders lang und streng aufrecht erhalten[47]. So wenig kennzeichnend Knöpfe bis ins späte 18. Jahrhundert für die Bauerntracht des Waldes waren, so ausgiebig machten seit dem letzten Drittel des 17. Jahrhunderts die übergeordneten Stände von ihnen Gebrauch. Weit über das Bedürfnis des Verschlusses von Vorderkanten und Taschen ihrer Röcke, oder der Befestigung der hinaufgeschlagenen Ärmel, finden wir außer diesen Partien manchmal sogar die Schlitze an den Schößen eng mit Knöpfen benäht (T. 4 u l). Auf den Votivtafeln erscheinen sie blitzend weiß, von Metall, auch von Bein. Selten sind sie gelb, aus Messing oder Bronze, oder schwarz, aus Horn oder Holz, zuweilen auch schwarz übersponnen.

Gegen Ende des 17. Jahrhunderts zeigt sich vorn in der Lücke des mehr oder weniger offen getragenen Bürgerrockes ein zumeist gleich langes und oft auch gleichfarbiges Kleidungsstück, das Kamisol[48], dessen Ärmel schon früher aus denen des Rocks hervorsahen T. 2 o r). Seit etwa 1700 lassen auch die Bauernröcke vorn und an den Ärmeln das meist rote Kamisol sehen (T. 3 u l). Daneben lebte der alte über den Kopf anzuziehende, an den Seiten schließbare Brustfleck fort (T. 5 o M). Oft aber sieht man in der Öffnung des Rocks nur das Hemd, dann auch fast immer den vorn V-förmigen Hosenträger. Daß dieser zuweilen vorn nur an einem einzigen Knopf befestigt war, beweist T. 5 u M. In der Regel gehen aber rechts und links neben dem V-förmigen Mittelstück zwei weitere Riemen oder Bänder senkrecht von den Achseln nach vorn, hinten auch gerade, nicht überkreuzt, und mit einem waagrechten Steg verbunden, Abb. 3.[49]

Vielfach sind die Übergänge vom alten Stil zu den modischen Taillenröcken, und noch um die Mitte des 18. Jahrhunderts finden wir den glockenförmigen Rock belegt. So erscheint auch, obwohl sich diese Entwicklung in den ersten Jahrzehnten des 18. Jahrhunderts vollzog, erst 1768 das Kamisol im Lkrs. Viechtach sichtbar unter dem Rock[50].

Vom Ende des 17. Jahrhunderts an erscheint auch schon das Halstuch, zuerst dick und langzipfelig (T. 3 u l). Die Franzosen nannten es Cravate à la Steenkerke[51]. Wir verzeichnen die bemerkenswerte Tatsache, daß in diesem Punkte die Waldlertracht der Pariser Mode vorausgeeilt war, denn schon vor der denkwürdigen Schlacht, die in Frankreich als Zeitpunkt für die Annahme des Halstuches angesehen wird, finden wir es bei uns. Wahrscheinlich haben Soldaten, die mit Max Emanuel gegen die Türken kämpften, diese Vereinfachung der Tracht von kroatischen Truppen übernommen. Zumeist ist es schwarz, selten weiß. Auffallend ist ein Beleg, der es in Verbindung mit einer roten Halsschleife und roten hängenden Bändern an Schulter und Ärmel zeigt. Wir dürfen es als Hochzeitstracht bürgerlichen Stils ansehen.

Die Kravatte ist als Halsflor über 150 Jahre lang im Gebrauch geblieben. Zuerst ließ man ihn frei herabhängen, band ihn wohl auch zur Schleife. Bald ließ man seine Enden zwischen den Vorderkanten des Rocks verschwinden, später im Halsausschnitt des Kamisols. Etwa seit der Mitte des

18. Jahrhunderts nimmt er die Form einer glatten Binde an, über der, aber durchaus nicht immer, der Halsbund des Hemdes als schmaler Vorstoß sichtbar ist, noch später als Umlegkragen.
Entsprechend dem Zierlicherwerden der Mode trugen auch die Waldler in der Rokokozeit selten noch die großen Hüte des hohen Barock. Sie sind nun meist flachscheibig mit halbkugeligem Gupf, doch sieht man sie zur Arbeit auch recht weichkrempig um den Kopf aufgebogen. Auf Ritten über Land (T. 8 u l) und bei schlechtem Wetter dürften die großen Hüte aber allgemein noch viel länger getragen worden sein. Im Lkrs. Viechtach sind sie auch für die Festtracht noch am Anfang des 19. Jahrhunderts belegt (T. 10) und dienten noch hundert Jahre länger allgemein als „Wetterhüte". Dreispitze kommen in der Bauerntracht seltener vor.
Die Strümpfe sind nun etwa gleich oft weiß oder blau, nur im abgelegenen Neurandsberg finden wir noch 1728 zu gelben Hosen gelbe (wohl lederne) Strümpfe.

Abb. 3. Arbeitstrachten um 1720. Links Müller vom Schnitzhof, Gem. Schlatzendorf (V), rechts Bauhandwerker in Rittsteig (K). (VT in Greising, D, und Malerei an der Empore in Rittsteig, beide dat. 1720.)

Als Eigentümlichkeit, die in der Tracht des Gäubodens schon zu Anfang des 18. Jahrhunderts auftritt, bemerken wir besonders im Lkrs. Regen zwischen 1746 und 1762, daß die grün gefütterten Vorderkanten der braunen Röcke etwas nach außen umgeschlagen sind (T. 6 o) (ein Vorläufer in Grau, T. 5 o, ein Nachzügler in Blau von 1767, in Weiß von 1771). Etwa gleichzeitig, aber bis 1784 belegt und offenbar auf den Lkrs. Regen beschränkt, sind die weiß (selten auch gelb) eingefaßten Kanten des Kamisols (T. 6). Auch hier finden wir einen Nachzügler mit weiß eingefaßter ärmelloser Weste (T. 12, u, von 1812). Das Kamisol begann im letzten Viertel des 18. Jahrhunderts zu veralten. Man nahm ihm die für ein Untergewand entbehrlichen Ärmel und verminderte auch seine Länge, die sich bis über die Mitte des 18. Jahrhunderts hinaus immer noch nahe der Unterkante des Rockes gehalten hatte. Die Knopfreihe hörte nun etwas unterhalb der Körpermitte auf und die anfangs noch doppelt handbreiten, dann immer kürzeren Schöße bildeten vorn eine keilförmige Öffnung. Lange standen sie, auch hinten, ein wenig ab (T. 12 u M).
Im Lkrs. Viechtach bemerken wir grün ausgeschlagene Männerröcke erst am Anfang des 19. Jahrhunderts (T. 10). Aber ein seltener Beleg um 1795 mit rot ausgeschlagenem Futter führt uns zu einer Sonderform, die auf das Grenzgebiet der Landkreise Bogen, Kötzting und Viechtach beschränkt war und mit einer eigenartigen Frauentracht zusammenging (T. 9 o l). An dieser Männertracht fällt der

damals neuartige geradlinige Schnitt mit sehr mäßig weiten Rockschößen auf. Hingegen erinnern die überaus reichlich angebrachten Knöpfe und die starke Betonung der Seitentaschen an 100 Jahre zurückliegende Beispiele. Neumodisch sind die Westen der Burschen (der Vater trägt noch den vorn geschlossenen Brustfleck), altertümlich die tiefe Lage des Hosenbundes, so daß zwischen ihm und jenen das Hemd fast handbreit hervorblitzt[52]. Auch die grünen Hosenträger, deren Steg quer über der Weste liegt, gehören dem älteren Trachtenbestand an.

Schriftliche Quellen zur Waldlertracht der Rokokozeit geben uns wieder die Inventarien. 1720 hinterließ ein Grassöldner zu Neunußberg (V) flächserne und werchene Mannshemmeter, ein ledernes Paar Hosen, einen rottuchenen Brustfleck, ein rotes Leibpflaidl (mundartlich für Kamisol), ein baumwollenes Paar Strümpfe, einen brauntüchenen Mannsrock und einen alten Säbel[53].

Aus dem Lkrs. Grafenau stellen wir für 1742 und die folgenden Jahre übersichtlich zusammen[54]:

Hemet, härben[40], rupfen (diese öfter),
Hosen, schwarz ledern, grau, wollen, zwilchen,
Strümpfe, leinen, wollen, blau,
Brusttuch, *Brustfleck*[55], rot, rottüchern, wollen, halbleinen,
Wams, wollen, *Kamisol*, *Leibl* (Weste),
Rock, graubraun, blau tüchen, wollen, tüchen, halbleinen,
Röckl, grau, *Jöppl*, grün,
Hosentrager, *Hut*, *Winterhaube*, *Gürtel*, *Schuh*, *Handschuhe*, wollen.

Aus dem Lkrs. Kötzting für 1773 und die folgenden Jahre[56]:

Mannshemd, flächsern, leinwerchen,
Hosen, ledern, schwarzledern, kalbledern,
Hosentrager, ledern, kalbledern, seiden, halbseiden, grünsamten,
Strümpfe, blau oder weiß baumwollen, weiß wollen, fein garnen,
Brustfleck, rot, rottuchen, brauntuchen,
Leibl, *Leibstückl* (Weste), rottuchen, desgl. mit zinnernen Knöpfen, brauntuchen, blautuchen. desgl. mit weißen Knöpfen, weißtuchen, weißbarchent mit weißen Knöpfen,
Kamisol, brauntuchen, rottuchen, weiß, „rotzeugenes Kamisol-Leibstückl",
Kittel, weißzwilchen,
Rock, brauntuchen (sehr oft, manchmal mit braunem oder rotem Kamisol zusammen), desgl. mit zinnernen Knöpfen, blautuchen,
Janker, *Joppe*, wiflinger[32], *Schalk*, braun,
Pelz, braun tuchen,
Hut, *Hauben*, grünzeugen, ledern, *Schlegelhauben* (vgl. Abb. 3 und 5),
Mannsflor (Halstuch), ordinär, von Seidenkrepon,
Schuh, einmal mit messingnen Schnallen, *Stiefel*, *Handschuh*, fuchsen,
Gürtel, *Schlaguhr* (Taschenuhr??),
Waffen: Stoßeisen, Flinte[57].

Der spätbarocke Umriß der Männertracht mit dem langen Kamisol und den breit ausladenden Rockschößen wurde im Wald schon in den 70er und 80er Jahren des 18. Jahrhunderts aufgegeben. Die Weste (das Leibl, Gilet) reichte bald nur noch wenig bis unter den Nabel herab, fast immer mit einer Reihe heller Knöpfe. Wohlhabendere verwendeten dazu „geöhrte" oder „gehenkelte" Silberzwanziger[58]. Der Unterrand des Leibls, zugleich die Stelle, wo unter ihm das Hemd hervorsah, bedeckte ein oft recht breiter Gurt mit einer großen Messingschnalle, zuweilen auch mit Federkielen bestickt (Abb. 4)[59]. Übrigens war das Leibl nicht immer rot[60], und je mehr modische Stoffe aufs Land kamen, desto öfter sah man andersfarbige. Kennzeichnend für die Empire- und die frühe Biedermeierzeit sind die waagrecht gestreiften Westen (Gilets), oft mit gelber Grundfarbe. Entsprechend dem sehr hohen Taillenansatz der damaligen Mode reichten sie nur wenig unter die Brust herunter. Der überkurze Leib und die langen gerade herunterhängenden Schöße der damaligen Röcke sind bekannt.

Wir sind in einen Zeitraum eingetreten, in dem man sich teils aus volkswirtschaftlichen Gründen, teils aus verspäteter Schäferromantik, teils aus echtem Interesse mit dem Landvolk beschäftigte und auch seine Kleidung näherer Betrachtung, Beschreibung und Abbildung für wert erachtete. Schon vor der Erhebung Bayerns zum Königreich und seiner gleichzeitigen Gebietserweiterung, die den besonders regen Wunsch nach Kenntnissen über die neuen Mitbürger hervorrief, hatte der Generallandesdirektionsrat Josef Hazzi ausgedehnte Dienstreisen durch Altbayern unternommen, deren Ergebnisse uns erhalten geblieben sind. Sie gewähren uns unschätzbare Einblicke in das Volksleben und die Tracht des Bayerischen Waldes am Ausgang der Rokokozeit. Die Einstellung Hazzis ist kritisch und von der Aufklärung beeinflußt. Keineswegs neigt er zu romantischer Bewunderung des Landvolks. Gerade deshalb kann man die Glaubwürdigkeit seiner Notizen mit den sachlichen Feststellungen

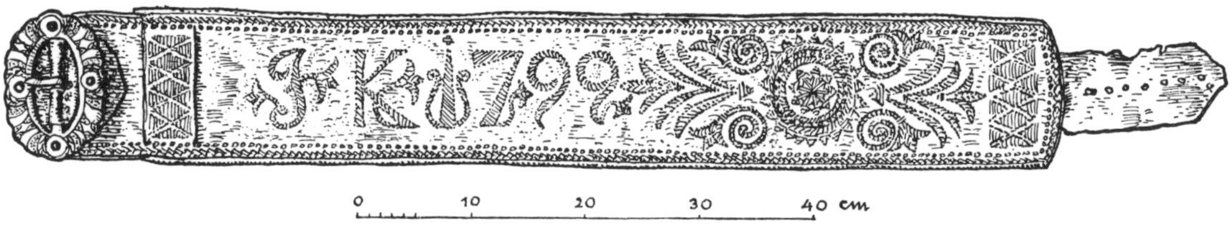

Abb. 4. Geldgürtel von 1799. Braunes Leder, flache Schlauchform, oberseits am Rande mit weißen, auf der Fläche mit weißen, sowie hellrot, grün und schwefelgelb gefärbten gespaltenen Pfauenfederkielen bestickt. Die Farben wechseln auf den einzelnen Motiven in etwa 1–2 cm breiten schrägen Querstreifen. Schnalle aus Messing mit eisernem Dorn, ziemlich roh ausgeschnitten und gewölbt, punziert, mit vier Löchern. (Zellertal, Priv.-Bes.)

der Inventarien gleichsetzen. Wir zitieren seine Mitteilungen über die Trachten des Waldes in derselben Reihenfolge, wie die einzelnen Landkreise in unseren Tabellen erscheinen. Dabei müssen wir den Zusammenhang seines Berichts auch insofern zerreißen, als wir auf die Frauentrachten später zurückkommen.

Gericht *Kötzting.*
Kost, Kleidung und das Übrige verhält sich wie im Gericht Viechtach.

Gericht *Viechtach* und *Linden* (vgl. T. 10).
Die Kleidung der Mannspersonen an Feiertagen ist ein runder Filzhut mit einem seidenen Band, schwarze Halstücher, brauntuchener Rock mit Knöpfen, von Kameelhaar überzogen, rottuchene Leibel mit weißzinnenen Knöpfen, grünseidene Hosenträger, schwarzbockhäutene Bündelhosen, weißbaumwollene Strümpfe, schwarzjuchtene Schuhe und messingene Schnallen. Die Bursche tragen, wenn sie zum Tanz gehen, einen grünen oder blauen wollenen Janker. Bei der Arbeit tragen beide Geschlechter hölzerne Schuhe.

Gericht *Zwiesel.*
Die Kleidung ist an Feiertagen reinlich und besteht bei dem männlichen Geschlecht in einem schwarzfilzenen, runden Hut mit einem langen Rosmarinstrauß, den Wiesen- und Feldblumen umgeben und ein grün- oder schwarzsamtnes Band an einer silbernen Schnalle befestigt. Den Hals ziert eine braunseidenes Halstuch oder ein schwarzer Flor. Das Leibl ohne Täschchen ist etwas kurz von rotem Tuch oder sogenanntem Pfaffenzeug mit zinnernen Knöpfen. An den schwarzledernen Hosen ist der Latz klein und samt den Knopflöchern und Nähten mit grüner Seide gesteppt; ein grünseidener Hosenträger befestigt sie; über blau- oder weißbaumwollenen Strümpfen tragen sie schwarzjuchtene Schuhe mit weißen komposizionenen Schnallen oder auch mit Riemeln. Der Rock ist braun oder stahlgrün von Mitteltuch mit zinnernen Knöpfen. Abends an den Feiertagen, wenn die Bursche zum Tanz gehen, tragen sie meistens einen kurzen, sogenannten Janker von grünem, rotem oder blauem Mitteltuch mit weißen zinnernen oder breiten komposizionenen Knöpfen. An solchen Tagen tragen

sie auch flächserne Hemde (hier Pfaid genannt), an den Werktagen aber nur werchene (rupfene Pfaide). Die Tücher zu den Röcken und Jankern werden meistens aus dem nahen Böhmen gekauft. Zur Arbeit trägt das Mannsvolk schwarzleinene oder alte lederne Hosen und einen Kittel oder Janker von Zwilch, grobleinene oder gar keine Strümpfe; im Winter aber dickwollene und Bundschuhe, im Hause bloß Halbschuhe.

Gericht *Natternberg* (bei Deggendorf).
Nach einem Bericht über die auffallend reiche Tracht des Gäubodens: Der Walduntertan ist gerade entgegengesetzt. Bei diesem findet man die äußerste Eingezogenheit, kaum eine Abwechslung zwischen Feier- und Werktagen.

Gericht *Bärnstein* (bei Grafenau).
Die Kleidung der Einwohner hat sich seit einigen Jahren bei etwas mehr zunehmenden Nahrungsquellen ziemlich geändert. Vor 15, höchstens 20 Jahren war die Kleidung der Manns- und Weibspersonen durchgängig von grobem, selbstgearbeitetem wollenen Zeuge verfertigt. Rock oder Jacke, Leibstückel, Weste und Beinkleider wurden, wie man es noch bei älteren Bauern sieht, aus dem nämlichen, grau gefärbten wollenen Zeuge verfertigt. Nur die Schuhe und Hüte für den Kirchgang an Feiertagen, zur Hochzeit und Gevatterbitten und Taufpatendienst wurden angekauft. An Werktagen war der Kopf mit einer alten Mütze bedeckt, und hölzerne Schuhe taten im Notfalle bei nassem Wetter oder auf steinigen Wegen die nötigen Dienste. Nur einzelne wohlhabende Bauersleute hatten für besondere Feierlichkeiten eine bessere Kleidung, die aber vom Hochzeitstage an bis auf die Sterbestunde aushalten mußte.
Jetzt zeichnen sich die jungen, unverheirateten Personen beiderlei Geschlechts durch bessere Kleidung besonders aus. Zum Rock und Leibstückel werden nun gewöhnlich böhmische Tücher angekauft, der Hosenträger muß breit und scheinbar von Seide sein sowie auch das Halstuch und die Borten oder Schnüre um den Hut, welche Zierat oft auch ganz von Gold ist. Zu den Beinkleidern verwendet man schwarz gefärbte Kalbs- oder Bockfelle und trägt über weiße baumwollene im Winter über feine schafwollene Strümpfe sauber gearbeitete Stiefel oder Schnürschuhe. – Diese Kleidung schaffen sich auch verheiratete Mannspersonen, die noch jung oder im Mittelalter sind, an, so daß man nicht leicht die Leerhäusler oder Tagwerker von den Bauern unterscheiden kann.

Gericht *Vilshofen* (nördlich der Donau).
Ein von weißer oder brauner Wolle selbst gesponnener weiter Rock mit dergleichen Weste, Hosen und Strümpfe macht sogleich den Waldbewohner kenntlich; er trägt einen kleinen schwarzen Hut und nicht immer Schuhe.

Gericht *Hals* (an der Ilz, nördlich Passau).
Die Landbewohner gleichen im Charakter, in der Kleidung und anderen Verhältnissen den im Gericht Vilshofen beschriebenen Waldbewohnern.

Etwa um 1810 oder wenig später können wir die Aquarelle Max Joseph Wagenbauers von Landleuten aus der Gegend von Viechtach ansetzen (T. 10)[61]. Sie bieten lebendige Illustrationen zum Bericht von Hazzi. Hier reiht sich für den engeren Bereich von Ruhmannsfelden Castenauer an. Er beschreibt die Tracht seiner Pfarrkinder um 1812:
Was die Kleidung betrifft, so deckt und bildet dieselbe wohl. Die Männer im Markte tragen gewöhnliche Schuhe oder Stiefeln von Kalbleder, farbige Strümpfe, lederne Hosen, hübsche Gilets, Röcke vom Mitteltuche, seidene Halstücher und runde gebräuchliche Hüte. Doch trifft man auch noch

Abb. 5. Unfall bei winterlicher Waldarbeit, 1827. Die Männertrachten nach dem alten Stil mit kurzer Bundhose. Das Frauenkopftuch mit Nakkenbindung, ein Beleg seines frühen Vorkommens in der Arbeitstracht. Die Farben sind größtenteils blau und schwarz, die Strümpfe der Frau weiß, die Mütze mit Pelzbräm hat einen grünen Boden. (VT aus Seigersdorf, Gem. Geiersthal, V, in Altnußberg.)

Spießbürger von altem Korn und Schrote, die mit zugehakten Schuhen, einem schmutzig-ledernen Beinkleide mit weißen oder gelben Knöpfen, einem Kamisole bis auf die Knie herunter, einem braunen oder grünen Rocke mit ungeheuren Ärmelaufschlägen und einem dreispitzigen Hute, den sie wie einen Triangel auf dem Kopfe sitzen haben, gravitätisch paradieren. Die jüngeren Mannspersonen haben meistenteils lange weite Beinkleider, kurze Stiefeln, ein seidenes Gilet, ein kurzes Kamisol mit Ärmeln [entsprechend einem Janker], ein schönes Halstuch und einen kleinen runden Hut... Die Bauern tragen Schuhe von Juchten, Strümpfe von weißer Leinwand zusammengenäht oder von Wolle, lederne Beinkleider, ein braunes, blaues, grünes oder rotes Leibstück und einen Rock (Kutte[62] in der Waldsprache) vom Tuche. Ihr Hut ist rund und groß, bei manchen mit einer Samtborte und einer silbernen Schnalle geziert. Um den Hals binden sie einen Flor... Die Männer sind bei Hochzeiten wie an großen Festtagen gekleidet, nur halten sie Zitronen und einen Rosmarinstrauß in der Hand[63].

Abb. 6. Sommerliche Arbeitstracht, 1820. Links nach dem alten Stil mit großem Wetterhut, kragenloser naturgrauer Joppe, kurzen Hosen, mittellanger Weste und darüber sichtbarem Hosenträger, barfuß. Rechts der neue Kleidungsstil mit aus der Zylinderform entwickelten Hüten, kurzen hellblauen Joppen mit Stehkragen, eine schon mit Revers, betont kurzen Westen (Gilets), eine mit modischen Querstreifen, langen weißen Leinenhosen und Schuhen. (Alle drei auf einer VT auf dem Geiersberg, D)

Die Männertracht steht hier schon an der Schwelle der neuesten Zeit, als Langhose und Gilet die althergebrachten Trachtenstücke zu verdrängen begannen. Dennoch hielten die Bauern noch lange am alten Herkommen fest. Bis weit ins 19. Jh. hinein trugen sie ihre Röcke kragenlos. Der Stehkragen der Empiremode begegnet uns erst um 1810 in halbbürgerlicher Kleidung, aber bis in die Dreißigerjahre dauert es, bis überall im Wald Belege für ihn auftauchen. Dafür hielt er sich bis gegen 1860, ja noch länger. Auch sein Nachfolger in der Mode, der Biedermeierkragen, wulstig umgelegt und an den Revers manchmal umständlich M-förmig geschnitten (T. 12 r o), beeinflußte keineswegs rasch das Trachtenbild. Noch um die Mitte des Jahrhunderts sah man die alten kragenlosen Röcke. Das liegt vor allem an der Unverwüstlichkeit der damaligen Stoffe, die Neuanschaffungen manchmal erst in der dritten Generation erforderlich machte[64]. An den sicherlich als sehr neumodisch empfundenen Röcken mit Kragen brachte ein bestimmter Trachtengeschmack besonders im zweiten Viertel des 19. Jh. fast ebenso viele Knöpfe an wie in der zweiten Hälfte des 17. Jh.
Ähnlich wie mit den modisch geschnittenen Röcken verhielt es sich auch mit den Hüten. Wohl findet man nicht wenige Belege für das Vorkommen des Zylinders der Empire- und Biedermeiermode, sogar zur Arbeitstracht (Abb. 5), doch konnte er bei den Bauern trotz seiner allgemeinen Verbreitung im Bürgertum den älteren Hutformen mit rundlichem oder abgeflachtem Gupf nicht den Rang ablaufen. Sogar der schon erwähnte sehr breitrandige runde Hut der Barockzeit, der „bummel-(stier-) haarige Wetterhut" hielt sich erstaunlich lang, ja länger als die eigentliche Tracht. Daneben erscheinen Hutformen bürgerlicher Art, mit niedrigem oder halbhohem zylindrischem oder auch flach rundlichem Gupf mit schmalen oder mittelbreiten biedermeierlich geschwungenen Krempen (T. 12)[65].

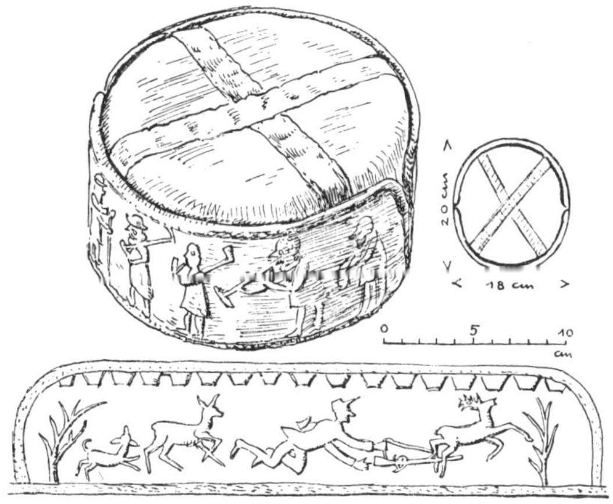

Abb. 7. Zunderhaube in Form einer Schlegelhaube, in Waldhäuser (G) um 1920 hergestellt. Die aufrechtstehenden Ränder sind mit lustigen Szenen verziert, die aus holzgeschnitzten Modeln gepreßt sind. Mit grünem Band eingefaßt und benäht.

Mützen, wie etwa die Ballonmütze des Chirurgus auf T. 12, kommen in der Tracht des Landvolks so gut wie gar nicht vor, dagegen trugen Bräuer und Wirte, wie auch andere bürgerliche oder halbbürgerliche Männer allgemein die Schlegelhaube (Abb. 3 und 4, T. 15 u), zumeist von grünem Samt, mit ihren senkrecht an der trommelförmigen Haube anliegenden geteilten Rändern (der vordere etwas höher). Vermutlich ist sie ein Abkömmling des spätmittelalterlichen Baretts mit geteiltem Rand (Abb. 2). Dieselbe Form wie die Schlegelhaube pflegte man der Zunderhaube (Abb. 7) zu geben, deren Material dem Naturprodukt des Baumschwamms der Urwälder entnommen wurde[66].
Die Hosen wurden ziemlich eng getragen. Der Überlieferung nach waren sie im Lkrs. Kötzting etwas weiter bemessen. Nicht zum Sonntagsstaat sondern zur Arbeit legte man die ersten Langhosen an (Lkrs. R, 1802, vgl. Abb. 5)[67]. Sie waren hellblau, wohl von Leinen, oder auch abgelegte Militärhosen[68]. Von den 30er Jahren an begannen sie sich langsam auch in der Festtracht einzubürgern.

Viele ältere Bauern entschlossen sich nicht dazu, sondern gingen noch um die Wende des 19. Jh. in ihren alten keilförmigen Lederhosen. Sie waren oft länger als bisher, reichten bis zur halben Wade, ja bis an die Knöchel hinunter. Darüber zogen sie Wollsocken, meist aber Röhrenstiefel, die nach einer zeitweiligen Verkürzung in der Empire- und Biedermeierzeit bald wieder mit ihren Schäften bis unters Knie reichten. In lebendiger Erinnerung sind bei älteren Leuten noch die „Zispenstiefel"[69] (T. 13) mit eingepreßter Faltenzone, die sechs- und mehreckig oder rund oft weit an den Röhren hinaufreichte.
Die Berichte, die über die Waldlertracht aus dem 19. Jh. vorliegen, stellen seit der Jahrhundertmitte ihren langsamen aber unabwendbaren Verfall fest. Brunner[70] zitiert die Zivilgesetzstatistik des kgl. Landgerichts Cham von 1840: „Der Bauer hat einen blautuchenen oder schwarz manchesternen Janker mit silbernen Knöpfen, ein rotes Leibchen mit gleichen Knöpfen, ein seidenes Halstuch, eine kurze lederne Hose, weiße Strümpfe und Bundschuhe, dann einen runden, etwas hohen schwarzen Filzhut mit einem breiten Bande und silberner Schnalle." Vom Chamer Bürger berichtet Brunner:

Er ... „trug einen langen Schoßrock aus indigoblauem Tuch und einen Radmantel aus dem gleichen Stoffe. Dieser war von den alten Tuchmachern so haltbar aus Wolle gewirkt, daß sich so ein Mantel vom Vater auf den Sohn und den Enkel vererbte."
Felix Dahns Trachtenbeschreibungen in der „Bavaria"[71] haben die Physikatsberichte um 1860 zur Grundlage. Wir schöpfen diese Quellen unmittelbar aus, wobei wir, um Wiederholungen zu vermeiden, nur einzelne in vollem Wortlaut zitieren:

Bezirk Kötzting. Die älteren Männer tragen noch lange Tuchröcke, meist von dunkelblauer Farbe und mit kurzem stehendem Kragen und einer Reihe großer Metallknöpfe, ein lose geknüpftes Halstuch, schwarz lederne Kniehosen, blaue Strümpfe und Schuhe mit messingnen Schnallen. Die ledigen Burschen tragen gewöhnlich statt des Rockes eine Jacke von Tuch oder Manchester, lange Beinkleider von Tuch oder Baumwollzeug, einen Hut mit kleiner Krempe und Goldflitter verziert. – Im Sommer tragen die Männer Kleider von Leinenzeug, ... und werden dieselben nicht berechnet nach dem Wechsel der Witterung, oder um den Körper zu bilden.

Bezirk Bogen. a) Arbeitskleidung. Diese besteht beim Landmann im Winter in einer langen Hose von Barchent oder Leder, in einem Leibchen ohne Ärmel [vielleicht der alte Brustfleck], einer Weste, einem Janker von Barchent oder Tuch, Strümpfen und Bundschuhen oder Holzschuhen, in einem Filzhut oder einer Zipfelhaube. – Im Sommer besteht die Kleidung desselben außer dem Hemde lediglich in einer Hose von Barchent oder von einem leichten Baumwollenzeuge; seinen Kopf deckt ein Strohhut. So lange es nur immer möglich, geht der Landmann barfuß. – In der Arbeitskleidung unterscheiden sich der Donau- und Waldbezirk ... merklich. Der Waldbewohner ... trägt, namentlich im inneren Walde, bei der Arbeit meistenteils nur Kleider aus selbstgefertigter Leinwand, die blau gefärbt wird. Im Donaubezirk wird zu Hose und Janker mehr schwarzgefärbter Barchent oder buntes Baumwollenzeug verwendet; auch sieht man im Donaubezirk, nämlich in dessen besseren Gegenden im Winter die Männer in Tuchjankern und Unterjacken bekleidet; auch der Unterhosen bedienen sich diese. Der Waldler verwendet nichts auf warme Kleidung. Er hat weder Unterhose noch Unterjanker, sondern arbeitet in seinem Leinengewande in der Scheune und im Walde selbst bei großer Kälte. Nur bei sehr hohen Kältegraden zieht er unter die Werktagshose noch die leinene oder baumwollene Sonntagshose. – Die Knaben haben Hose und Janker, einen Filzhut oder eine Zipfelhaube. Im Winter tragen die Kinder Leder- oder Holzschuhe, im Sommer laufen sie barfuß. [Die Sonntagstracht ähnelt der oben beschriebenen aus dem Bezirk Kötzting.] – Die alte Tracht des Waldlers [vom Anfang des 19. Jh.), kurze lederne Hose, hellblaue Strümpfe und Bundschuhe, scharlachrote lange Weste, langer Janker oder ein bis an die Fersen reichender Rock von schwarzem Barchent, ein spitziger Filzhut mit breiter Krämpe – ist nur bei einzelnen alten Männern zu sehen.

Wie viele seiner Kollegen beklagt auch der Bezirksphysikus von *Grafenau* die Neuerungen in der Kleidung. Er schreibt u. a.: „Besonders inklinieren zur Modesucht die Bewohner des nördlichen Teils [seines Bezirks], wo die Feiertagsmenschen in Joppen und Röcken mit modernem weißgrauem Filzfutter erscheinen und zur Arbeitszeit im Walde und in den Glashütten teils in Zwilchjacken oder halbnackt am Glühofen hocken."

Bezirk Wegscheid. Die ledigen Bauernburschen tragen einen Tuchjanker, der im Winter mit Pelzwerk gefüttert ist. Schwarzlederne enganschließende Hosen in langen bis zu den Knien reichenden gewichsten Stiefeln; einen schwarzen, mehr oder weniger feinen, mit künstlichem Blumenbouquet oder schwarzen Straußenfeder gezierten Filzhut; bloß in den Westen herrscht einiger Luxus, welche nicht selten von Seidenstoffen verfertigt und mit einer Menge von Knöpfen besetzt sind. – Die verheirateten Männer auf dem Lande tragen dieselbe Kleidung, nur statt des Tuchjankers einen Tuchrock und keine Blumen auf den Hüten. Goldborten oder silberne Schnallen auf den Hüten findet man hierorts nicht.
Als Nationaltracht bestehen hier noch die Holzschuhe (vgl. Abb. 23), welche bei der Arbeit die Dienstboten der Märkte und sämtliche Landbewohner vom dreijährigen Kind bis zum hundertjährigen Greise tragen.
Die Kleidung in früheren Zeiten bestand bei Bürgern aus einem niederen schwarzen dreieckigen (drigspitzatn) Filzhut, braunfarbigem Tuchrock mit gleichfarbigen Aufschlägen, rotem Unterfutter und großen weißen Knöpfen, kurzen schwarzen ledernen Hosen mit Maschen an der Außenseite der Knie, langen blauen oder schwarzen Strümpfen, Schuhen mit großen Schnallen.
Der Bauersmann trug einen runden Filzhut mit breiter Krämpe, einen langen weißen Rock von Barchent, meist grün ausgenäht, ein rotes Leibl (Gilet) mit kleinen halbeiförmigen aus Goldfaden gemachten Knöpfchen, schwarzes Halstuch, blaue Strümpfe mit Formen (Zwickeln), Schuhe von schwarzem Leder mit ledernen Bändern.

Abb. 8 (rechts). Uhrkettenanhängsel (Berloque), aus dünnem Silber gepreßt und gelötet, im Stil von 1850–60, Länge 9,5 cm. Auf der Gegenseite ein Rössel. (Ruhmannsfelden, Priv.-Bes.)

Abb. 9 (unten). Sieben Knöpfe und ein Ring. a), b) Neusilber, sehr wenig gewölbt, graviert, verwandt mit Salzburgischen. – c) Silberner Halbkugelknopf, graviert. – d) Versilberter „Tuttenknopf", graviert. – e) Zitronenförmiger „Kugelknopf", Silber. – f) Silberner Ring, graviert. – g) Versilberter, durchbrochener „Filigranknopf", mechanisch hergestellt, häufig vorkommendes Muster. – h) Hutförmiger Silberknopf, graviert. (a, b, d, f ehem. Prachatitz, Museum; c, g Bogen, Museum; e ehem. Stadeln bei Bergreichenstein, Bö; h Kötzting, Slg. Krämer.)

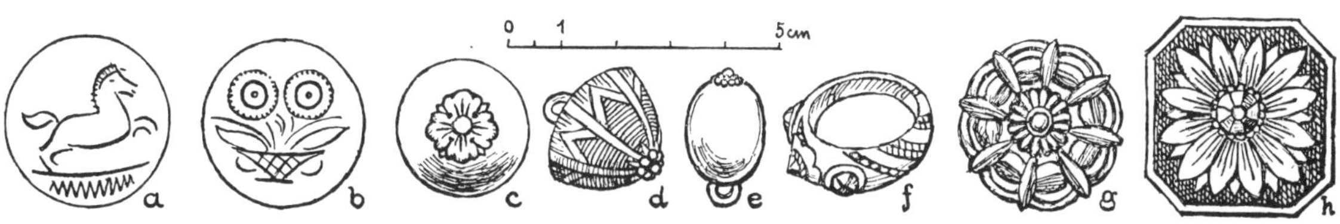

Wie in allen sterbenden Trachten verdunkelten sich nun die Farben[72]. Seit der Mitte des 19. Jh. sah man nur noch selten das rein rote Leibl[73]. Weinroter, violetter, mit dunklen Farben gemusterter Samt oder Plüsch lösten das scharlach- oder zinnoberfarbene Tuch ab. Dagegen legte man Wert auf große eigenartig geformte Knöpfe (Abb. 9). An den Röcken traten sie nur noch selten in Erscheinung. Diese hatten sich am frühesten dem städtischen Vorbild angepaßt. An ihnen leitete sich der fast unmerkliche Übergang von der Männertracht zur bürgerlichen Kleidung ein.

Über die Tracht der zweiten Hälfte des 19. Jh. berichtet die noch lebendige Volksüberlieferung. Aus Arnbruck, weit hinten im Zellertal (V) hören wir, daß dort nach 1850 „immer" Zipfelhauben[74] getragen wurden, Hüte selten.

Der 81jährige Schneiderhans in Waldhäuser (G) erzählte mir aus den 80er Jahren: Die Männer trugen damals dunkelblaue Joppen mit neusilbernen gemusterten Knöpfen, neun in der Reihe angenäht, dunkelblaue oder schwarztuchene Leibln, daran kleine weißmetallene glatte Knöpfe. Die Lederhosen waren hirschhäutern, grün ausgenäht mit Hirschen und Rehen. Die Geldgürtel etwa 16 cm breit, mit Rosen ausgenäht, ohne Name oder Jahreszahl. Stiefel mit Falten (vgl. T. 13). Die älteren Hüte waren weitscheibig „wie ein kleiner Regenschirm" (vgl. T. 10). Es gab aber auch schwarztuchene Mützen von etwa halbkugeliger Form, ja bis 20 cm hoch, hinten eine Art Schild, im Bogen geschnitten und anliegend, vorn ein stark vorspringender 10 cm breiter Schirm. Unter den Hüten trug man oft Zipfelhauben aus dünner schwarzer Wolle. Pelzmützen gab es aus Katzenbalg, vorn mit einem kleinen Schild, hinten zum Niederklappen.

Werktags gingen die Männer in blauen Leinenhosen. Im Winter trug man tscherkene[32]. Im Winter trug man Schnürschuhe und Schneestrümpfe bis unters Knie, sonst geht man zu schwer, Fuhrleute trugen sie bis an die halben Oberschenkel. Sie hatten keinen Fuß, sondern wurden unter der Sohle mit leinenen Strupfen festgehalten. Die Holzschuhe waren dort ganz aus Holz, sogen. Böhmschuh (Abb. 23). Die Seckl (Socken) waren von weißer Schafwolle.

Aus Eismannsberg am Pfahl (K) erzählte mir die alte Irlbäuerin von Leckern, daß um 1890 der vom Weber gewirkte „Zwejing" (Zwilling-Zwilch)[75] zu Männerröcken braun oder blau gefärbt wurde, auch zur Sonntagstracht. Wohlhabende trugen den langen Rock, „Gvattersmantl", hinten mit zwei Schlitzen und Knöpfen. Damals war er schon regelmäßig schwarz. Kurze Röcke reichten nur bis ins Kreuz, „bisl übern Bugl über und nacher san d'Hörner (Schößln) außergstanda". In solchen veralteten Jankern mit Schößln gingen damals nur noch einzelne Alte, nicht nur Ärmere, sondern auch Bauern. Am Werktag trugen die Männer Janker von rot-weiß „gstöckeltem Kaisch" (gewürfeltem Stoff[75], wie Bettzeug [Abb. 23]). Die Leibln, meist von gepreßtem Samt (seltener Seide), waren „blumat", mit 24ern (Münzen) drauf, von in Mustern geprägtem Silber (oder Weißmetall). „Schware Hüat" vom Viechtacher Huterer waren damals nicht größer als 1950, „mit a weng aufgradlter Scheibn". Schnur und Quasten (Trollen) waren damals nicht mehr gebräuchlich[76].

Der jetzt auch schon von seinem Arbeitsleben ausruhende Veit von Leckern (V) soll das Schlußwort zu diesen Berichten geben: „Dem Kelnhofer sein Großvater und der alte Rosenhamer von Sackenried (V), die haben allemal, wenn so ein Festtag gewesen ist, zu Ostern und zu Pfingsten, einen blauen Mantel angehabt, bis auf die halberten Wadln. Und so ein Dach ist darüber gewesen, bis am Ellbogen her. Zugemacht hat man die mit einer kleinen Messingketten und Haken[77]. Der Rock ist auch dunkelblau gewesen, bis zum A ... (also schon verkürzt!), mit silbernen Knöpfen. Grad so die Janker. Die zwei haben goldene oder silberne Uhrketten um den Hals gehabt. Der Uhrschlüssel, der ist so 7 cm lang gewesen. Da ist vorn ein blauer Stein (zur Verzierung) dran gewesen (vgl. Abb. 8). Weitscheibige Hüte haben sie gehabt, den Gupf eingedrückt, wie jetzt, mit goldener Schnur und zwei goldenen Quasten. Die sind an der Seite heruntergehangen. – Das sind die zwei letzten Manner (in der Tracht) gewesen, was ich denk. Das ist gewesen 1893 so herum."

Die Frauentracht im Bayerischen Wald

Bis zur Mitte des 17. Jh. fehlen uns Quellen zur Tracht der Bäuerinnen. Das wenige, was vorher die Frauenkleidung im Wald darstellt, hält sich im bürgerlichen Rahmen, so die Legendentafel vom Oberkreuzberg bei Grafenau, auf der wir ein spätmittelalterliches Gebände (aus Leinen gefaltete Kopftracht, ähnlich mancher heutiger Nonnenhaube, Abb. 2) erkennen, oder das Weiherelief von 1601 in Stallwang (B) (T. 1 o), auf dem Frau und Tochter ganz im spanischen Stil mit kurzer Schneppentaille mit kleinen Achselwülsten und steifer Mühlsteinkrause zu sehen sind. – Die Frau trägt dazu noch den aus dem Mittelalter stammenden langen eng gefältelten Mantel und über der Bundhaube (mit kleinem Gebände) eine pelzverbrämte Mütze.
Eine Votivtafel von 1640 im Museum Deggendorf zeigt im Vordergrund Leute aus dem Volk, die ihre Habe vor den Schweden in Sicherheit bringen. Man sieht da eine rote Frauenjacke mit gefältelten Schößen, wie 15 Jahre später im Matrikelbuch von Neukirchen bei Haggn (B) (T. 2 u). Auch die Röcke waren damals starkfarbig. Entsprechend zeigen bürgerliche Tafeln auf dem Geiersberg (D) aus der Mitte des 17. Jh., besonders wenn sie Alltagsszenen darstellen, bunte Frauenkleider. Es trifft also nicht zu, daß die Schrecken des Schwedenkrieges die Farben der Niederbayerischen Trachten ausgelöscht hätten[79]. Im Gäuboden findet man noch in den 80er Jahren farbige Frauenröcke. Rot, seltener himmelblau oder grün, waren auch die Röcke der Bürgerinnen vom Schwedenkrieg bis zum Ausklang des Rokoko. Im späten 17. Jh. leuchten diese Farben nur unterhalb der langen schwarzen Jackenschöße aus ihren Schlitzen und unter der weißen Mullschürze hervor (T. 4 u, T. 5 l o)[80].
Während diese rockartig fallenden Jackenschöße, Abb. 19, deren Kanten oft mit schwarzen Spitzen eingefaßt sind, glatt anliegen, ähneln die ungeteilten Schöße an den Jacken der Bäuerinnen im Vorwald (T. 2 u) um 1655 den gleichartigen Schößen an den Röcken der Männer, ringsum in fast handbreite rund herausgewölbte Falten gereiht. Die Frauenröcke reichten damals bis an die Erde. Schürzen können wir an der Festtracht der Bäuerinnen in der Mitte des 17. Jh. nicht entdecken. Die unbequeme Mühlsteinkrause wurde alltags nicht getragen und auch zur Trauer nicht. Diese kennzeichnete man in Verbindung mit schwarzer Tracht durch das ältere Gebände mit lang herunterhängender Rise (T. 2 l u).
In den 60er Jahren des 17. Jh. scheint sich im Wald jener strenge Stil gefestigt zu haben, der etwa 150 Jahre lang das Bild der Frauentracht bestimmte. Sie ist bis um 1700 äußerlich ganz auf Schwarzweiß abgestimmt (doch waren die Mieder der Mädchen und jüngeren Frauen farbig). Im ersten Viertel des 18. Jh. trat dann allgemein das Braun (selten Grau) als Farbe der Jacken und später das Blau für Schürzen oder Röcke dazu.
Ganz überwunden wurde das Schwarz als Haupt- ja als ausschließliche Farbe selbst in der „bunten" Zeit um 1820 nicht mehr.
Die Jacken waren in der Körpermitte unter dem Einfluß der Barockmode zu einer mäßigen Schneppe zugespitzt. Nicht selten blieb man aber auch beim geraden Taillenabschluß[81]. Die Länge der Schöße betrug bei den Bäuerinnen etwa 30 cm. An den Seiten, und vielleicht auch hinten, sieht man einen, mitunter auch mehrere Schlitze. Sehr selten, vielleicht als Rückgriff auf die Jacken um 1655, bedecken die Schöße den ganzen Unterkörper. Fast immer lassen sie jedoch vorn zwei bis drei Handbreit frei entsprechend dem vorn offenen Überrock (Manteau) der Modetracht. Die schwarze oder weiße Schürze ist entweder genau in diesen Ausschnitt zwischen den Schößen zusammengezogen, oder sie schiebt sich ein wenig unter ihre vorderen Kanten, so daß diese sich mitsamt der spitzen Schneppe wirkungsvoll von ihr abheben. Die Schürzenbänder bleiben meist unsichtbar. Erst im 18. Jh. sehen wir sie manchmal umständlich den Rand der Schneppe entlang gehen und um die Taille geschlungen.

Jede Frau, die nur einigermaßen als wohlhabend gelten wollte, trug zur Kirche das spanische Mäntelchen. Diesseits des Grenzwaldes nie anders als schwarz, mit einem meist kleinen nach hinten abstehenden rechteckigen Kragen, die Vorderkanten in der Regel handbreit nach außen umgeschlagen. Auf älteren Belegen sehen wir das Mäntelchen oft bis an die Hüften herabreichen, später überschreitet es selten die Körpermitte. Die Mühlsteinkrause erschien etwa um 1700 endgültig als veraltet. Die Mode hatte sie schon längst verworfen und nur die Bürgerinnen einzelner Reichsstädte hielten daran fest.

Über den Bestand an Trachtenstücken der Bewohnerinnen von Grafenau gegen Ende des 17. Jh. gibt die folgende Zusammenstellung aus den Hinterlassenschaftsinventarien[38] Auskunft:

1. *Wohlhabendere Bürgerinnen*

Hemed (Unterhemd), schön härben[40],
Halspfaid (blusenartiges Oberhemd), schön härben,
Brustfleck, mit Hasenfell gefüttert oder besetzt (nicht ganz gesichert, ober zur *Frauen*tracht gehörig),
Mieder, schwarz, rot, von grünem Zeug, alt gebrämt, mit leonischen [Gold-]Spitzen gebrämt, schwarz Sammet, von blauem Capizol (?), atlassen, schwarz wurchet (gewirkt, gewebt[75]),
Rock, schwarz tüchen gebrämt,
Schaube (Rock)[82] schwarz zeugen, grün zeugen, grün cardissen[83], zimtfarben zeugen, gebrämt, schwarz blind damaßen[84], quintenblau (?), funkl [leuchtend(?)] blau, blau schlecht zeugen von Wifling[32],
Weiberwams, zeugen, tüchen, schwarz blind damaßen,
Weiberröckl[85] schwarz aus Dirmodoy[32] ungebrämt, schwarz wollen, stachelgrün tuchen, pelzen, wurchen,
Weiberpelz,
Fürtuch (Schürze) härben, halbleinen, schwarz zeugen, schwarz blind damassen, blau, schwarz Taffet, gespitzt (mit Spitzen besetzt),
Strümpfe, weiß wollen, gestrickt, baumwollen,
Weiberkragen, dick (Mühlstein),
Weiberüberschlag (flacher Kragen), rund, mit schwarzen Spitzen beim Hals eingefaßt,
Weiberhaube, weiß, gespitzt und ungespitzt (vgl. oben), blau zeugen, rot cardissen, schwarz blind damassen (als Brauthaube bezeichnet), Ecklhaube (?), Otterne (mit Bägel)[86], schwäbische, Kachel[87] grün cardissen,
Pund oder Weiberpfaz (unter den Wäschestücken aufgeführt), *Klagschleier*,
Weiberhut, schwarz (von älterer Frau),
Weibermantel, tuchen, schwarz wollen mit blind Damaß ausgeschlagen (an den Vorderkanten), *Kirchenweibermantel*, schwarz,
Weibergürtel, beschlagen (vgl. T. 2 o M),
Petterl (Rosenkranz)[89], rot corallen, rot painen mit zwei kleinen Ablaßpfennigen,
Fazinet (Taschentuch), *Handschuh*, wollene,
Weiberschuhe, schwarz, *Taufschuhe*, schwarz ausgenäht (wohl für Kinder).

2. *Ärmere Bürgerinnen und Inwohnerinnen*

Hemeter, harb rupfen,
Leibpfaidel (vgl. oben),
Mieder,
Rock, grün, grau, schwarz zeugen, lang,
Schäubel (vgl. oben), rot tüchen, braun dirmodoyen[32],
Röckel[85], schwarz cardissen, tüchen, wollen, grau zeugen, grün tuchen,
Fürtuch, harb, rupfen,
Strümpfe, wollen,
Kragen (Mühlstein),
Mantel, alt tüchen, alte „Zill"[90],
Ecklhaube.

(Wenn wir im folgenden und auch an anderem Ort Vergleiche über das Vorkommen bestimmter Trachtenerscheinungen bringen, so muß dabei für den Unteren Wald die geringe Zahl der Belege im 17. und z. T. auch im 18. Jh. als Unsicherheitsfaktor in Betracht gezogen werden.)

Nur in den Landkreisen Cham, Kötzting und Deggendorf (nördlich der Donau) trugen noch bis ins 2. Jahrzehnt des 18. Jh. manche Frauen die Mühlsteinkrause. Im Lkrs. Bogen finden wir die letzte 1702, im Gebiet von Viechtach und Regen wurde Sie schon ein bis zwei Jahrzehnte früher abgelegt, ihre abgeschwächte Form, die flache gefältelte Krause spätestens gegen 1730. Die entsprechend dem Wechsel der Mode folgenden glatten Kragen, vorn mit zwei Halbbogen oder gerade abge-

schnitten[36], waren schon in der zweiten Hälfte des 17. Jh. in der Frauentracht des Waldes neben dem Mühlstein überall zu sehen. Das Halstuch tritt um 1700 häufiger in Erscheinung und verdrängte bald die älteren Formen der Halsbekleidung.
Über Schuhe und Strümpfe läßt sich bis um 1700 nur wenig aus den bildlichen Belegen entnehmen. Ein Beleg im Lkrs. Regen von 1696 zeigt rote Strümpfe und halbhohe Schuhe mit gelb und rotem Sohlen- und Absatzrand. Am Oberleder steht vorn und hinten eine Lasche aufrecht. Ein Riemen hält sie um den Fußknöchel fest[91].
Sehr wenige Belege gibt es leider für Mieder. Wir finden sie auf den Votivtafeln fast nur von Kindern, selten von Jungfrauen sichtbar getragen. Um aus der Zeit vor 1700 ein deutlich erkennbares Beispiel zu zeigen, mußten wir eine bürgerliche Darstellung von 1681 (T. 41 u) verwenden. 1710 und 1715 fanden wir sie in den Landkreisen Regen und Bogen rot, ohne Schneppe, mit breiten Achselbändern, auch an den Vorderkanten und nahe dem Oberrand des Steckers mit gelber Borte benäht. Die Art der Verschnürung oder Bindung quer über den Stecker ist nicht erkennbar. Die ältere Schwester auf einem Beispiel von 1715 trägt ein hochgeschlossenes Leibl mit Schneppe. (Ähnlich 1732; hier ist der Ausschnitt mit einem weißen Goller bedeckt.) Diese westenartigen Leibln kommen neben den Miedern bis zum Ende der Tracht vor, besonders in der Alltagstracht, oft mit kurzen Schößeln (T. 10 u), oder auch mit einem Wulst zum Tragen der Röcke (T. 16 l).

Einen wesentlichen Teil der Gesamtentwicklung überblicken wir bei der Betrachtung der Hüte und der pelzverbrämten schwarzen Mützen sowie des Kegelstumpfes (vgl. die Übersichtskarte, Abb. 10). Dieser, wie ein schwarzer Filzhut ohne Rand, kommt in der zweiten Hälfte des 17. und am Anfang des 18. Jh. etwa in dem Viereck zwischen den Städten Straubing, Deggendorf, Vilshofen und Landau, mit Ausstrahlungen bis südlich von Cham und gegen Mühldorf vor. Er ist ein Überbleibsel eines älteren Trachtenbestandes, der auch Beziehungen zur Mode hatte[92]. In unserem Gebiet kann er aber kaum lange vor 1600 getragen worden sein, da aus dem 16. Jh. die Bilder von Frauen fast ausschließlich das mittelalterliche weiße Gebände oder die eng anliegende Bundhaube zeigen (T. 16, i, l). Auch die berühmten Mirakelbilder von Altötting bestätigen dies für einen weiteren Umkreis. Als einzige Frauen mit Hüten erscheinen dort auf zwei Tafeln wandernde Pilgerinnen[93]. Auch bei Wertinger finden wir etwa zur selben Zeit außer Frauenhüten zur Heuernte nur Gebände. Doch gerade im Vorlande des Oberen Waldes gibt es eine Ausnahme von dieser Erscheinung: Auf den Werken Albrecht Altdorfers und Michael Ostendorfers sehen wir die Regensburger Ratsbürgerinnen in breiten pelzverbrämten Hüten ähnlich den Baselerinnen, während die geringeren Bürgerinnen in trommelförmigen oder leicht konischen mittelhohen Pelzmützen abgebildet sind. Die Bäuerinnen tragen Mützen mit ungleich hohem Pelzbräm, zur Feldarbeit Strohhüte oder Gebände[94]. Am Weihrelief Wanninger in Konzell (1601, T. 1 o r) finden wir die trommelförmige Frauenpelzmütze, die am Hinterkopf unten verschmälert ist. Die weißen Kopfhüllen, seien es Bundhauben oder Gebände, oft beide übereinander, behielt man unter den Mützen und Hüten bei[95]. Im Wald tritt in der zweiten Hälfte des 17. Jh. und wenig später das weiße Tuch zur Kopfeinhüllung nur in den Ausstrahlungsgebieten des Gäubodens und nur in Verbindung mit dem Kegelstumpf auf T. 2 u. T. 3 Mr. Nur 1655 finden wir es im Kreise Bogen auch unter Hüten (T. 2 u).
Etwa gleichzeitig mit den Kegelstümpfen und den selteneren Trommelformen treten seit der ersten Hälfte des 17. Jh. Hüte in der Frauentracht des Waldes auf, breitrandig, anfangs fast immer mit niedrigem, oft mit ganz flachem Gupf. Wenig später erscheinen Hüte mit hohem Kopf. Sie hielten sich länger als 100 Jahre. Um die Mitte des 18. Jh. sind sie nur noch Zierstücke mit übertrieben schlankem Gupf[96]. Diese Entartung der Gebrauchsform zum rein Dekorativen war am Anfang des 18. Jh. von den Kegelstümpfen im Gäuboden vorweggenommen worden[97].

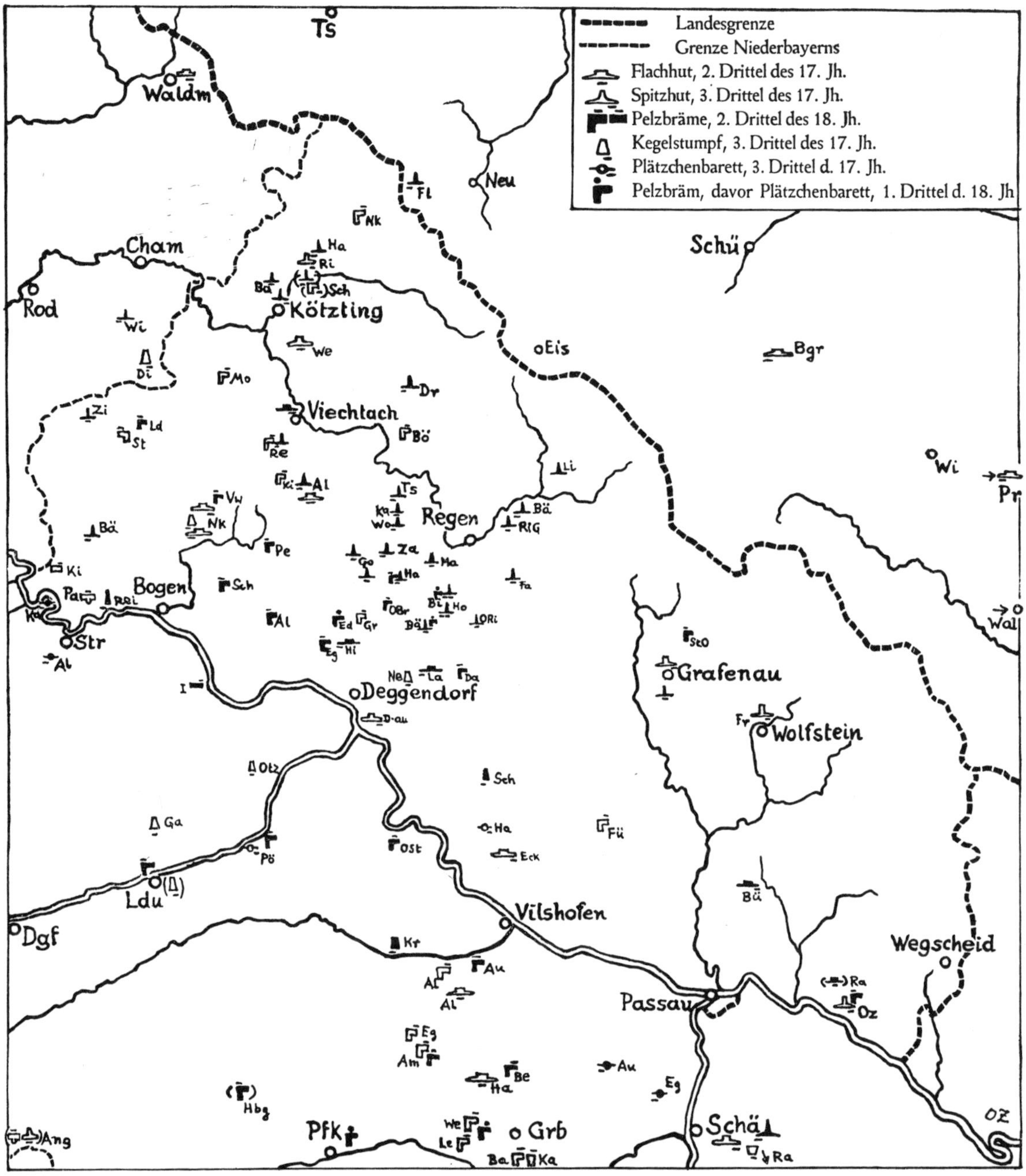

Abb. 10. *Verteilungskarte der Frauenhüte*, pelzverbrämten Mützen und ähnlicher Formen im 17. und 18. Jahrhundert (nicht aufgenommen die allgemein verbreiteten rund aufgewölbten Pelzbägel reicherer Bürgerinnen).
Die wenigen der Herkunft nach nicht gesicherten Belege sind an ihrem Fundort eingezeichnet. Die Belege aus dem 17. Jahrhundert sind als Umrisse, die aus dem 18. Jahrhundert als schwarze Schattenrisse zu erkennen. Die Unter- bzw. Überstreichungen links, in der Mitte und rechts deuten das erste, zweite und dritte Drittel des betreffenden Jahrhunderts an. Bei der Verbindung Pelzbräm–Plätzchenbarett steht dieses in dem zugehörigen Drittel.
Die Belegorte sind zumeist mit den Anfangsbuchstaben ihrer Gemeinde gekennzeichnet.

Kaum später als das Auftreten der Hüte bemerken wir die Pelzbräme um die schwarzen Kegelstümpfe. Da und dort zeigen sie sich als ganz schlichte ringförmige Einfassungen, so noch zu Beginn des 19. Jh. im Gäuboden. Manchmal gleicht die Kopfbedeckung einem Hut mit rundlichem Gupf und Pelzrand (Abb. 11), manchmal ist auf den Bildbelegen ihr Umriß so verwinkelt, daß man erst im Vergleich mit anderen die vorliegende Form bestimmen kann. Wichtig daran scheinen die Aussparung am Hinterkopf und die über die Ohren heruntergezogenen Wülste des vorderen Pelzbräms gewesen zu sein. Während in jener das Haarnest unter einer Bundhaube Platz findet, umrahmen diese das Gesicht. Diese Tendenz bemerken wir auch an schlicht zylindrischen Formen, an denen unverkennbare Ohrenklappen angesetzt sind. Merkwürdig daran ist, daß dort, wo sie am Pelzrand ansetzen, dieser senkrecht geteilt und sie selbst in Fortsetzung davon gespalten sind. Diese nicht sinnvoll erscheinende Gestaltung beweist, daß die Teilung in einen vorderen und hinteren Bräm bestimmten Pelzhauben wesentlich eigen war (T. 4 u, 2. Fig. von rechts und T. 5 u M). Die aus dem Wald stammenden Belege lassen meist an Stirn und Schläfen unter dem vorderen Pelzbräm den Rand der weißen Bundhaube sehen. Den oberen Abschluß dieser Kopfbedeckung bildet hier eine schwarze, kantig nach den Seiten abfallende Form, in der wir mit Sicherheit die alte Kegelstumpfmütze zu erkennen glauben. Diese streng geometrische schwarze Kernform ergibt mit dem handbreit, manchmal auch nur wenige Finger breiten, schwungvoll herumgezogenen, an den Ohren geteilten (manchmal auch ungeteilten, T. 6 l o) meist braunen Bräm, der hinten angesetzten weißen Halbkugel der Rundhaube und ihrem vorderen strichförmigen Rand einen unverkennbaren gegensatzreichen Anblick[99].

Aber noch nicht genug damit: In der 40er bis 60er Jahren des 18. Jh. finden wir in den Landkreisen Regen, Deggendorf und Bogen eine Anzahl Belege, auf denen vor dem vorderen Bräm, mitten auf dem weißen Rand der Bundhaube das winzig kleine schwarze „Plätzchenbarett" sitzt, das wir als Folgeform des Kegelstumpfes im Gäuboden kennengelernt hatten[100]. Das „Plätzchen" läßt sich vom Ende des 17. bis ins letzte Drittel des 18. Jh., im Rottal sogar bis nach 1800, häufiger nachweisen, als man von einem so ausgefallen wirkenden Trachtenstück annehmen möchte[101]. Die ältere handtellergroße Form fanden wir im Wald nicht belegt. Hier hält es sich etwa in der Größe eines Talers.

Während im Oberen und Mittleren Wald der Flachhut vom Spitzhut verdrängt wird, verläuft im Unteren Wald die Entwicklung umgekehrt. Hier haben wir vom Ende des 17. Jh. zwei Belege für den Spitzhut (einen davon von einer Bürgerin aus Freyung). Dagegen hält sich der hier erst später nachweisbare Flachhut in der Tracht der Bäuerinnen bis zum Ende des 18. Jh.[102].

Abb. 11. Die Ohrenhaube mit Pelzbräm und ihre Entstehung. a) Zeichnung von Alexander Mair, der zwischen 1600 und 1616 in Augsburg wirkte. Der Hut der älteren Frau im altertümlichen Faltenmantel und Gebände ist mit seinem seitlich heruntergezogenen Pelzrand für unsere Entwicklungsreihe von Bedeutung. (Berlin, Kupferst.-Kab. 1207.) – b) Kopftracht einer Nürnberger Bäuerin, 1689. (E. A. Endter, Curiöser Spiegel, Nürnberg, Germanisches National-Museum; Kst.-Kab. HB 9314. Vgl. Zaborsky, R., Abb. 2.) Der Pelzbräm beginnt den Mützenboden einzuengen. – c) Kopftracht einer Schneidersfrau aus Triftern, Lkrs. Pfarrkirchen, um 1670. (VT in Langwinkel, Lkrs. Griesbach. Vgl. auch Hottenroth I, S. 214.) Ausgeprägte niederbayerische Form der trommelförmigen Mütze mit an den Ohren heruntergezogenem Bräm. – d) Kopftracht der Bäuerin vom Floriansaltar der Salvatorkirche in Binabiburg, Lkrs. Vilsbiburg, 1735. Der Bräm ist verbreitert, an den Ohren klappenartig, mit auffallendem Einschnitt. – e) Kopftracht einer Nürnberger Bäuerin oder Gärtnerin. (Zeichnung im Germ. Nat.-Mus., Nürnberg, Kst.-Kab. HB 25938.) Deutliche Darstellung der auch im Bayerischen Wald vorkommenden Mütze mit geteiltem Pelzbräm, der hier so primitiv wirkt, als wären zwei Pelzbälge ohne wesentliche Bearbeitung vorn und hinten angenäht.

Es ist fast unmöglich, in die Wirrnis der Kopfbedeckungen der Waldbäuerinnen ein System zu bringen. In Umrissen deutet es sich unter Einschluß des Vorlandes folgendermaßen an (der Pelzbräm jeweils um den Kegelstumpf oder eine ähnliche Mütze):

Jahrh.	Ob.Wald	Ob.Vorwald	Mittl.Wald	Mittl. Vorwald	Unt.Wald	Gäuboden	Rottal
1. H. 17.	Flachhut	Pelzmütze gradlinig				Pelzbräm gradlinig	
Mitte 17.		Flachhut				Kegelstumpf	
2. H. 17.	Spitzhut, Flachhut, Pelzbräm	Flachhut, Kegelstumpf	Spitzhut, Pelzbräm	Flachhut, Kegelstumpf	Spitzhut	Kegelstumpf, gr. Plätzchen	Flachhut, Pelzbräm
1. Dr. 18.	Spitzhut	Spitzhut, Pelzbräm	Spitzhut	Pelzbräm, Flachhut, Kegelstumpf	Pelzbräm, (Flachhut)	Kegelstumpf, Plätzchen	Pelzbräm, Plätzchen
2. Dr. 18.	Spitzhut		Spitzhut, Pelzbräm m. Plätzchen		Flachhut	Plätzchen, Pelzbräm	Pelzbräm (Plätzchen)
3. Dr. 18.					Flachhut	Pelzbräm mit Plätzchen	Pelzbräm (Plätzchen)
1. Dr. 19.	Flachhut (veraltet)					selten Pelzbräm, im Isarmoos Flachhut	Pelzbräm, Plätzchen

Reichere Frauen auf dem Land, die sich bürgerlich tragen wollten, machten diese vorzugsweise den Bäuerinnen vorbehaltene Entwicklung nicht mit. Sie folgten dem Beispiel der Stadt- und Marktbürgerinnen und trugen etwa seit der Wende des 17. Jh. den schon erwähnten quer über den Scheitel majestätisch aufgewölbten Pelzwulst, das Bägel. Darunter schaute die schwarze Visierhaube hervor mit ihrer spitz in die Stirn gezogenen Schneppe und den meist schwungvoll an den Wangen verbreiterten Seitenteilen (T. 4 r u und T. 5 l o, T. 17, e). Vor 1700 hatte man zuweilen auch zur Kirchentracht die Visierhaube über der weißen Bundhaube ohne Pelzbägel getragen (umgekehrt in der Landtracht). Hinten wurde das Bägel im Nacken mit einem Band unter einem Häubchen festgebunden, das – vielleicht pars pro toto – Böndl genannt wurde[103]. In einfacher Ausführung gleicht dieses mit seinem kleinen hervortretenden etwa kreisförmigen Boden einer Topfkachel, weshalb es uns nicht wundert, die Bezeichnung „Kachel" für

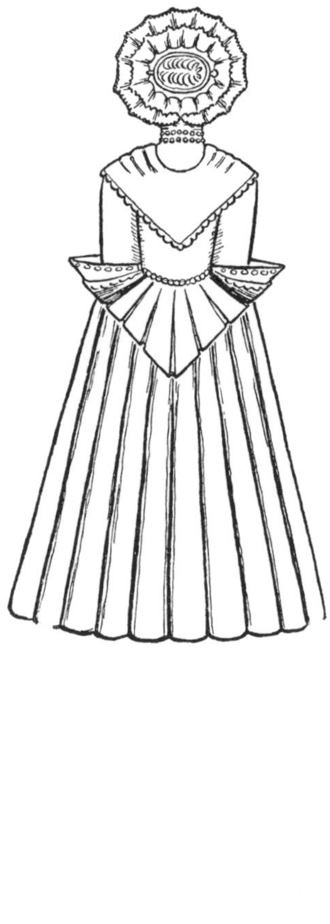

Abb. 12. Holzmodel für eine Votivfigur aus Wachs, Rückseite. 2. Drittel des 18. Jh., aus Regen (Bogen, Priv.-Bes.). Rollenjacke mit Flossenärmeln (diese, soweit der Schatten reicht), dreieckiges Schultertuch; auf dem Kopf das Böndl mit Anstecknadel.

eine Frauenhaube sogar in den Inventarien zu finden (Seite 28). Aufschlußreich sind für diese Gestaltungen die Legendenbilder aus der Grabkirche in Deggendorf. Reicher und mit kleinen Maschen verziert sehen wir sie an den Frauengestalten der Lebzeltner- und Wachsziehermodel (T. 17, d). Später gleichen sie oft kleinen Hütchen aus Brokat und Metallspitzen, die mit einer Ziernadel an den Hinterkopf gesteckt werden (Abb. 12, T. 17, f).

Im zweiten Drittel des 18. Jh. beginnen die Bäuerinnen im Wald ihre Kopfbedeckungen zu Kirchgang und Wallfahrt aus Filz und Pelz abzulegen. Anfangs gehen sie in ihren weißen Bundhauben mit Spitzenrand (T. 16 l), die sie unter jenen getragen hatten. Wesentlich anders ist der Zuschnitt der bürgerlichen Rokokohaube (Abb. 14, a), deren erste Belege wir mit Wald schon kurz nach 1700 beobachten können (T. 4 o M). Beide Formen glauben wir in den Haus- und Besuchshauben auf T. 7 unten, zu unterscheiden. Eine Vorform der Rokokohaube dürfte sich in der Schlafhaube aus Miltach (K) erhalten haben (T. 16, h. – Wäscheschnittmuster sind konservativ!)[104].

Unterdessen vollzog sich in der Tracht der Bürgerinnen die weitere Entwicklung zu den zierlichen Tüll- und Spitzengebilden des Spätbarock. T. 17, g zeigt uns eine weiße Haube von 1713 mit den sonst an den Visierhauben üblichen nach vorn ausschwingenden Wangenteilen. Darüber ist quer eine flache schwarze Spitzenrüsche gebunden, die vorn die unvermeidliche Schneppe trägt[105]. Diese bescheidene Gestaltung weist auf jene anspruchsvolleren Rüschenhauben hin (T. 6 r u, T. 17, h, i), die wir auch von Bildnissen reichsstädtischer Bürgerinnen kennen[106]. Sie besitzt im Krüseler einen mittelalterlichen Vorläufer.

Bald wurde jedoch auch die dicke vielschichtige Tüllrüsche, die immer noch an das Bägel erinnerte, aufgegeben. Nach dem modischen Vorbild (T. 17, k, l) erschienen nun auch im Wald duftige, durch schwungvoll gebogene Drahtbügel versteifte Gebilde aus schwarzem Tüll, die in mehreren von einander abstehenden Lagen auf ein schwarzes Scheitelhäubchen genäht waren und das Gesicht ihrer Trägerinnen sehr vorteilhaft einrahmten (T. 6 M r). Aus unseren Belegen entnehmen wir, daß auch hinter diesen Hauben silbern oder golden benähte Böndel getragen wurden, die mit einer Schmucknadel ans Haarnest gesteckt wurden. Eine einfachere Gestaltung mit nach oben und unten gerichteten Tüllrüschen (T. 17 m) finden wir als Hochzeitstracht im Lkrs. Viechtach um 1800 beschrieben (S. 35) und kurz darauf auch abgebildet (T. 10, vgl. auch das Vorkommen dieser Haubenformen nach den Tabellen). – Im Grunde gehen alle diese Rüschenhauben auf die Visierhaube mit dem schon vor der Mitte des 17. Jh. beliebten Strahlenkranz aus weißen Spitzen zurück (T. 17 b, c), für die sich auch im Wald Belege von ganz bestimmter Formgebung finden (T. 2 obere Reihen). Abseits von dieser stark von der Mode beeinflußten Entwicklung blieb die Masse der Bäuerinnen und Kleinbürgerinnen bei der schwarzen Rokokohaube mit einfachem schwarzem Tüllstrich um Vorderrand und Seiten, der in seiner Fältelung und in seinem kurvenreichen Umriß sehr kleidsam wirkte. Das schwarze Zugband im Nacken gewann immer mehr die Eigenschaft einer Verzierung (T. 17 o).

Wir haben uns, um den Verlauf der Entwicklung zu zeigen, weit von unserem Ausgangspunkt entfernt und lenken nun auf das Ende des 17. Jh. zurück. Es bringt, weit später als für die Männertracht, die farbige Aufhellung durch die Einführung der braunen Schoßjacke[107]. Mit erstaunlicher Gleichzeitigkeit setzten die Belege dafür fast überall zwischen 1692 und 1695 ein. Grau als Jackenfarbe findet man verschwindend selten, hingegen bleibt Schwarz bis zum Ende der Entwicklung immer noch in Geltung. Das spanische Mäntelchen wurde in den ersten Jahrzehnten des 18. Jh. abgelegt.

In den dreißiger Jahren des 18. Jh. werden die blauen Schürzen häufig. Gewiß war es ein Wandel des Geschmacks, denn blau gefärbtes Leinen gab es schon viel früher[34]. Merkwürdigerweise beschränkt sich ihre erste Verbreitung auf die Landkreise Regen, Viechtach und Bogen. Um 1750 folgen dann Wegscheid, vermutlich mit Wolfstein, während um Cham, Kötzting und Deggendorf (nördlich der Donau) blaue Schürzen erst seit dem Anfang des 19. Jh. vorkommen.

In himmelblauer Jacke mit langen, später kurzen, abstehenden, gegen Ende des 18. Jh. gar keinen Schößen (Spenser), mit weiten, über den halben Unterarm zurückgeschlagenen „Flossenärmeln", aus denen weiße Spitzen hervorquellen, in grellrotem Krinolinen-Rock und weißer Mullschürze, auf dem Kopf eine Tüll- oder Brokathaube, so geht die niederbayerische ländliche Honoratiorin der Rokokozeit zur Kirche (T. 4 o M, T. 6 r, T. 8 r, Abb. 13)[57]. Diese gefällige, halbmodische Tracht wurde von den Bäuerinnen alsbald nachgeahmt. Aber die Anpassung erfolgte doch nur stückweise. Allgemein war die Verkürzung der Ärmel. Auch die Verkürzung und schließlich der Schwund der Schößeln, wie die schon eingehend beschriebene Entwicklung der Hauben finden sich als unaufhaltsame Zeiterscheinung deutlich belegt. Indessen ändern sich die Farben wenig. Von seltenen Ausnahmen abgesehen bleiben die Jacken braun, einzelne schwarz, die Röcke schwarz. Erst im letzten Drittel des 18. Jh. treten dann häufiger rote, hellblaue und grüne Röcke auf, besonders für die weibliche Jugend. Im Lkrs. Kötzting finden wir farbige Röcke schon früher zahlreicher belegt. Überhaupt bahnt sich nun langsam die auffallende Buntheit an, die in merkwürdiger Übereinstimmung mit der Jahrhundertwende ihren Einzug in den Wald hielt. Dabei waren die Landkreise Cham, Kötzting, Viechtach, auch der Norden des Lkrs. Bogen das Gebiet lebhaftester Farbigkeit (T. 11), während die Frauen des Lkrs. Deggendorf (Waldteil) zartere, und im ersten Drittel des 19. Jh. oft sehr aparte Farbenzusammenstellungen wählten. Man darf annehmen, daß die Nähe der Donau als Handelsstraße mit der Reihe ihrer Städte, in denen die gedämpften und zarten Farben des späten Rokoko und des Empire herrschten, diese Mäßigung bewirkten, denn auch im Lkrs. Wegscheid scheint sich die Farbigkeit in bestimmten Grenzen gehalten zu haben. Dagegen entspricht die Buntheit der Tracht im Lkrs. Wolfstein der vom Oberen Wald. Vermutlich ist die Nähe der Grenze nach Böhmen, wo solche Stoffe hergestellt wurden, hier von Einfluß gewesen.

Ehe wir der Entwicklung allzuweit folgen, lassen wir die Inventarien sprechen[53]: Im Jahre 1722 erhält ein neunjähriges Mädchen aus Neunußberg (V) das beste Gewand ihrer verstorbenen Mutter zugesprochen: eine Joppen, Rock, Mieder, samt dem dazugehörigen Fürtuch (Schürze). 1741 hinterläßt eine Leibtumerin (im Altenteil lebende Hofangehörige) in Bärndorf (V) ein braunes Röckl und ein Stutzröckl[85].

Über den Trachtenbestand im Lkrs. Grafenau um die Mitte des 18. Jh. erfahren wir[54]:

Hemed, rupfen, *Brustfleck*,
Mieder, grün zeugen, blau sowie grün „gewirchen",
Weiberkittel, zeugen, schwarz gewirchen,
Röckl (Jacke), grau oder braun tüchen, blau, wollen, rupfen,
Schalk (Jacke), wollen,
Fürtuch, schwarz rupfen, schwarz gewirchen,
Strümpfe, weiß,
Haube, schwarz zeugen, weiß „samt dem gwirmb" (?),
Weiberhut, alt,
Weiberschleier (zur Trauer), weiß,
Mantel, *Gürtel*[108].

Auf einzelne Züge der Entwicklung müssen wir noch eingehen. Da verdient vor allem die „Rollenjoppe" Erwähnung. Ihre „sehr kurzen Schöße waren hinten in Falten gelegt, so, daß dieselben wie die Klaviertasten knapp nebeneinander standen[109]. Wir erkennen diese Jacke an den Belegen zwischen 1763 und 1820 deutlich (T. 10 o r, Abb. 12). Als Vorläufer dürfen wir die nach hinten geschweiften Jacken (1727 und 1749) ansehen. Mit ihren vielen halbrunden Schoßfalten bilden sie geradezu den Anschluß an die alte Jacke (T. 2 u). Kennzeichnend für den Umriß dieses Kleidungsstücks ist der vorn von einer Schneppe ausgehende kurze Schoß, der nach den Hüften zu etwas ansteigt und sich dann schweifartig nach hinten und unten zuspitzt.

Während sich der Nordteil des Lkrs. Deggendorf mehr nach Passau richtet und nur selten ein Beleg die Nachbarschaft mit dem Gäuboden verrät, ist diese im Lkrs. Bogen unverkennbar (T. 9 o l, T. 11 M). Der sonst im Wald nur selten im Jackenausschnitt sichtbare Miederstecker (Latz), die

Abb. 13. Zwei Frauen einer Wachszieherfamilie in Grafenau (Gemälde in Familienbesitz. Links, 1776, fast noch in der Tradition des 17. Jh.: Knapp sitzende, engärmelige hochgeschlossene Jacke aus grauer Seide mit durch Schattierung plastisch wirkendem Blumenmuster, am Oberrand Goldborte. Silbernes Kettengeschnür. In der vorderen Öffnung sieht man den schwarzen, farbig geblümten Miederstecker, über den ein zweites, inneres Geschnür gezogen ist. Spitzenmanschetten, schwarze Samtstützeln, mit Goldborten benäht. Rotes, weiß geblümtes Halstuch, schwarzer Halsflor mit doppelter silberner Filigranschnalle. Goldhaube mit schwarzem Spitzenrand und Seidenmasche. Hellroter Rock, darüber weiße, bunt geblümte Schürze mit goldenem, rot durchwirktem Band. – Rechts, um 1790: Verbürgerlichtes Rokoko, das die gedrechselte Linie des Oberkörpers verloren hat. Weite schwarze Seidenjacke mit überreichem Brokatblumenmuster, wunderlich primitiv über Knöpfe und durch Knopflöcher mit silberner Kette geschnürt. Weiße Spitzenmanschetten. Weißes Halstuch mit Rand aus Goldspitze, die Enden durchs Geschnür gesteckt. Vielreihige silberne Halskette, schwarze Samtstutzeln mit Goldborten. Goldhaube mit breitem weißem Tüllrand und schwarzer geblümter Seidenschleife.

braune oder blaue Jacke mit farbiger Einfassung, die hellfarbigen Bänder und die entsprechend dem Hauptentuch der Gäubäuerinnen an den Wangen etwa waagrecht abgeschnittenen Spitzen der Hauben (an den beiden jüngeren Beispielen) und die z. T. reichliche Verwendung von Goldborten geben Beweise dafür. Von besonderer Eigenart ist eine strenge Frauentracht, die sich kurz vor 1800 im Nordteil des Lkrs. Bogen sowie (hier leider nicht lokal bestimmbar) auf Votivtafeln im Lkrs. Viechtach und Kötzting nachweisen läßt (T. 9 o M). Das tiefe Schwarz der Gesamterscheinung steht in noblem Gegensatz zum Rot des großen Miedersteckers mit seinen sparsam angebrachten Verzierungen. Nicht immer ist auch das Busentuch farbig. Im Gegensatz zum Ernst dieser Frauentracht ist die der Mädchen fast bunt. Mit ihrem oft hellgrünen Rock schließt sie sich, entsprechend der Frauentracht mit ihrem Schwarz und Rot, den eigenartigen Gestaltungen an, die J. M. Wagenbauers Aquarelle festgehalten haben (T. 10).

Wir lassen die Berichte von Josef Hazzi folgen. Seine Feststellungen in den damaligen Gerichten Viechtach und Linden lesen sich wie genaue Erläuterungen zu den bildlichen Darstellungen seines Zeitgenossen:

Gericht Viechtach und Linden. Die Bräute sind ganz schwarz angezogen und haben um den Kopf eine spannenbreite ab- und aufwärtsstehende Spitze in kleinen geraden Falten, die in der Mitte an eine Sammetborte genäht sind, mit einem sogenannten Rotnest von seidenen Bändern, dann einen Flor mit einer Schließe um den Hals und rotseidene Halstücher. Sowohl Ledige als Verheiratete tragen auch hier Haupttücher mit einem langen Zipfel hinunter. Die Mieder sind von Damast und die rottuchenen auch rückwärts mit Borten besetzt. Die übrige Tracht ist wie bei den übrigen Waldbewohnern.

Gericht Zwiesel. Das ledige weibliche Geschlecht trägt auf dem Kopf manchmal ein sogenanntes Haupttüchel („Hapentüchel"); dies ist ein Stück gestärkter und glatt gebögelter feiner Leinwand in Form eines Dreiecks mit sehr spitzen Winkeln. Vorne sind an dasselbe sehr breite Spitzen genäht. Dies Tuch wird nun einfach auf den Kopf gelegt und über das sogenannte Nest gefältelt, dann mit beiden spitzigen Enden, die vorher sachte zusammengedreht werden, fest gebunden, so daß die dritte Spitze etwas über einen Schuh lang und ½ Schuh breit über den Rücken hängt. Meistens aber tragen die ledigen Mädchen niedliche Hauben auf Passauer Art[110] von Damast und Grosdetour mit handbreiten falschen Goldspitzen besetzt und mit schwarzseidenen feinen Spitzen versehen. Die Farbe des Haubennestes ist scheckig. Die Verheirateten tragen schwarzsamtne Hauben auf Passauer Art, aber ohne seidne Borten mit schwarzseidnen Spitzen. Die Unterleibel sind von Taffet abgenäht oder von hübschem Pers gemacht und um den Hals entweder mit falschen Gold-Spitzen oder mit 3 Finger breitem Taffet garniert. Die Vermöglichen haben oben in den Unterleibeln drei silberne Knöpfchen in Form von Groschen oder Sechser zum Einknöpfen (vgl. auch Abb. 18); die übrigen Haften und nur ein kleines Taffetbändchen zu einer Masche. Zu Halstüchern werden weißmusselinene, hübsch ausgenähte, auch seidene Tüchlein von allen Farben getragen. Die Mieder sind entweder von Seide oder von Wolldamast, auch von Pfaffenzeug und bei vielen von feinem roten Tuch, wie gewöhnlich mit einem Latz und Schnürhäckchen versehen. Die Achselbänder in den Miedern sind von Seide und in eine Masche gebunden. Der Latz ist von dem nämlichen Zeug wie das Mieder, aber oben mit einer breiten guten oder falschen Goldspitze besetzt. Von Seide ist auch der Schnürriemen. Aus gedruckter Leinwand besteht der Unterrock (Hansl). Über diesen tragen sie einen kanevasenen oder ganzleinenen, meist blaugestreiften Rock. Dann folgt der Oberrock von grünwollenem oder andersfärbigem Zeug, den man Halbrasch nennt. Unten ist er mit drei oder vier Finger breitem Taffet verbrämt. Das Fürtuch besteht aus einem Mittelpers oder gestreiften Kanevas oder auch aus blaugedrucktem oder ganz blauem Leinen. Die Fürtuchbänder sind von Seide usw. Die Korsette [Jacken] sind von braunem oder buntem Kattun mit Taffet um den Hals und die Arme eingefaßt und mit Taffetbändern[111] versehen. Sie tragen Strümpfe von weißer oder blauer Baumwolle mit großen ausgenähten Zwickeln. Die Schuhe sind von schwarzem Kalbleder mit roten Stöcklein. An Feiertagen werden flächserne Hemde mit Spitzen um den Hals und die Hände getragen. Silberne Ringe sind an den Fingern der ledigen Bursche und Mädchen nichts Seltenes. Sie führen baumwollene Schnupftücher von verschiedenen Farben. Die Weiberröcke sind etwas kurz und haben sehr viele kleine Falten. An den Werktagen trägt das Weibsvolk auch Kopftüchlein wie in Böhmen [Böhmerwald], wovon die meisten blau gedruckt sind, und keine Mieder. Rosenfarbene Tüchlein auf dem Kopfe eines gemeinen Mädchens sind schon etwas Vornehmes, wie sie sagen[112].

Im *Gericht Bärnstein bei Grafenau* machen die unverheirateten Weibspersonen noch mehr Aufwand [als die Männer]. Die Kittel und Röcke sowie die Leibröckeln sind meistens von Kotton oder Zitz, handbreit mit Taffet oder Grosdetour eingefaßt. Der schlechtere Zeug dazu ist aus feiner Schafwolle gewebt und schön gefärbt. Im Sommer tragen sie mit türkischem Rotgarn gestreifte Gingang. Die Vortücher sind von Zitz, Jamis oder fein geplätteter Leinwand, die Hauben von schwarzem Samt oder Manchester, mit feinen schwarzen Spitzen und Taffetbändern geziert. Ein seidenes Tuch wickelt den Hals ein und ein anderes hängt wie gewöhnlich darum her. Die Mieder oder Schnürleibe sind meistens von schönem rotem Tuch oder gar von Seide verfertigt und der Latz mit goldenen Borten verbrämt. Allgemeine Sitte ist hier beim weiblichen Geschlecht, daß sie an gewöhnlichen Feiertagen den Kopf mit einem Tuche bedecken, in welcher Mode sich auch die Neigung zu glänzen zeigt. Sie tragen zwar selten seidne Kopftücher, aber auch die baumwollenen, buntscheckigen sind ihnen um keinen Preis zu hoch, wenn sie sich nur durch Farbe und Form damit auszeichnen können. Nach Verhältnis des steigenden Wohlstandes wächst auch der Luxus, besonders bei Weibspersonen, hingegen bei der Arbeit erscheinen die meisten in der schlechtesten Kleidung, oft nur mit Fetzen bedeckt.

Gericht Vilshofen (Waldteil). Das weibliche Geschlecht setzt ein gelbpersenes Kopftüchlein oder eine schwarze Haube auf, das braune kattunene Oberröckl (= Jacke) und der weiße, mit Rot gemischte, lange Rock ist ihr eignes Fabrikat von Wolle, dazu kommt eine leinwandne, weiß und blau bedruckte Schürze und blaue, baumwollene Strümpfe.

Gericht Hals (nördlich von Passau). Die Landbewohner gleichen im Charakter, in der Kleidung und anderen Verhältnissen den im Gericht Vilshofen beschriebenen Waldbewohnern. Entsprechend die des *Gerichts Kötzting* denen im Gericht Viechtach.
Castenauers berichtet 1812 von den Marktbürgerinnen in Ruhmannsfelden (V):
Die Weiber und Mädchen kommen in ihrem Anzuge jenen in den kleineren Städten nahe. Ihre Röcke sind von wollenen oder leinenen Zeugen; so auch die Schürzen. Das Korsett (Jacke) ist von geblümten sogenannten Perse, die Schnürbrust [Mieder] vom Tuche oder von Wolle, das Innerleibchen gewöhnlich von Taffet oder Kamelot. Den Hals bedecken sie mit einer Halskette oder einem Sametbörtchen, woran ain Kreuzlein hängt, oder mit einer Schnur von unächten Perlen. Ihre Hauben heißt man Ringelhauben[113]; einige haben auch Passauer-Hauben auf dem Kopfe. An Werktagen ist es allgemein der Brauch, das Haupt in ein buntes Tuch einzuhüllen. An Festtagen und bei einem feierlichen Gastmahle sind die Kleider der vermöglicheren Bürgerinnen, z. B. der Bierbräuerinnen, Bäckerinnen u.s.w. von Taffet, Seide, mit Goldspitzen besetzt.
Die Bauernweiber [vgl. T. 10] lassen ihre Schuhe, die sehr oft rote Absätze haben, von Kalbleder verfertigen, und sie haben schöne weiß baumwollene Strümpfe. Sie gehen im Sommer größtenteils barfuß bis zum Markte[111] an Sonn- und Festtagen, um Schuhe und Strümpfe zu sparen. Ihre Röcke sind von buntem Zeuge, und reichen etwas über die Waden hinab. Die Schnürbrust ist bei den meisten, wenn sie zur Kirche gehen, von Halbdamast, oder von feinem Tuche. Das Korsett [Jacke], das sie Röckel nennen, ist von Wolle oder Kattun. Den Hals bedecken sie mit einem großen seidenen Tuche. Die Schürzen sind von gedruckter, oder vom Weber verfertigter Leinwand. Auf dem Kopfe haben sie ein weißes Leinentuch, das sie insgemein Hadern heißen, von vornen mit breiten Spitzen; rückwärts endet sich dieses Tuch in einem Zipfel, der in der nämlichen Breite auseinander läuft. Mehrere bedienen sich eine Art Hauben, die hier den Namen Nesthauben erhalten, von schwarzen Damast oder Sammt, die mit Spitzen und Bändern von derselben Farbe garniert sind, den Passauer Hauben gleichen[110], und die Haare ovalrund verschließen. (Die Rokokohaube, T. 17, o.)
Bei Leichenbegängnissen wird die nämliche Kleidung wie bei dem gewöhnlichen Kirchenbesuch beibehalten, nur daß alles von schwarzer Farbe ist.
Bei Hochzeiten tragen sie Bündelschuhe, feine weiß-baumwollene Strümpfe, grüne Röcke (Kittel) mit grünem Taffet eingesäumt, Mieder von rotem Tuche, schwarze oder braune Korsette, blau oder grün bebändert, ein kleines seidenes Tuch und wieder ein größeres darüber. Die Haare zieren sie mit einem in geflochteten eine Hand breit zusammengefügten roten Taffetbändern bestehenden Halbringe, der mit Silberspitzen oder kleinen Silberborten eingefaßt ist und den sie über die am Scheitel in einem Knoten geschlungenen Haare festbinden [wohl ein Kranl mit roter Bandgarnierung, vgl. T. 11 o r und M]. Die Braut hat zum Unterscheidungszeichen einen Gürtel, woran kleine silberne

Ketten befestigt sind, um die Mitte (T. 10, Abb. 20), und wird von dem Hochzeitslader und der Ehrenmutter (wie sie hier betitelt wird) in die Kirche eingeführt.

Die Trachtenbeschreibungen Hazzis und Castenauers überliefern uns die letzten Wesenszüge des ländlichen Rokoko. Bald darauf räumte der kurze engärmelige Spenser der Empiremode mit dem Bisherigen auf[115].

Brunner zitiert vom Jahre 1840 aus dem Landgericht Cham: Die Landbewohnerin trägt ihr Haupt mit einem weißen steifen Tuche mit bläulichen gestärkten Spitzen, über den Nacken hin sorgsam gefältelt und über den Rücken hinab spitzig endend [das Hauptentuch], den Oberleib mit einem Leibchen (gewöhnlich von Pers) und darüber mit einem Röckl (Gopperl = Jopperl) aus Manchester, den Unterleib gewöhnlich mit einem gewaltigen roten wollenen Rock bis an die Knöchel und einem persenen Schurz (vgl. T. 11, untere Reihe).

Grueber und Müller berichten a. a. O., daß im Oberen Wald um 1850 die Frauen und Mädchen Unterleibln von buntem Kattun und ein kurzes steifes Mieder (Abb. 18) trugen. Sonntags-Spenser, „Joppe" genannt, Röcke von auf dem Lande gewebtem starkem Zwirnzeug, mäßig kurz und sehr faltenreich. Das Vortuch (Schürze) von blauem Glanzleinen. „Um den Kopf winden sie große viereckige Tücher von buntem Wollenzeuge." Bürgerliche Frauen trugen die Riegelhaube.

Nun geriet auch die in ihrer Form jahrzehntelang kaum veränderte Rokokohaube, die Castenauer Nesthaube nennt, in den Einfluß der modischen Entwicklung. Das Empire war haubenfeindlich. Wahrscheinlich ist dies der Grund, weshalb sich der Haubenkörper, der den Kopf vom Haaransatz bis zum Hinterhaupt bedeckte, immer mehr zusammenzog, so daß er endlich nur noch handgroß auf dem Scheitel saß (T. 11 u l), oder sich zur Gestalt eines mittelgroßen Apfels zusammenzog (T. 12 o r und l). Um so breiter wurde der Tüllrand, der mitunter wie ein schlanker Glassturz auf den Scheitel gestülpt wurde („Sturzhaube", T. 12 o l). Eine verwandte Entwicklung führte in Linz

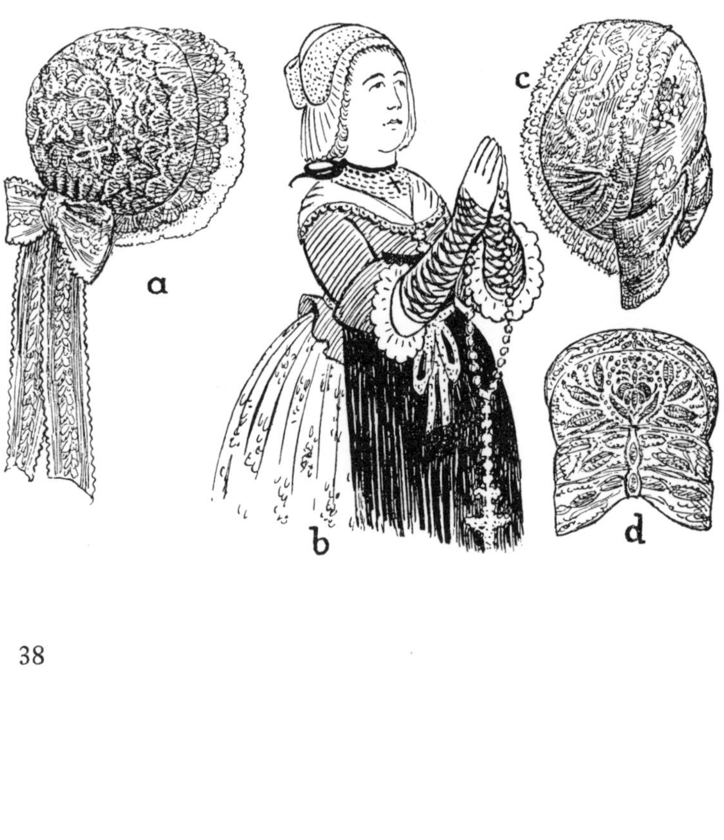

Abb. 14. Von der Rokokohaube zur Riegelhaube. a) Spätes Vorkommen der barocken Ausgangsform in den Böhmerwaldstädten (vgl. T. 14). Weißes steifes Leinen mit rosa Randstreifen. Mit Silberspitze, der Boden mit Gold- und Silberbouillon benäht. Am Rand Silberspitze und weißer Tüll, das Band hellblau mit gelbgrün und rosa (ehem. Prachatitz, Museum). – b) Stifterin von einer bürgerlichen VT vom Geiersberg (D), 1796. Haube aus weißem Stoff mit weißem, ungleich breitem Tüllstrich. Der Streifen quer über den Scheitel und die rückwärtige Schleife aus Goldstoff. Schwarzes Halsband mit Kreuz, Silberketten. Weißes Halstuch, mit Goldspitze besäumt. Rotbraune Jacke mit Silberknöpfen und kurzen, welligen Schößeln. Die Ärmel noch etwas flossenartig. Weiße Spitzenmanschetten, schwarze genetzte Armstützeln. Schwarze Schürze, deren Latz an der Brust angesteckt ist, mit Goldband, das um die Taille geht. Weißer, grün und rot geblümter Rock, großer Rosenkranz aus Silberfiligran (Bogen, Museum). – c) Vorform der Riegelhaube aus bunt geblümtem Gold- und Silberbrokat, mit Goldborte benäht. Vorn schmaler weißer Spitzenstrich. An dieser Entwicklungsstufe hat die Haube noch einen rundlicheren Körper und die Masche ist deutlich erkennbar. Um 1800 (Deggendorf, Museum). – d) Eine von den unzähligen verschieden gemusterten Riegelhauben. Goldstickerei auf weißem Stoff, über einer Unterlage aus Pappendeckel. Innen bunter Kattun. Dort ein Etikett: Anna Friedrich von Arnstorf / Baumwollhändlerin und Haubenmacherin / 6 fl (Gulden). Hier ist die Riegelhaube schon hufeisenförmig flach und versteift, die Masche als solche kaum noch erkennbar. Um 1820 (Zwiesel, R, Museum).

und Passau zu der nach diesen Städten benannten und fast berühmt gewordenen Haube (T. 17, p, q, T. 15 u). Ihr knaufartiger, stark verkleinerter Körper hob sich etwas vom Scheitel, während sich der hintere Teil des drahtversteiften breiten Tüll- oder Spitzenrandes hahnenschwanzartig abgeflacht nach oben bäumte. Die Bandschleife, die auf Grund ihrer Funktion zum passenden Zuziehen der Hauben ursprünglich an ihrem tiefsten Punkt im Nacken gesessen hatte, schwebte nun ganz oben auf dem Grat zwischen dem Knauf und dem höchsten Punkt des an antike und Empire-Helmformen erinnernden Spitzenrandes. Ihrer Kleidsamkeit wegen fand die Linzer oder Passauer Haube bis nach Böhmen und die Steiermark, innaufwärts bis ins Rottal, donauaufwärts bis nach Deggendorf und bis tief in den Wald hinein Verbreitung[116]. Je nach Vermögen der Besitzerin war sie aus Goldspitze und mit vergoldetem Flitter benäht, seltener aus Silber, zur Trauer schwarz, mit blauen Glasperlen und Pailletten benäht. Auf dem Lande sah man sie zumeist schwarz, in schlichterer Ausführung.
Auch Goldhauben eigenständiger Art kamen im Wald vor. Von solchen reicher Bürgerinnen sehen wir ab. Sie spiegeln die allgemeine Mode in der Bayerischen Bürgerinnentracht wieder. Wesentlicher für unsere Betrachtungen erscheinen solche, deren Trägerinnen sich mit der übrigen Kleidung im Rahmen der Volkstracht halten (T. 8 r, Abb. 14, a–d). Es kommt auch ein in der Art des alten Bägel, aber flach, über den Scheitel gelegter, breiter Streifen Goldbrokat vor, während das Haarnest unter einer weißen Haube verborgen ist (R 1801). Stärker der heimischen Haubenform angepaßt sind die goldenen im Lkrs. Bogen (T. 11 M r, T. 13 r o). Sie sind seit 1824 belegt. Anfangs beeinflußt vom Umriß der Sturzhauben sind sie vom Scheitel schräg nach hinten aufwärts etwas in die Länge gezogen und nähern sich der Form eines Bienenkorbs. Weiße oder schwarze Randspitzen und lange Bänder stellen die Verbindung zu ähnlich geformten schlichteren Hauben der Zeit her (T. 11 l o und M u). Die späteren (T. 13 o r, T. 17, n) entsprechen der äußeren Form nach eher dem Kranl (T. 18, g). Sie sind weniger kostbar mit golddurchwirktem schwarzem Stoff bezogen oder schwarz, mit goldenem Haubenboden. Eine Goldhaube entsprechender Form, wenngleich ohne Längenausdehnung, sicherer Familienüberlieferung nach aus einem Heiratsgut von 1859, T. 17, n, läßt uns auch die anderen sonst leider örtlich nur noch aus dem Lkrs. Cham sicher belegten Stücke auf das Grenzgebiet zwischen diesem und den Landkreisen Bogen, Kötzting und Viechtach beziehen. Es ist dieselbe Gegend, die um die Wende des 18. Jh. eine in ihrer Eigenart so betonte Frauentracht aufwies. Brunner bildet S. 112 eine Frau mit einer solchen Goldhaube ab, bemerkt aber dazu: „Gebräuchlicher aber war eine sogenannte Bänderhaube". Dies trifft nicht nur für den Lkrs. Cham zu.
Vielfältig ist die Entwicklung, die die schwarze Rokokohaube (Nesthaube) nahm. Ihre von Linz und Passau weit ausstrahlende Sonderform haben wir schon betrachtet. Überraschend verschieden sind ihre Ausprägungen im Oberen Wald, etwa zwischen 1820 und 1850 (T. 11). Wir finden hier den Haubenkörper klein und flach anliegend, bienenkorbartig nach hinten gewölbt, knaufartig zusammengezogen. All diesen Formen ist gemeinsam, daß die ursprünglich ganz unscheinbare Bandschleife im Nacken zu einem Zierelement umgestaltet wurde. Eine, zwei, ja drei Spannen lang ließ man sie herunterhängen oder flattern. Anfangs waren es zwei Bandenden und zwei Schlingen, also eine in die Länge gezogene Masche, später, bei oft noch vermehrter Länge, meist eine Schlinge zwischen zwei Enden. In diesem Zustand der Entwicklung fand die waldlerische Haube Anschluß an die in Deutschland weit verbreitete Becher- oder Bänderhaube, die hier von Schwaben über Pfalz Neuburg und die Oberpfalz die niederbayerische Grenze überschritt. Die sauberen Votivtafeln Reisbachers[251], T. 12 M, in den Wallfahrtsorten bei Viechtach und Kötzting zeigen sie in den 40er und 50er Jahren mit ganz kleinem schmalem zylindrischem Gupf. Dieser wird bald größer, etwa wie ein tassengroßer Becher (T. 11 u l und M r, T. 12 M o, T. 13 l, T. 15 M). Wo die Bänder am Haubenkörper befestigt sind, werden sie manchmal in pfauenradähnlicher Fältelung angeheftet, so daß sie kaum von Oberpfälzer Formen zu unterscheiden sind. Was der Becherhaube der Waldlerinnen im Gegensatz zu

jenen fehlt, sind die Kinnbänder. So sitzt sie immerhin noch leicht auf dem Scheitelhaar. Bescheidenere Ansprüche verzichteten auf die langen Bänder, übernahmen aber die Becherform (T. 11 M r).
Einen vollen Sieg trug diese Haubenform jedoch nicht davon. Die Geschmacksrichtung, vom Nackenteil der Haube etwas Zierendes herunterhängen zu lassen, führte im Lkrs. Bogen, ja sogar im Unteren Wald dazu, den Tüllrand der Nesthaube hinten und unten zu flügelartigen Gebilden auszuweiten (Schweifhaube, T. 12 o r). Neben der Becherhaube und den neu zur Festtracht erkorenen Kopftüchern behielt die Bänderhaube mit apfelförmigem Gupf noch bis in die 70er Jahre ihre Geltung.

Die Physikatsberichte um 1860, die die Niederbayerischen Trachten kurz vor ihrem endgültigen Abgleiten in Unfarbigkeit und Verbürgerlichung aufnahmen, zitieren wir, um Wiederholungen zu vermeiden, auszugsweise:
Bezirk Kötzting. Bei den Weibern und den Mädchen, namentlich an den Festen ist die Kleidung besser. Über ein Unterleibchen von buntem Kattun tragen sie ein kurzes steifes Mieder, wozu zum Sonntagsstaat noch eine Joppe kommt. Der Rock von im Lande gewebtem Zeuge, aus Garn und Wolle (Wifling), ist mäßig kurz und faltenreich. Das Vortuch von blauem Glanzleinen. Um den Kopf winden sie große viereckige Tücher, gewöhnlich von schwerem Zeuge, auch oft von Seide.

Bezirk Bogen. Die weibliche Bevölkerung trägt [zur Arbeit] im Winter einen abgenähten Unterrock und einen Rock mit Leibchen [wohl aus einem Stück, Tragmiederrock], darüber einen bis an den Hals geschlossenen Spenser, alles von blaugefärbter Leinwand mit eingedruckten weißen oder gelben Blumen, um die Brust ein Einstecktuch, um den Kopf ein Tuch gebunden, baumwollene Strümpfe oder auch wollene, Holzschuhe oder lederne Bundschuhe. Seit zwei Jahren kommen beim weiblichen Geschlecht des Donaubezirkes Hosen in Gebrauch, u. zw. die von Baumwolle trikotartig gewirkten, die sehr billig sind. – Im Sommer besteht die Kleidung der weiblichen Personen in einem Unterrock und Rock mit Leibchen ohne Ärmel von Leinwand oder Pers, in einem Einstecktuch um die Brust, in einem Kopftuch und bei der Arbeit im Freien in einem Strohhut. Auch die weiblichen Personen gehen, so oft es die Temperatur nur irgend möglich macht, barfuß.
Zur Sonntagstracht tragen die weiblichen Personen einen Persrock, Mieder und einen Spenser von schwarzer Farbe, der zu großem Putz stark ausgeschnitten ist und dann Röckl heißt; dunkelfarbigen Schurz und schwarzes Kopftuch mit Blumen in den Ecken, bei kalter Witterung einen Schawl.

Aus dem Bezirk *Viechtach* ist hervorzuheben (Arbeitstracht): Die Weibsleute haben sämtlich leinene Röcke bis auf die Waden, von dunkler Farbe, Mieder, Strümpfe von den Knien bis zu den Knöcheln (Krampfhaxen genannt)[117] und schwarze oder braune Kopftücher, welche sie über die Stirne und fast über die Augen herabziehen. – Ledige Weibspersonen tragen kürzere Röcke als Frauen.

Aus dem *Bezirk Regen* wird vermerkt, daß dort die alten schwarzen Spitzenhauben damals verschwanden und Seiden- und Madrastücher an ihre Stelle traten, zu hohen Festtagen silber- oder goldgestickte Riegelhauben (T. 15 u und M). Im Winter trug das weibliche Geschlecht als Überkleidung Wollschals, nicht selten zwei, wovon einer über dem Kopfe getragen wurde.

Bezirk Wegscheid. In den Märkten ziehen Weiber und Mädchen an Sonntagen in seidenen Kleidern zur Kirche. – In den ärmeren Distrikten tragen sie feine wollene oder persene Kleider. Doch muß der Schnitt immer nach der neuesten Mode sein, und Schnürmieder, selbst Krinolinen haben bereits den Weg über die Berge gefunden. Bauerndirnen gehen in Musseline, Samt und Seide.
Noch vor 24 Jahren [um 1835] trugen die Weibsleute meist noch rote baumwollene Kopftücher mit

breiten Bordüren, dann sah man braune, und jetzt werden durchaus schwarze Madras- und an Sonntagen meist seidene Kopftücher getragen[118].

Die Kleidung in früheren Zeiten bestand bei Bürgerinnen in Blindborten-Hauben[84] mit fliegenden Spitzen, silbernen Halsketten mit breiten Schließen im Genicke; musselinenen Halstüchern, deren Ecken mit Goldstickerei verziert waren; Schalkeln [Jacken] mit Schößchen aus schwarzwollenem Cordun oder geblümtem Seidenzeuge, schwarzen, bis zu Knien herauf abgenähten Röcken von Wollstoff, roten Saffianschuhen mit hohen roten Absätzen oder schwarzen Schuhen mit weißen Absätzen (Stöckl genannt).

Bei Hochzeiten und Kindstaufen trugen die Bürgersfrauen auch Atlaskleider und darüber gestickte Schürzen von weißem Musselin. Statt Blindbortenhauben wurden später Sturz- oder Drahthauben, dann Goldhauben Mode. Zur Zeit werden an Festtagen Passauer Goldhauben getragen. Im Winter hatten die Frauen Ohrenhauben von Pelzwerk, zuweilen mit Goldborten besetzt.

Die Bauersfrau trug früher ein blaues Kopftuch, Jacken von schwarzem Kattun, rund herum an der Taille voller Falten [die uns schon bekannte Rollenjacke]; wollene, bis zu den Knöcheln reichende Röcke von schwarzer, brauner oder grüner Farbe, schwarze Lederschuhe mit hohen Stöckeln (vgl. T. 7 o).

Abb. 15. Bildnis der Frau Sophie Poschwitz, geb. Kohler, die Napoleon 1809 nach seiner Verwundung bei Eggmühl auf dem Pöckelgut bei Regensburg verband. (Nach der Handzeichnung im Museum der Stadt Regensburg, um 1830.) Früher Beleg des Kopftuchs in der altbayerischen Bürgertracht, in der Art der Passauer Haube hinten nach oben aufgewölbt.

Die Akten „in Sachen Kopftuch" sind noch nicht geschlossen und werden es wohl auch noch nicht so bald sein. Viel zu billig erscheint, es als „rein slavisch" abzustempeln, wie es in unverständlichem Nachsprechen alter Irrtümer auch verehrungswürdigen Forschern unterlaufen ist[119]. Als urtrachtliches Kleidungsstück kam es immer wieder „nach oben" und wurde in die Mode wie in die Tracht als vollwertig aufgenommen. In einem bewußten oder unbewußten „Zurück zur Natur!" trugen es die Damen in den Niederlanden um 1660[120], in England um 1675, in Frankreich im 18. Jh., in Deutschland um 1939. In der Haus- und Arbeitstracht auf dem Lande hat es wohl seit undenklichen Zeiten nirgends ganz gefehlt, und es bedurfte dann oft nur eines kleinen Schritts, um es auch kirchenfähig zu machen. Bodenständig sind die farbigen Tücher vom Ende des 18. Jh. (als Nachfolger von Hauben) unter den seit dem 18. Jh. hellgrauen Hüten der Frauen im oberösterreichischen Salzkammergut. Bekannter und ungemein weit verbreitet ist das große Linzer Flügelkopftuch (Abb. 16). Die Forschung hat seinen Werdegang und seinen Siegeszug verfolgt[116], von einer bescheidenen und offenbar nicht sehr kleidsamen Hülle um 1812 an – „National ist auch bei dem Bürgerstande [von Linz], zumal bei Geringeren oder bei anderen zu Hause, besonders im Winter, das Tuch, welches sie über den Kopf schlagen und damit die Haare ganz, die Stirn größtenteils bedecken"[121] – bis zu den schwerseidenen Flügeln, die etwa seit 1830 dem zarten Gesicht der sprichwörtlich schönen Linzerin einen vorteilhaften Hintergrund boten, während das Haar, wenigstens bei den Mädchen, bald nur noch vom Scheitel an bedeckt war. Es ist durch nichts begründet, diese Kopftracht mit slavischen in Verbindung zu bringen, zumal die Tschechinnen zu ihrer Festtracht Hauben trugen und, als sie (später) zu Kopftüchern übergingen, diese zumeist unterm Kinn banden. Die deutschen Böhmerwäldlerinnen übernahmen jedoch bald die Linzer Tücher, später auch Tschechinnen Südböhmens, sogar die Chodinnen um Taus, die besonders lang ihre runde weiße, schwarz bestickte Haube (koláč) getragen hatten (T. 16, m). Bis jetzt bewahren diese in ein anderes Volkstum abgewanderten Tücher noch den älteren Typ mit Blumenecken und farbigem Rand, einen Zipfel nach vorn über die Achsel gelegt. Wir erinnern hier auch an die Rottalerinnen, auf deren Votivtafeln seit dem Anfang des 19. Jh. das Kopftuch zur Arbeitstracht, im zweiten Jahrzehnt auch in der Festtracht erscheint, bis sie um die Mitte des Jahrhunderts das Linzer Tuch anlegten[122].

Wir besitzen jedoch einen Beweis, daß das Kopftuch, nach Linzer Art gebunden, schon recht frühzeitig auch von wohlhabenderen Frauen am Bayerischen Donaulauf getragen wurde. Im Museum der Stadt Regensburg befindet sich das Lichtbild einer verschollenen Bildniszeichnung, darstellend Frau Sophie Poschwitz, geb. Kohler, Abb. 15, die Napoleon auf dem Pöckelgut nach seiner Verwundung bei Eggmühl verbunden hat. Vergleicht man das mutmaßliche Alter der Dargestellten mit ihrer Wirksamkeit als Samariterin im Jahre 1809, so kann das Bildnis spätestens um 1830 entstanden sein. Unter dem Kopftuch trägt sie eine wohl durch einen Haarkamm versteifte Einlage, die auch dem Kopftuch jenen antik helmartigen Schwung verleiht, der in der Empirezeit nicht nur militärische Kopfbedeckungen (Bayerischer Raupenhelm, Österreichischer Kürassier- und Dragonerhelm), sondern, wie wir schon erwähnt haben, auch Frauenhauben auszeichnete. Einlagen oder Steckkämme, die sich auf diese Weise unter dem Kopftuch bemerkbar machen, waren allgemein üblich (T. 11 r u, T. 12 l u).

Abb. 16. Das Flügelkopftuch. – Rechts, wie es noch um 1958 im Oberen Wald und, links, im Mittleren und Unteren Wald getragen wurde. Es wurde in dieser erstarrten Form oft „gesperlt", d. h. mit Stecknadeln in seiner Bindung festgehalten und bis zum nächsten Sonntag wie eine Haube weggelegt.

Rechte Seite:
Abb. 17. Das Kopftuch mit turbanartiger Bindung der Seitenzipfel. – Links Bauersfrau aus dem oberen Mühlviertel (Aquarell von 1860 im Oberösterr. Landesmuseum Linz), das Tuch dunkelrot mit hellen Punkten und Blumenrand. – Mitte Bäuerin aus Wilting (C), 1937. – Rechts alte Frau aus Landau am Inn, 1937.

Das Kopftuch gehört in Niederbayern zum alten Bestand. Wir denken dabei nicht an seine Spätform im Rottal. Als „Hauptentuch" ist es schon um die Mitte des 18. Jh. sogar in die Festtracht seiner reichsten Landschaft, des Gäubodens, aufgenommen worden[123]. Es war darüber hinaus weit verbreitet, und Hazzi fand es um 1800 in folgenden Gerichtsbezirken: Aichach, Altmannstein,

Dingolfing und Reisbach („die Haube ist weiß"), Friedberg, Heidau und Pfatter, Kelheim, Kirchberg (nördlich Rottenburg und Geiselhöring), Kötzting, Landau, Mainburg und Roteneck, Natternberg, Riedenburg, Rottenburg, Viechtach und Zwiesel. Das Gebiet umschließt den Wald, den Gäuboden, die Isar aufwärts bis in die Gegend von Landshut, die südliche Oberpfalz, die Täler der Laaber und die nördliche Hallertau, und reicht (mit Unterbrechungen?) bis an den Lech. Außer im Gäuboden gehörte es wohl nur im Oberen Wald, und auch dort erst etwa seit 1800 neben anderen Kopfbedeckungen zur Festtracht (T. 10, T. 11 u r). Sonst finden wir es verhältnismäßig selten abgebildet. Es ist ein dreieckiges Leinentüchlein (aus einem quadratischen Stück ließen sich zwei schneiden) und an der Mitte der Diagonale war in der Regel ein 30 bis 50 cm langer, breiterer oder schmalerer Spitzenstreifen angenäht. Diesen legte man um die Stirn und Wangen. Im Gäuboden waren daran seitlich noch bestickte Versteifungen angebracht, die das Flattern verhindern sollten. Die Art, wie es gebunden wird, beschreibt Hazzi (S. 36). Meist waren die Seitenzipfel so lang, daß sie auf dem Scheitel geknüpft wurden. Entsprechend der in der ersten Hälfte des 19. Jh. herrschenden Vorliebe für wehende Bänder versah man es, wenigstens im Gäuboden mit solchen in himmelblauer, seltener hellrosa Farbe.

Die formale Entwicklung des Flügelkopftuchs aus dem einfacheren Hauptentuch geht deutlich aus T. 16, n, hervor. Legt man ein quadratisches Tuch diagonal zusammen, so fallen bei genügender Größe die Zipfel des gleichartig gebundenen Tuches wie auf Abb. 16. Allerdings fehlt an ihm der Spitzenrand des Hauptentuches. Dem Geschmack der Zeit entsprechend ist es von Anfang an stark farbig oder dunkel, aus Kattun oder feinem Wollstoff, später aus schwarzer Damastseide. Die Bindung geschieht am oder unterm Hinterkopf[124]. Je nach seiner Größe sind die sich überdeckenden mittleren und die Seitenzipfel länger oder kürzer. Brunner bemißt es mit einem Meter im Geviert, in reicheren Gegenden und in seiner Endzeit war es größer. Von kleinen bunten Kopftüchlein abgesehen, die schon in den ersten Jahrzehnten des 19. Jh. zur Haus- und zur Arbeitstracht erschienen

(T. 12 u), von denen auch Hazzi aus dem Unteren Wald und aus dem Gericht Zwiesel berichtet, beginnt die Zeit der Kopftücher zur Festtracht im vierten und fünften Jahrzehnt des 19. Jh. Das arme Hangerleiten zeigt sie schon 1821 klein und kunstlos zur Kirchentracht. Seit den 40er Jahren sind sie zumeist schwarz, bis in die 80er Jahre oft mit buntem Rand oder doch Eckblumen. Im Unteren

Wald scheinen sie bis um die Jahrhundertwende oft noch so verziert gewesen zu sein (T. 13 u r). Der Überlieferung nach hatten die Kopftücher der Mädchen länger als die der Frauen einen braunen oder blauen Grundton.
Wenn wir auf Abb. 16 und 23, die häufigste Art der Bindung dieser Kopftücher darstellen, so wollen wir nicht an einer anderen vorbeisehen, für die sich, sehr zerstreut, aber doch unverwechselbar, Belege finden (T. 13 M r). Vom Schneeberggebiet in Niederösterreich[125], vom Oberösterreichischen Mühlviertel bis in den Lkrs. Cham, im Berchtesgadener Land, im Niederbayerischen Hügelland südlich der Donau und bis in die Gegend von Bayreuth. Es ist jene Bindung, bei der ein Teil das Tuches wulst- oder strangförmig gewickelt und wie ein Kranz um den Kopf gewunden wird (Abb. 17)[126].
Wie schon erwähnt, trugen die Frauen die Tücher bis an den Haaransatz, die Mädchen ließen ein paar Finger breit vom Haar sehen. Begreiflicherweise kam das Tuch auf dem glatten Scheitel oft ins Rutschen. Man steckte es mit Nadeln am Haar fest, – aber nicht nur so! Es wird glaubwürdig versichert, und ich kenne die Zeugin mit Namen, daß sich im Unteren Wald Frauen die Kopfhaut durchbohrten und das vernarbte Loch als Stützpunkt für die Nadel benutzten, die das Tuch festhielt. Heute ziehen die wenigen beharrlichen Trägerinnen des großen Flügelkopftuches[127] in seine Diagonalfalte, die die Vorderkante bildet, ein Gummiband, das schonender denselben Dienst tut. Es gab zu diesem Zweck auch „Reifen aus Bein", Zelluloidbügel von zwei Dritteln Kreisumfang, an den Enden, unter dem Hinterkopf mit einem „Gummischnürl" verbunden.
Nach Mitteilungen in Neukirchen (B) trug man bis um 1914 an hohen Festtagen die schwarzen Damastseidentücher so lang wie der Rock, Mädchen und eitle Frauen schlangen den Knoten so locker, daß er in der Mitte des Rückens hing. Am Hinterkopf markierte sich darunter ein großer Haarschopf. Weniger Eitle trugen den Knoten unter dieser Vorwölbung (vgl. T. 13 r u). An kleineren Festtagen begnügte man sich mit halbseidenen, weniger großen Tüchern. Jüngere ließen über der Stirn die Haare sehen, es war in Neukirchen kein Vorrecht der Unverheirateten.
Die Einführung des Kopftuches ging nicht ohne Widerstände vor sich. Teils sträubte sich der herkömmliche Geschmack dagegen, wie wir um 1850 hören[128]: „Die Frauen und Mädchen tragen [im Unteren Wald] nach Passau-Linzer Weise enge, lange, sehr knapp anschließende Spenzer und dunkle lange Röcke. Die Wirkung dieses sehr gut stehenden Anzuges wird indes leider durch die auch hier allgemeinen häßlichen Kopftücher gestört." In der Gegend von Viechtach wurden etwa zur gleichen Zeit die Trägerinnen von Kopftüchern, die man als „heidnischen Herkommens" bezeichnete, wegen zu weltlicher Gesinnung von der Kommunion ausgeschlossen und nur den Trägerinnen der „bandlosen schwarzen Spitzenhaube, dem Zeichen der Zerknirschung, Demut und Gehorsam [!] der Zutritt erteilt[129]. Es wurden demnach auch die Bänderhauben damals bekämpft.
Trotz aller Mahnungen und Drohungen ließ sich aber das, was als „modern" angesehen wurde, nicht aufhalten. Sogar im abgelegenen Zellertal kamen Krinolinen, wenngleich recht ländlicher Formgebung, auf. In diese „Roafkidl" wurden Reifen „von der Nußstauden" (Haselnuß) eingenäht. Wie schon Jahrhunderte vorher, hielt man sich beim Zuschnitt der Jacken im 19. und im 20. Jh. erst recht und mit geringerer Verzögerung ans modische Vorbild. Dem knapp sitzenden, weit ausgeschnittenen Spenser der Empirezeit (T. 12 M) schwollen unter dem Einfluß der Biedermeiermode die Ärmel mehr und mehr an, sein Ausschnitt wurde mit Posamenten und Stoffgekräusel umnäht, entsprechend auch die Bündchen der Ärmel (T. 13 o r, Abb. 25), manchmal auch ihr Ansatz an der Achsel. Man kennt aus den Museen diese halb städtischen Frauenkleider, die Wohlhabende oft in sehr schön gemusterten wertvollen Stoffen trugen[131]. Das Münchener Mieder, an dem die Vorderteile zusammengehakt sind und in der Mitte bogenförmig ansteigen[132], hielt auch im Wald seinen Einzug (T. 13 o r, T. 15 l, T. 16, c). Man trug es farbig oder schwarz oder aus dem Stoff des Kleides, oft mit aufgenähten Gold-

borten. Seine Verzierungen, seine nur noch zum Schmuck dienenden Schnürhaken mit langem Kettengeschnür, die „Nipserln", Schaumünzen, Anhängsel in Filigran, Wallfahrtsandenken, der Geschnürstift (der ursprünglich zum Durchziehen eines Bandes durch die Schnürlöcher des Mieders diente) – alles von Silber, z. T. auch vergoldet, mußten gezeigt werden. Also trug man das Mieder als oberstes Kleidungsstück. Das „Kassedl" (Jacke, in den älteren Inventarien noch Korsett genannt), steckte mit seiner unteren, aus billigerem Material gefertigten Hälfte unsichtbar im Mieder. Man sah davon nur die Ärmel und den Rand des Ausschnitts. Dieser war gewöhnlich von einem wattierten Leibl, das wie ein Goller, oft aber auch bis an die Taille, den oberen Teil des Rumpfes bedeckte, ausgefüllt. An seinen sichtbaren Teilen verwendete man als Überzug die schönsten gemusterten Seidenstoffe und Goldborten und schloß es mitunter mit wertvollen Silberknöpfen (T. 16, d, Abb. 18). Über dem Leibl trug man dann oft noch ein seidenes Schulter- und Busentuch.

Zu dieser von München ausgehenden Frauenkleidung gehörte die Riegelhaube. Sie hat es, nicht zuletzt infolge ihrer Bevorzugung durch König Ludwig I., zu einer ungewöhnlichen Verbreitung gebracht (T. 13 o, T. 15 u und M). Wir finden sie in Gold, Silber und Schwarz (dieses zumeist mit dunkelblauen Glasperlen bestickt, einfachere aus weißen Piquéstoff mit Goldranken (Abb. 14). Ihr hufeisenförmiger Umriß, ihre pappendeckelne Steifheit verraten kaum, daß es sich bei diesen oft mit größtem Geschmack gestalteten Gebilden um eine echte Haube handelt. Allerdings umfaßt in ihrer Spätform ihr Rand den Boden nur wenige Zentimeter breit und die Nackenschleife ist zu einer schmetterlingsförmigen, wenig plastischen Auflage erstarrt. An älteren Darstellungen der Riegelhaube erkennt man gerade diese Schleife, oft innen rot gefüttert, noch deutlich.

Von dem erwähnten Heiratsgut der reichen Bauerntochter Anna Maria Laumer vom Holzhof, Gem. Eismannsberg (K), sie heiratete 1859, waren wohlbehütet in bäuerlichem Familienbesitz, nach 100 Jahren noch vorhanden (z. T. hier dargestellt, T. 13 r o)[133]:

1 Brokathaube (T. 17, n), innen bunter Kattun, außen mit Goldborte in Pfauenfedermuster benäht, schwarzer Tüllstrich, 9–10 cm breit, außen etwas gestickt, zwei 43 cm lange schwarze Damastseidenbänder mit Randschöpfen, an den Enden Goldfransen. Dazu eine Messingnadel, 7,5 cm lang, mit einfachem, erbsengroßem Knopf,

1 Riegelhaube, weißer Piquéstoff (etwas gerippt) mit silbernen Ranken und Blumen (stammt aus Viechtach),

1 Mieder, schwarze, rot geblümte Seide, ornamental abgenäht, an den oberen Rändern in Zacken geschnitten. Auf Leinen genäht, Unterkante Drell. 12 silberne Schnürhaken, 1 silberner Rockhaken (hinten). – Aus demselben Stoff die folgenden beiden Stücke:

1 Jacke, wattiert (Schinkenärmel). Der Ausschnitt (vorn nach oben ausgebogen) 16,5 cm breit mit Stoffgekräusel und Posamenten garniert.

1 Rock, 107 cm lang, 266 cm weit, mit weiß-gelb-schwarz schottisch gemustertem Zeug gefüttert, Ripskante. 9 cm über dem Rand ein 12 cm breiter schwarzer Samtstreifen.

1 Jacke, ähnlich der vorgenannten, schwarz und blau breit und schmal gestreifte Seide, in den breiten schwarzen Streifen Damastblumen, in der Garnierung auch violette Posamenten.

1 Rock, silbergraue bis blaulila Seide, fein rotviolett gemustert (4,3 cm hohe Mäanderformen und Palmetten), 25 cm vom Unterrand ein Streifen schwarze Tüllspitze. Auf derben schwarzbraunen Baumwolltüll genäht, innen am Unterrand 20 cm breites „Kittelblech", rosa-weiß gemustertes Kattun.

1 Rock, ganz klein in sich senkrecht im Zickzack gemusterte Seide, rot und blau „verwendt" (schillernd), mitteldunkel.

1 Leibl, grobes Leinen, wattiert, von der Halsgrube 34,5 cm lang, vorn 21 cm, hinten 14,5 cm breit mit Seide bezogen. Grund violett. Rot, etwas grün gestreift, hell lachsrosa Blumen. Oben und unter der Brust je ein Zugband zum Binden (T. 16, d).

1 Fürtuch (Schürze), Seide, schwarz mit zwei schwarzen quer durchgehenden Einsätzen von durchbrochenen Posamenten mit schwarzen Samtauflagen, grün unterlegt.
1 Fürtuch, ähnlich dem vorbeschriebenen, die Durchbrüche im unteren Drittel ornamental verteilt, gelb unterlegt.
1 Fürtuch, schwarze Seide mit eingewebten blauen Blumen, am Unterrand 15 cm breite schwarze Spitze.
1 Fürtuch, Seide, hell meergrün und schwarzgrün gestreift (je 4 cm breit), mit 6 cm breiter schwarzer Spitze eingefaßt, unten drei Reihen 2 mm dicke schwarze Glasperlen („Pettala")[90], Länge ohne Spitze 75 cm. Band schwarz, in der Mitte (längs) meergrüne Punktreihe.
1 Fürtuch, ähnlich dem vorbeschriebenen, schwarz und gelbgrün gestreift, zwei Doppelreihen schwarzer Glasperlen über dem Unterrand.
1 Fürtuch, schwarze Damastseide, senkrechtes Wellenmuster, unten breite Damastblumenkante. Länge 92 cm, rings herum 4 cm breite schwarze Spitze.
1 Unterrock, wattiert, außen dünner schwarzer Wollstoff, innen klein schwarz-weiß gemusterter Kattun. Samtkante. Mit weißem Faden in großem Fischgrätenmuster abgenäht, das zweimal durch mehrreihige waagerechte Steppnähte unterbrochen ist. Unten girlandenartige Ziernaht. Länge 92 cm. Weite 214 cm
1 Unterrock, wattiert, weiß-rosa klein gemusterter Kattun, innen grün-schwarz gemusterter Kattun. Außen 25 cm vom Unterrand ein 5 cm breites grünes, 5 cm darüber ein entsprechend rotes und darüber ein blaues Band aufgesteppt. Länge 93 cm, Weite 302 cm.
1 Seidentuch, 67×67 cm, silbergrau, hellblau gemustert, mit hellblauen Fransen. Am Rand und in den Ecken violett-rote und etwas grüne Blumen.
1 feines Wolltuch 75×75 cm, grellrot, türkisch gemustert, bunter Blumenrand, grellrote Fransen.
1 Seidentuch, schwarz, nahe den Längsrändern und in der Mitte je ein hell- bis dunkelrosa an- und abschwellender Streifen in Moiree. Auf dem schwarzen Grund dazwischen, durch fingerbreite blaue Querstreifen in Quadrate geteilt, blaue Punkte und blau umrandete Blumen. Nahe den Querrändern je eine Blumenranke in Grün, Rot, etwas Weiß. Blaue und rote Fransen. Größe 70×70 cm.
Mehrere Paar Strümpfe, Garn, gestrickt, rot-weiß geringelte, oben rot mit schwarzen Punkten, blau geringelt, dunkelviolett mit Gelb und Schwarz geringelt, rot „gehäuselt" (Schachmuster) und in liegendem Bäumchenmuster. Sie messen von der Ferse 39–42 cm (T. 16, g).
1 langärmeliges Hemd, bis zum Ellenbogen Lochstrickerei.

Abb. 18. Trachtenstücke aus Wegscheid. Schwarz-violett „gehäuseltes" Mieder mit Goldblumen, von geradlinigem Zuschnitt (vgl. T. 16, a). Achselbänder von violetter Seide, schwarz eingefaßt. Entlang den hinteren zwei Dritteln der Unterkante ein daumendicker Wulst zum Tragen der Röcke. Unsichtbarer Haftelverschluß. Rotes gestepptes Unterleibl von Seide, mit weißen Spitzen und Goldborte an der Kante, mit drei Silberknöpfen zu schließen. Schwarzseidenes Halstüchel mit violetten und grünen Blumen, an den Rändern Fransen. Halbärmeliges Hemd mit schmalen Spitzenkanten. Schwarzes baumwollenes Kopftuch mit farbigen Seidenblumen am Rand und in den Ecken, sogenanntes Passauer Tuch. Die Schürze ist andeutend ergänzt. (Nürnberg, Germanisches National-Museum, Slg. Kling.)

Ebenfalls aus der Gem. Eismannsberg (K) stammt die alte Irlbäuerin in Leckern. Sie erzählte vom Heiratsgut ihrer Mutter (1878). Danach hatte das Brauthemd dreiviertellange Ärmel, bis hoch an den Oberarm Lochstickerei, Manschetten mit eng gefältelter Festonspitze, ebenso am engen Halsbündchen. Der innerste Unterrock (Interkidl, „Hanserl") aus Wäschestoff mit Spitzen und Zankn (Zakken), auf der Brust ein paar Blumen gestickt (also ein städtischer Träger-Unterrock). Dann der feuerrote „böhmische" Interkidl aus dickem Flanell mit mindestens 20 cm breiter bunter Blumenkante, die besseren hatten am Rande samtene Zankn[216]. Innen waren sie mit „Haderlumpenbandl" eingefaßt. Statt diesem konnte der gefütterte (gfejderte) Interkidl[216] angelegt werden; er war ognaht (abgenäht, gesteppt), mit zwei oder drei Samtstreifen in Zanken (waagerecht im Zickzack angenäht). Der Außerkidl hatte recht viele Falten und war mit schwarzem Netzstoff gefüttert, am inneren Rand zum Schutz das „Kidlblech". Die Röckln (Jacken) hatten an der Schulter „Schopferla" (waren gebauscht). Das erste Brautkleid, zur Kirche, war aus ganz schwarzer Seide, das zweite wurde zum „Brautstehlen" angezogen. Es bestand aus einem rotseidenen Rock mit kleinem schwarzen und farbigen Blumenmuster und einem braunseidenen geblümten Röckl. Die „dreieckigen" (in Wirklichkeit quadratischen) Seidentücher mit Blumenmuster und Fransen („Tust-umi-Tejcher") wurden in den großen runden Ausschnitt des Röckls gesteckt. Das Mieder war von einfachem, fast geradlinigem Zuschnitt und vorn mit einem Zugband zu schnüren, also nicht unähnlich dem Wegscheider (vgl. T. 16 a und Abb. 18). So berichtet auch Conrad Krämer d. Ä., besonders von den „Auwasserern" bei Grafenwiesen (K), wo die Mieder aus farbigen Brokatstoffen, besonders kurz und mit hoher Taille, zu langen Röcken bis gegen Ende des 19. Jh. getragen wurden. Der 82jährige Schneider Niedermeier in Bischofsmais (R) erinnerte sich, daß in den 70er und 80er Jahren dort zu Hochzeiten silberne Riegelhauben getragen wurden, alte Frauen trugen damals auch noch die schwarzen Nesthauben. In den 70er Jahren seien dann die Kopftücher, schwarz, „mit Blumen drin", und nicht groß, auch nicht von Seide, aufgekommen. Mehrreihige Halsketten, vorn mit Schließen, erwähnte wie er auch die Irlbäuerin. Die älteren Joppen im Lkrs. Regen waren sehr weit ausgeschnitten, ohne Schößln, in allen Farben, dunkel und hell, die neueren eng anliegend, bis oben geschlossenen, mit etwa 15 cm langen Schoßen. Im Ausschnitt der älteren trug man verschiedenfarbige Seidentücher mit Fransen. Die Wolle zu den in verschiedenen Mustern gestrickten Strümpfen wurde manchmal schon so gefärbt geliefert. Die alte Irlbäuerin hatte berichtet, daß man sie mit verschiedenen Fäden gestrickt und „allwei beim Strickn zwee Farbm am Finger ghabt" habe. – Zu festlichen Anlässen trugen die Frauen Zeugstieferl mit Gummizwickeln an den Seiten[134], sonst lederne Schnürschuh, im Sommer auch Halbschuh mit Schnallen und zum Schnüren.

Der Schneiderhans von Waldhäuser (G) erzählte mir über die Frauentracht aus der Zeit um 1880: Die Weiberleut trugen dunkelblaue oder schwarze Roafkidl (vgl. S. 44), unten von etwa 1 m Durchmesser, ganz lang bis an die Füße. Ein Schnürl an der Kante. Die Joppen waren schwarz, bis oben geschlossen, bunt ausgenäht, die Schößln 25 cm lang, glatte Ärmel. Das Fürtuch ging fast ganz herum, handbreit kürzer als der Rock, von dünnem Stoff, selten von Seide. Die Halstücheln über den Joppen von roter oder schwarzer Seide. Die Kopftüchln, ganz schwarz, kosteten 13 bis 14 Gulden. Man trug weiße, aber auch schwarzgefärbte schafwollene Strümpfe. Werktags gingen die Frauen in Röcken und Joppen aus Blaudruckstoffen. Im Sommer in Leibln ohne Ärmel. Im Winter schritten sie in einem sehr großen Schaltuch aus feinem Samt in die Kirche. – Die Schuhe waren immer knöchelhoch, mit Riemen zu schnüren. Im Sommer zog man sie erst unmittelbar vor dem Eintreten in die Kirche an und nachher gleich wieder aus[114]. Die Kinder gingen überhaupt barfuß zur Kirche, im Winter in Holzschuhen, und erhielten erst zur Firmung die ersten Schuhe.

Um Wiederholungen zu vermeiden, zitieren wir von den Berichten der alten Irlbäuerin aus Eismannsberg (K) nur noch, daß man um 1890 dort als Winterumhang karierte „Filzbinden", nicht

dreieckig wie einen Schal, sondern in alter Art rechteckig zusammengelegt umnahm. Neuer waren für die rauhe Jahreszeit die Schaltücheln, ein Meter im Quadrat, aus Wolle oder dickem Plüsch, mit 16 cm langen „Wuzerln" und „Trollen" (girlandenartig verschlungene Chenillefransen)[135].
Wie den Böhmerwäldlern um 1890 die Tracht der Frauen aus dem Oberen Wald erschien, erzählt Josef Blau[136]: Die „Menscher", Mädchen, gingen ohne Kopftücher, die Weiber trugen ein halbseidenes oder seidenes schwarzes Tuch mit langen Zipfeln, in deren Ecken schöne rote und grüne Blümlein eingewebt waren. Das ist das „Kopftejchal", die Händler nennen es „Madrastuch" . . . Eine lange braune, grüne oder blaue Joppe, die schier bis zu den Knien reicht und am unteren Rande mit schwarzen Spitzen besetzt ist, unterscheidet die bayerischen noch deutlicher von den moderner gekleideten einheimischen Schönen.
Daß sich aber auch die Waldlerinnen in der Linienführung und Auszier ihrer Kleidung der Mode des „Jugendstils" anpaßten, beweist T. 13 r u.

Die Hochzeits- und Jungfrauentrachten im Bayerischen Wald

In unseren bisherigen Betrachtungen haben wir uns noch nicht eingehend mit den Abzeichen der Jungfrauen und der Brautleute beschäftigt. Belege aus alter Zeit fehlen oder sind wenig aufschlußreich[137]. Erst um 1800 setzen mit den Berichten Hazzis und bald darauf mit den zeichnerischen Darstellungen Wagenbauers und Lipovskys die Belege für Hochzeitstrachten ein (S. 35 f., T. 10). Es über-

Abb. 19. Passauer Kronenbraut aus dem Patriziat, Lebzeltnermodel, Passau. Die Krone in klassischer Modiusform, mit Zacken und Perlen verziert. Perlketten hängen über die Ohren. Dahinter die Frisur mit girlandenartigen Repräsentationszöpfen. Das Kostüm zeigt strenge spanische Formgebung mit prächtigem Unterrock und nicht weniger reich mit Bordüren besetztem, vorn offenen Oberrock, der wie ein Jackenschoß am Leibstücklein befestigt ist. Fast alle Elemente deuten auf das 17., ja auf das Ende des 16. Jh. hin. Doch verraten die Flossenärmel, daß es sich um eine Tracht aus dem 2. Drittel des 18. Jh. handeln muß.

Rechte Seite:
Abb. 20. a) Brautgürtel mit Rosetten aus Silberdraht und Silberbouillon mit roten Glassteinen, durch vierreihige silberne Erbsenketten verbunden, rechts teilweise von der Innenseite zu sehen. 69 cm lang (vgl. T. 10 o). – b) Bräutigamsarmband; Goldfolie auf Leinen, darauf gefälteltes erdbeerrosa Seidenband, die Perlstickerei schadhaft. Außen Silberfiligranborte. Mit rosa Band zu binden, 12 cm breit. (Beides Bogen, Museum.) – c) Schema der Verzierung eines Bräutigamsarmbandes. Auf Pappe gefälteltes erdbeerrosa Seidenband, von Goldbouillon und Silberspitze umgeben. Sterne aus silberner und rot lackierter Folie, Knöpfe vergoldet. Ganze Länge etwa 20 cm, Breite etwa 10 cm. (Dazu der Strauß, T. 16, o.)

rascht uns, in der damals dem Verkehr wenig zugänglichen Gegend von Viechtach an Stelle landschaftsgebundener Kopftrachten eine von der Mode unmittelbar übernommene Haube mit Doppelrüsche zu finden (vgl. T. 17 M). Von den silbernen Gürteln, an denen rote Glassteine sitzen, haben sich in Sammlungen Belegstücke erhalten (Abb. 20). Auch hier gibt es Zusammenhängen mit dem nahen Gäuboden[138].

Rot sind die Maschen am schwarzen, gelb gerandeten Kleid der adeligen Braut von Haggn (B, 1655) im Matrikelbuch des nahen Neukirchen, rot die mit goldenen Nadeln befestigte Umwicklung ihres Haarnests. Der Niederbayer neigt nicht zum Überschwang, und so bleibt auch der Schmuck am Hauptfesttag seines Lebens unauffällig. Der Anzug des Hochzeiters in Haggn von 1655 ist ohne Abzeichen, dagegen der des Brautführers mit roten Schleifen verziert, wie wir sie Ende des 17. Jh. im Lkrs. Regen schon bemerkt haben[139].

Erst aus dem 19. Jh. fanden wir nicht weit von Haggn, in Untermühlbach (B), ein Bräutigamsarmband aus Goldfolie mit Silberfiligran und erdbeerrotem Band und ein Sträußchen aus ähnlichem Material (T. 18, b, Abb. 20). Verwandte Formen gibt es als Abzeichen des Hochzeiters auch an anderen Orten des Waldes. Als Gegenstück hat man in Untermühlbach ein Brauthäubchen aufbewahrt, über und über mit Gold- und Silberbouillon, Metallfolie, künstlichen Blumen und Glassteinen benäht, immerhin noch so, daß es als Haube erkennbar blieb (T. 18, f). Schwarze Damastbänder, ein violettes mit farbigen Blumen, darunter andere, gestreifte, doch in seltsam gedämpften Tönen, hängen vom Nacken herab. Es handelt sich hier gewiß um eine Spätform aus der Zeit der Bänderhauben, als man die althergebrachten Brautkronen und Kranln (T. 18) nicht mehr hatte tragen wollen (vgl. T. 11 o, dritte Figur von rechts).

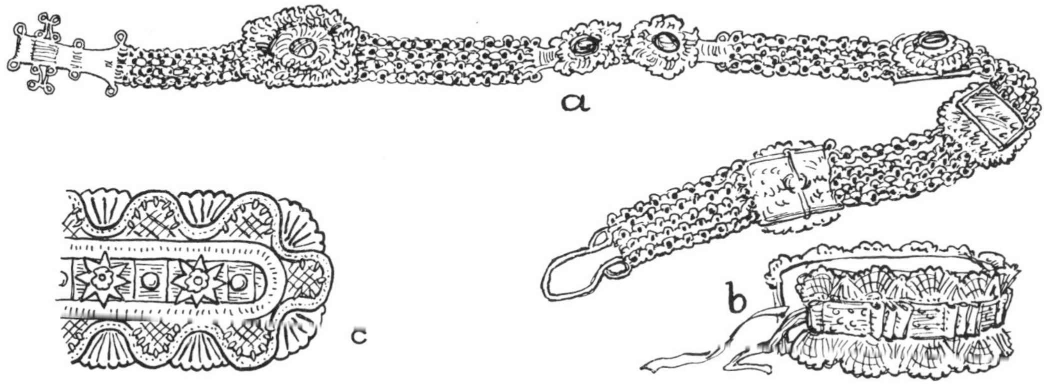

Die Jungfernkrönlein alten Stils haben ihre jahrhundertelange Geschichte. Hans Leinbergers Muttergottes zu St. Martin in Landshut, aus dem zweiten Jahrzehnt des 16. Jh., trägt einen vielreihigen Strang von Perlen wie einen Kranz um das Haupt. Vorn ist die Verbindungsstelle der Perlschnüre durch einen Bommel betont[140]. Auf die überaus zahlreichen Belege in unseren Tabellen, die Jungfrauen mit zwei oder drei Reihen roter, seltener weißer Perlschnüre um das ziemlich weit hinten sitzende Haarnest zeigen, brauchen wir kaum näher hinzuweisen. Wir finden sie oft in Verbindung mit roten Bandschleifen. Haubenartige Abwandlungen treten in der Spätzeit wiederholt auf, besonders im Lkrs. Bogen.

Eine andere Grundform kommt auf Abb. 19, T. 3 mr deutlich zum Ausdruck. Es ist die Form der in der deutschen Jungfrauentracht weit verbreiteten Schapels, den wir in Niederbayern auch außerhalb des Rottals nachweisen konnten[140]. Die reine Modiusform ohne Verzierung ist selten anzutreffen. Wenigstens schmückte man den Oberrand, etwa durch einen Kranz, oder schnitt ihn zackenförmig aus (T. 5 r u). Besonders aus dem Lkrs. Kötzting besitzen wir zahlreiche Belege für steife goldene oder silberne etwa 5 bis 7 cm hohe trommelförmige Kranln, über denen ringsum rote oder grüne Bandschleifen aufrecht stehen (z. B. T. 11 r o), oder, wie 1793 im Lkrs. Kötzting, rote Bänder und Goldflitter eine etwas unübersichtliche Wölbung bilden.

Wir stehen hier an der Grenzmark der Jungfrauen- und Brautkronen, deren umfangreichste Ausprägungen wohl Schaumburg-Lippe (Bückeburg) und St. Georgen im Schwarzwald entwickelt haben. Von Franken, wo sie in Effeltrich noch heute getragen werden, über die südliche Oberpfalz, zieht sich ein Verbreitungsgebiet bis in die westliche Abdachung des Oberen Waldes[141]. Ein Beweisstück aus Mitterfels (B) ist uns erhalten geblieben (T. 18, c). Schönwerth[142] berichtet über die Braut von Falkenstein, das an der Grenze des Landkreises Bogen liegt: „Auf dem Haupte trägt sie über das oben zusammengebundene Haar den Bendl [gemeint ist vermutlich eine kranzförmige Binde][143] und darüber eine glänzende Krone von Flittergold, Flinserchen und Perlen aufs Künstlichste gebildet."
Außer der großen Brautkrone von Mitterfels fand sich im Museum von Bogen noch ein kleines Krönlein (T. 18, d) und als Gegenstück von großer Seltenheit eine Totenkrone für Jungfrauen in Grün und Rot (T. 18, e)[144].
Ähnlich wie die Riegelhaube aus der Versteifung eines Häubchens üblicher Art entstand, haben sich auch die Perlenkränze um das Haarnest der Bayerischen Jungfrauen zu starren Gebilden umgeformt. Die Ansätze dazu dürften in bürgerlichen Kreisen schon im 18. Jh entwickelt worden sein. Im Wald fanden wir den ersten deutlichen Beleg dafür 1843 (T. 12 r). Diese Kranln, von denen sich in Sammlungen, bei Trachtenvereinen und in Privatbesitz noch viele erhalten haben, umschließen wie eine hohle Hand das Haarnest am Hinterkopf[145]. Ihre ursprüngliche Kranzform ist zu einem querliegenden Oval abgewandelt. Durch das in der Mitte etwas hervortretende Haar wird zu ihrer Befestigung eine Ziernadel gesteckt. Reizende Gebilde Niederbayerischer Haubenmacherinnen haben sich uns in ihnen erhalten (T. 18, g)[146].
Nicht nur Erstarrungen bemerken wir in Endzuständen von Trachten. Es kommen ebensogut auch Erweichungen des architektonischen Charakters ihrer Attribute vor. Etwa gleichzeitig mit dem eben beschriebenen Kranl erscheinen natürliche (oder naturähnliche) Blumenkränze auf den Köpfen der Jungfrauen. Auch Zwischenformen mit Elementen der alten Kranln sind zu verzeichnen (T. 11).
Die Prangerinnen[147] findet man vor 1840 selten in ihren später ausschließlich getragenen weißen Kleidern. Vordem trugen sie die Jungfrauentracht mit dem Kranl, als besonderes Zeichen der Demut auch in aufgelöstem Haar[148]. Später, als sie in weißen Kleidern gingen, sieht man dies, besonders an Kindern, allgemein. Die Prangerinnen trugen im Wald rote, seltener blaue, Halstücheln und Gürtelschärpen, beide mit hängenden Enden[149].

Maximilian Schmidt[150] beschreibt die Hochzeitstracht im Lamer Winkel (K) um 1865. Der Bräutigam trug einen großen mit glänzenden Flittern aus Gold und Silber umwundenen Rosmarinstrauß am Hut, um den rechten Arm einen Kranz von künstlichen Blumen. Einen kleinen Rosmarinzweig im Knopfloch. Ein hellkarminrotes schwerseidenes Halstuch mit buschiger Masche, über welches ein blendend weißer Halskragen geschlagen war, rotseidenes, bis an den Hals mit einer Reihe silberner Zwanzigerknöpfe geschlossenes Leibl, schwarzlederne, mit weißen Steppereien verzierte Hosen, schwarze Wadenstiefel und einen langen dunkelblauen Rock von feinem Tuch. Die Braut trug das leicht gepuderte Haar von allen Seiten nach dem Wirbel zurückgekämmt, das Nest mit Rosmarinzweiglein und einem Kranz künstlicher Blumen umwunden, ein rotseidenes, nur sehr locker geschlungenes Halstuch, den Brustlatz [Leibl] reichlich mit Gold gestickt, einen schwarzseidenen, tief ausgeschnittenen Spenser mit sog. Pflaumenärmeln, den Rock aus gleichem Stoff, eine blauseidene Schürze mit breiten Bändern, braunsaffianene Schuhe mit roten Maschen als Zeichen der Jungfräulichkeit, ein silberbeschlagenes Gebetbuch und ein Rosenkranz mit silbernem Laub waren Geschenke des Hochzeiters. Die Kranzljungfern waren ähnlich wie die Braut gekleidet, aber buntfarbiger und mit weißen Schürzen. Die weiblichen Hochzeitsgäste trugen ein Rosmarinsträußlein an der Brust, die Männer auf dem Hut.

Im Oberen Wald ging etwa bis 1920 die Hochzeiterin im schwarzen Kleid mit einem Kranz von künstlichen Myrthen. Erst dann kamen die Schleier auf. Seit dem zweiten Weltkrieg heiraten viele im weißen Brautkleid, das sie sich dann beliebig färben lassen. Der Hochzeiter trug im Lkrs. Kötzting einen Myrthenkranz auf dem linken Arm bis über den Ellbogen gezogen. Im Lkrs. Bogen fand sich die Tragart des Kranzes flach auf den Oberarm gebunden. Jetzt trägt er nur noch den Myrthenstrauß am Rockaufschlag.

Die Tracht im Böhmerwald

Gemessen an dem Überreichtum der Belege für die Tracht des Bayerischen Waldes sind wir arm an solchen für den Böhmerwald. Vor allem fehlen uns fast ganz die Votivtafeln, die auf der Südseite des Gebirges den Hauptteil der Bildquellen ausmachen[151]. In der ersten Hälfte des 19. Jh., als es beinahe Mode wurde, Bildermappen von Volkstrachten herauszubringen, fehlte es am Anreiz, die schlichte Kleidung der Böhmerwäldler in ihnen darzustellen[152]. So sind wir auf verhältnismäßig wenige vorhandene Bildbelege angewiesen und mußten uns für das 19. Jh. auf Werke aus der Zeit des Trachtensterbens beschränken. Hingegen war von der Mitte des 19. Jh. an die schriftliche und für sein letztes Drittel auch die mündliche Überlieferung recht ergiebig, der wir noch unmittelbar vor dem zweiten Weltkrieg nachforschen konnten[153].
Von besonderer Wichtigkeit sind die Epitaphien Bergreichensteiner und Prachatitzer Bürgerfamilien, die den unmittelbaren Zusammenhang ihrer Trachten mit denen des benachbarten Bayern beweisen (T. 1 u). An ihnen sind im Gegensatz zu den im Maßstab kleinen und in der Ausführung oft recht primitiven Taferln Zuschnitt und Auszier der Kleidungsstücke besonders deutlich zu erkennen, so die silbernen Beschläge an den Männergürteln, die verschiedene Faltung und Schichtung der Halskrausen, die gänsebrustartigen Schneppen an den Miedern der Frauen, die Goller zur Bedeckung des oberen Teils der Brust und die Frauenhüte, die von einer höheren zur flacheren Form des Gupfes übergehen. In Prachatitz legte man schon früh den Frauenhut ab (Epitaph des Bürgermeisters Samuel Kern von 1632) und begnügte sich mit einem an der Stirn kielförmig aufgefalteten Gebände. Die Literatentafel in der Prachatitzer Stadtpfarrkirche zeigte 1604 nur noch einzelne Frauen in mittelhohen Hüten. Bemerkenswert erscheint, daß auf dem ältesten Beleg um 1600 aus Bergreichenstein (T. 1 r u) die Frauen offenbar keine Jacken unter dem spanischen Mantel tragen. Dieses sonst immer streng schwarze Attribut der Kirchentracht kommt hier ausnahmsweise als Kleidungsstück eines heranwachsenden Kindes giftgrün vor. Von gleicher Farbe ist die Schaube eines Knaben, deren Saum nach hinten schräg abfällt. Wir glauben darin ein ungarisches Vorbild zu erkennen, was angesichts der engen Verbindung Ungarns und Böhmen in jenen Zeiten erklärlich erscheint.

Die Männertracht

Daß mit der gleichen Sprache auch dieselben Bezeichnungen wie in Bayern gebraucht wurden, beweist die von Kaiser Matthias 1614 bestätigte Zunftordnung der Krumauer Weber[154]. Danach soll den Lehrling nach der Auslehre „der Meister kleidten von fueß auff [,] hosen, wames vnd rokh, das dem Meister ein ehr ist vnd dem Khnaben ein nutz".
In einer Zeit, als die Volkskunde die Archivforschung noch kaum beachtete, hatte Josef Blau ihren hohen Quellenwert erkannt und gab uns durch Veröffentlichung der im folgenden zitierten Inventarien Kenntnis vom Kleiderbesitz der Böhmerwäldler in früheren Jahrhunderten[155]. Der Nachlaß des

Abb. 21. Bildnisse des Freibauernehepaares Eisner aus dem künischen Dorfe Seewiesen (Bö). Beschriftungen: Johannes Jakobus Eisner Aetatis suae 43 Jahr Anno 1694, Anna Maria Eisnerin Aetatis suae 39 Jahr Anno 1694.

Der Mann im braunen Caputrock mit schwarzen Aufschlägen, an denen dicht gereiht Knöpfe bzw. Knopflöcher sitzen, hält als Richter unter seinen Nachbarn das Satzungsbuch in der Hand. Aus den durch die Aufschläge verkürzten Rockärmeln treten die weiten Hemdärmel hervor, die am Handgelenk zusammengezogen sind. Um den Hals schlingt sich als Krawatte ein weißes Spitzentüchlein. An der linken Seite hängen die Haare, einer Modelaune folgend, als „Faveurs" lang herab. – Die Frau trägt eine goldbenähte Haube, deren vorn angenähter Spitzenstreifen nach hinten umgeschlagen ist. Die Jacke ist an den Ärmeln ähnlich der des Mannes umgeschlagen. Die Schöße klaffen vorn weit auseinander und lassen die schwarze Schürze sehen. Die Hemdärmel sind mit schwarzen Bändern abgebunden. Ein schwarzes Tuch ist um den Hals geschlungen.

Georg Maschl, gewesten Molzers im Brauhaus Neumark, Bez. Taus, von 1687 enthielt einen grauen Mannsrock mit gelben Knöpfen, einen alten grauen Mannsrock und „bockheüterne" lederne Hosen. Ein Neuerner Bäcker hinterließ 1698 ebensolche Hosen, einen „wollern" Rock, zwei Paar „bawollerne" Strümpfe und ein Paar Hamburger Strümpfe.

Das etwa gleichzeitige Bildnis des Künischen Freibauern-Richters Johann Jacob Eisner aus Seewiesen von 1694 (Abb. 21) stellt ihn ganz im Stil seiner Zeit dar, mit breit aufgeschlagenen Rockärmeln und überzahlreichen Knöpfen, mit Kamisol, Spitzenkrawatte und spitzenbesetzten Manschetten am stoffreich geschnittenen Hemdärmel, der am Handgelenk zusammengezogen ist. Nicht weit von ihm wohnte der Bauer Georg Seill (Seidl) in Flecken bei Neuern, der seine Votivtafel von 1700 in Rittsteig (K) stiftete. Sie zeigt ihn in der typischen Tracht von der bayerisch-böhmischen Grenze (T. 3 u l). Wie am Bildnis Eisners fällt uns auch an ihm das früh zur Schau getragene Kamisol auf, das damals in Bayern noch allgemein unter dem zugehakten Bauernrock verborgen blieb, und das dicke schwarze Halstuch, das hier frühzeitig die Krägen und Überschläge des abgelaufenen Jahrhunderts ersetzte. Gelbbraune Lederhosen, wie er sie trägt, waren damals auch in Bayern noch nicht allgemein abgeschafft. Mit der reichlichen Verwendung von Knöpfen in der bäuerlichen Tracht scheint damals der Böhmerwald einen Vorsprung vor Bayern gehabt zu haben[156].

Altertümlich wirkt dagegen die Votivtafel des Andreas Simmel von 1728 im Museum Bergreichenstein mit den dunkelbraunen bis schwärzlichen geschlossenen Röcken des Mannes und der Söhne, den weißen Halstüchern der letzteren und den gelben Lederhosen. Doch würde sie in einer abgelegenen Gegend des Bayerischen Waldes, wie etwa unter den Votivtafeln von Neurandsberg (B), nicht auffallen.

In St. Leonhard bei Neuern hing die Tafel des Peter Pohmann von 1722 aus Prennet, Bez. Taus[157]. Sein langer schwarzer Rock, die rote Weste mit silbernen Knöpfen bewiesen wiederum die Neuzeitlichkeit der Kleidung und die größere Wohlhabenheit der Tracht des Oberen Böhmerwaldes. Zu den immer noch gelben Lederhosen trug er blaue Strümpfe. Ähnlich seinem Nachbarn in Prennet, aber mit braunem Rock und braunem halblangem Kamisol und weißem Halstuch, trug sich 1759 Sebastian Zisler aus Kubitzen, Bez. Taus (T. 9 l).

Aus dem Künischen und der Gegend von Eisenstein liegen uns zwei etwa gleichzeitige Inventare vor[158]: Das des gewesten Leithumers Michael Wolff in Dorff, von 1764, ist ausführlicher. Er hinterließ an Kleidung: einen blauen tuchenen Rock, ein altes grünes Kamisol, einen alten ungewendten Livree Rock (aus herrschaftlichen Diensten), einen alten schwarzen Rock, ein blaues Beinkleid, fünf alte Hemmeter, einen übertragenen Hut (dies alles zusammen mit 5 Gulden bewertet) und je ein altes Paar Schuhe und Strümpfe (zus. –,50). Der ledige Häusler Hans Michael Fux auf der Hütten bei Eisenstein hatte 1763 u. a. zwei alte Leibln [Brustflecke?] hinterlassen[159].

Johann Nepomuk König[160] vermerkt 1791: „Die Neuerner Kleidertracht hat manches von der bayerischen und tirolischen entlehnt." Auf seiner Reise von Schüttenhofen nach Haidl stellt er fest: „Die Kinder gehen bis ins 10. Lebensjahr im Sommer in einem Hemde von grober Leinwand[161]. Der Landmann und das Gesinde männlichen Geschlechts tragen weite lederne Unterkleider [geschamigerweise für Hosen!], grobe Hemden, Tuchröcke, Schafpelze ..."

Die Standestracht der Glasmacher im Künischen[162] bestand 1825 in einem „Sturmhut" (Zweispitz), bordiertem Rock, schwarzen Kniehosen, weißen Strümpfen, Schnallenschuhen und einem Stock mit silbernem Knopf. Die Glas- oder Hüttenmeister gingen stets in der Tracht der Stadtbürger. Sie trugen sogar einen Degen zur Festtracht. 1792 hatten ihn auch die Glasmachergesellen für ihre Festtracht in Anspruch genommen und bei Hochzeitsraufereien benutzt.

Die Männertrachten auf den Schützenscheiben im Prachatitzer Museum zeigen 1816 noch eine Art Dreispitz, ähnlich dem Oberpfälzer „Wolkenz'reisser", dazu einen langen braunen Rock und schwarze Hosen, daneben schon den modischen Zylinderhut zu den alten gelben Lederhosen und kurzer naturfarbiger grauer Jacke (wohl aus Turadei)[32], aber auch den dunkelblauen Mantel mit breiten Überfallkragen (T. 15 o r). Zur Arbeitstracht trug man um 1819 einen verwitterten breitscheibigen bräunlichen Hut, eine hellblaue, offene Weste, gelbe Hosen und schwarze Halbstiefel, deren Schäfte vorn nach oben zugespitzt waren. Noch 1830 sehen wir auf den Schützenscheiben den breiten schwarzen Hut zum langen blauen Bauernrock, daneben eine ganz kurze braune Joppe mit Schößeln zu langer gelber Hose und Zylinderhut.

Auf einer Truhenmalerei von Christianberg, Bez. Kalsching, von 1847, erscheint sogar ein Mann im kurzschößigen schwarzen Frack zu brauner Hose mit keilförmigen Beinen, rotem Halstuch und Zylinder.

Das Inventar, das ein Abbrandler, der Bauer Georg Mayer von Flecken bei Neuern 1847 aufstellte[163], enthält an Kleidungsstücken (insgesamt): 3 Hosen à 3 fl[164], 3 Leibln à 3 fl, 4 seidene Tücheln à 2 fl, 3 Paar Schuhe à 2 fl, 4 Paar Strümpfe zu 1 fl, weibliches Gewand, zusammen 10 fl, vieles Werktags-, doch gutes Gewand zu 12 fl. Von Wäsche 90 (!) „Hemder".

Hier schließen die ausführlicheren Überlieferungen an, die uns Böhmerwäldler Volkstumsforscher in ihren Werken mitteilen. Wir zitieren zuerst die Niederschriften von Georg Blau, Uhrmacher in Neuern aus der Zeit um 1840, mit Zusätzen seines Enkels Josef Blau[165]:

„Von alters her trug der Bauer einen wollenen Filzhut mit hübsch breiten Krempen. Die Hüte waren so stark, daß man sich daraufsetzen konnte. Buntes Halstuch, bunte Weste, bei Vermöglicheren mit silbernen Knöpfen[166]. Die Lederhosen waren durchgehend schwarz, von Hirschleder, bei minder Vermögenden von Ziegenbockleder, welche alle zur Kirchweihzeit geputzt und frisch geschwärzt

wurden. (Beim Weißgerber gaukelten dann an Schnüren manchmal hundert Hosen zum Trocknen.) Hohe Aufzugstiefel aus weichem Leder, bis weit über den mittleren Oberschenkel (sie hießen Holsteiner), die bei gutem Wetter bis unter die Knie heruntergestülpt wurden. Einen langen Kaputrock mit kurzem Leib und langen Schößen. Im Winter trug man große Mäntel von schwarzblauem starkem Tuch mit 1–6 Krägen, die bis über die Ärmel herunterreichten. Sie wurden meist nur als Überwurf getragen und waren am Hals mit einer Schließe versehen.
Die Mäntel trugen nur Leute aus den Städten und Märkten. Die Bauern gingen auch im härtesten Winter ohne Überrock[167]. An Wochentagen zur Arbeit trug man das sog. Schirkentuch[32], Joppe und Hose, von eigens dazu befähigten Webern hergestellt. Durch das Kochen zog sich der wollene

Eisenstein	Seewiesen (Künisches Gebiet)	Bergreichensteiner Gegend
Breitkrempiger Filz - *Hut* mit grünen Schnüren[173].	Glänzender *Hut* von Hasenhaarfilz, darunter ein kleines Sammetkäppchen. Werktags grober Filzhut, im Winter Pelzhaube, nach 1900 schwarzer, matter Filzhut.	Schwarzer breitkrempiger *Filzhut* mit breitem grünem Band, darunter gestrickte schwarze Zipfelhaube[176].
Weste rot mit großen silbernen Knöpfen.	„*Westaleibl*" aus geblümtem Seidenstoff, zwei Reihen Knöpfe, bis an den Knoten des Halstuchs geschlossen.	
Kniehosen von Leder oder Tscherka[32]. Kurze, an Sonn- und Feiertagen lange	Lederne *Kniehose*, unten mit Riemchen gebunden.	
Röcke aus blauem Tuch oder Tscherka, ebenso Janker. Reiche trugen Samtröcke. Kein Unterschied zwischen Sommer und Winterkleidung.	Ältere *Röcke* aus blauem oder grünem Tuch bis an die Waden[174], jüngere nur bis zum Gesäß. Neu: Winterüberrock. (Kein Pelzwerk.)	*Jacke* braun oder grau aus Tscherka, mit großen Hirschhornknöpfen, und oft mit Schnüren schön ausgenäht. Im Winter kurze Schafpelze mit großen ledernen Knöpfen.
Weiße lange *Strümpfe*.	Schafwollene *Strümpfe*, im Winter Schneestrümpfe wie Gamaschen, aber ohne Knöpfe.	*Strümpfe* blau rot oder grün, über die Hosen gezogen, mit rotem Band befestigt.
Schuhe mit Schnallen.	Niedere Bund-*Schuhe*, neu auch hohe Stiefel, davor Aufzugstiefel mit weichen Röhren bis zum halben Oberschenkel.	Zur Kirche *Schnürschuhe*. Im Winter über Schuhe und Strümpfe Lammfelle, außen mit Tuch bezogen, zum Schnallen.
		Statt Hosenträger handbreiter „Gürtai", mit Namen bestickt.
	Hemd (Pfoad, pl. Pfoid) aus Hausleinwand, weite Ärmel, Umlegkragen, am Hals Monogramm von rotem Garn[175], seidenes *Knüpftüchel*, einfach geknotet, wochentags von Baumwolle, Gesicht glatt rasiert.	*Hemd* aus grober Leinwand, Unterhosen ebenso oder aus blauem Barchent[177], Schnupftücher aus feiner Hausleinwand, blau, auch weiß geblümt oder rot.

Tabelle: Einzelheiten der Männertrachten des Böhmerwaldes aus der 2. Hälfte des 19. Jh.

Eintrag zusammen und durch das Stampfen in der Walke wurde das Gewebe so verdichtet, daß es kein Wasser durchließ. Hohe Bundschuhe und gewöhnliche Holzschuhe waren die Fußbekleidung bei der Feldarbeit[168].
Die Männerkleidung hielt sich durchgehend bis zur Mitte der 50er Jahre. Bis Ende der 60er Jahre kam die Volkstracht ab. Dann kamen die Fabrikstoffe, z. B. Strucks[169], davon hat man Hosen und kurze Röcke gemacht. Dann kamen feine Filzhüte, Kniestiefel, Halbstiefel, nach 1870 Stiefeletten mit Gummieinsätzen, für Kälte Lederröcke (kurze), für den Winter Oberröcke aus Tüffel (dicker Stoff). Josef Rank zählt 1843 auf: Weiße „gmo'lte Stimpa" [gemodelte Strümpfe], schwarzlederne Knie-

hosen mit weißen Schnüren an den Nähten ausgelegt, unter den Knien schmale Lederriemen, in der Schlitztasche [rechts seitlich] ein silberbeschlagenes Besteck, karminrote, blaue oder grüne Seidenweste mit Goldblümchen und einer Reihe versilberter „Achtecker" (vgl. Abb. 9) oder Zwanzigerknöpfe, veilchenblaue oder schwarze nicht enge „Manschet"-[Manchester-]Jacke bis zu den Hüften, karminrotes Halstuch, ziemlich hoher, grobfilziger schwarzer mäßig breitschirmiger Hut[170].
Nach Mitteilungen des Bürger- und Postmeisters Wudy von Stubenbach, Bez. Schüttenhofen, bei Eisenstein, aus den 50er Jahren des 19. Jh. überliefert uns Josef Schramek[171]:
Die Tracht der Männer bestand an Sonntagen aus einem breitkrempigen, schwarzen, zottigen Filzhut, einem dicken und langen roten Halstuch, dem Janker (auch Tschankr genannt), aus braunem oder

Winterberger Gegend	Prachatitzer Gegend	Christianberg Bez. Kalsching	Glöckelberg Bez. Krumau
Zipfelhaube mit „Trollen", Sonntags zylinderartigen zottigen *Filzhut* (Deckelumfang größer als Kopfumfang), mit ziemlich großer Krempe. Wochentags gewöhnlicher Filzhut, im Winter Tuchmütze mit aufgeklapptem Schild und breitem Bräm aus Seehundsfell.	Zugespitzter *Hut* mit aufgebürsteten Haaren (Bürstelhut)[178].	Breitkrempiger schwarzer Filz-*Hut* mit schmalem Band.	
's *Leibl* mit zwei Reihen Knöpfen. Hirschlederne *Hosen* mit Latz (Türl), je nach Ortsgeschmack gelb oder schwarz. Älter: Bis zur Ferse reichender *Schoßrock*. Jünger: Frack oder Scheikl, vorn frackartig ausgeschnitten, blaues oder grünes Tuch mit talergroßen Stahlknöpfen. Früher: Wintermantel ärmellos mit dreifachem Überschlag, messingne Schließe und Rosette.	Tuch- oder Samt-*Leibl* mit Metallknöpfen[179]. Schwarzlederne oder samtene *Hosen* mit Latz[180]. Kurze Tuch- oder Samt-*Jacke* mit Metallknöpfen[181]. *Bauchgurt* mit Geldkatze, Pfauenfederkiel-Stickerei (Besitzername) und Lederstreifenverzierung[182].	*Leibl* aus rotem Tuch. *Kniehose* aus Bock- oder Hirschleder oder „Manschest" (gerippter Samt). Verheiratete: grauen Tuchrock bis an die Knöchel, Ledige: „Schoik" (Jacke).	*Westen* bis zum Hals zugeknöpft. Neu: lange *Beinkleider*. Früher: Lange Schößel*röcke* aus violettem oder olivgrünem Tuch mit vorn geschlitzten Ärmeln[183]. Später: Kurze Jacke aus Tuch oder anderem Stoff, mit oder ohne Schöße und Seitentaschen. Im Winter: Lammfellgefütterter Rock.
Hohe *Strümpfe*, weiß oder blau. *Schnabelschuhe*.	Blaue *Wadenstrümpfe*. *Schnürschuhe*.	Weißwollene *Kniestrümpfe*. *Bundschuhe*.	Weiße grobe Leinen*hemden*, Umlegkragen, meist seidenes rotes „Knotentüchl".

Zur Arbeit überall Holzschuhe[184], alte Sonntagskleider und solche aus Tscherka, Duradei[32] oder grobem Leinen[185], im Winter Fäustlinge.

blauem Tuch (je nach Geschmack und augenblicklicher Mode) mit aufgenähtem Schnürlaufputz an Nacken und Kreuzbein[172], einem roten Leibl aus „Karton" [Kattun], langer Hose aus blauem oder schwarzbraunem Tuch, hohen Stiefeln oder Schnürschuhen und weißen Strümpfen. Doch wurden auch kurze Kniehosen aus Tuch oder Leder getragen. Die Hosen hatten vorn anstatt des Schlitzes ein Hosentürl, eine Klappe, welche viereckig und mittels zweier Knöpfe zugeknöpft war. Im Winter kam noch der schwarzbraune Tuchmantel mit dreifachem Umschlagkragen hinzu.
An besonders hohen Festtagen trugen die verheirateten Männer einen langen, bis zu den Knöcheln reichenden, vom Kreuzbein an schößigen blauen Tuchrock, eine schwarze Lederhose, eine rotseidene

Weste mit großen weißen Knöpfen und lange Aufzugstiefeln. An Werktagen trug man die alten Sonntagskleider oder Röcke und Hosen aus Tscherken. Zu allen Gewändern trugen die Männer im Winter Handschuhe oder Fäustlinge, am Sonntag die neuen, an Wochentagen die altgewordenen oder auch Fäustlinge aus sehr roher Leinwand.
Stöcke („an Gehstöckn") trugen und tragen die Männer, ausgenommen die Alten, welche sie haben müssen, nur bei Märschen in die Stadt, auf die Märkte. Die gewöhnlichsten sind die „Hacklstöckn".

Schramek mit seinen Berichten über die Trachten des Böhmerwaldes aus der zweiten Hälfte des 19. Jh. von Norden nach Süden folgend, gibt die Tabelle auf den beiden vorhergehenden Seiten eine geordnete Übersicht[177].

Es würde zu allzuvielen Wiederholungen führen, wenn wir alle, die Mitteilungen über die Tracht des Böhmerwaldes gemacht haben, zitieren wollten. Aus demselben Grunde ziehen wir aus den eingehenden Betrachtungen Höfers[186] nur das bisher nicht Erwähnte heraus: Sonntags trug der Bauer ein feineres, harbenes Hemd, noch feiner war eins aus gekauftem „Kammertuch" mit ausgenähtem Umlegkragen, bauschigen Ärmeln und ausgenähten „Handbiasln". Ein solches Hemd diente auch als Göden-(Pathen-)Geschenk[187]. Zum harbenen Hemd wurde oft ein „Schmiesel"[188] aus Kammertuch umgebunden, um den Leib und um das Genick mit Bändern befestigt. Es war auf der Brust ausgenäht, in Falten gelegt, auf jeder Seite rot ein Anfangsbuchstabe des Namens. Die verschiedenfarbigen seidenen Halstücheln nennt er „Brousch-Tiheln"[189]. Die Weste war aus „Manchest", später aus blumigem Samt, fast bis zum Hals geschlossen, mit glänzenden, sehr zahlreichen Knöpfen. Der kurze Rock aus blauem Tuch, rückwärts auf der „Wiast"[190] frackähnliche Ziernähte mit zwei Knöpfen, die Nähte als breite „Übernähte", am Ellenbogen Herzen aus Glanzbockleder, vorn viele Knöpfe.
Im Winter trug man einen langen mit Schaffell gefütterten Überrock „Power", viele einen „Pilz" (Pelz), die Wolle nach innen, außen die rotgelb gefärbte Haut, am Rücken mit eingesticktem Zierat, um den Hals einen sehr langen gestrickten Schal, auf dem Kopf eine bunte Zipfelmütze und darüber einen niedrigen Filzhut. Reichere kauften sich später runde niedrige Samthüte, die 3 Gulden kosteten. Burschen steckten oft Sträußerln oder Federn darauf. „Jetzt" (um 1927) trug man einen höheren Hut, meist von Plüsch.

Abb. 22. Links Pfingstreiter aus der Gegend von Neuern (Bö) um 1920, mit blauer oder schwarzer, bestickter Samtmütze und ebensolchem Hosenträger, dessen tief sitzender Steg westenartig geschnitten ist. Über der dunklen Langhose ein weißer Leinenschurz. – Rechts Schwerttänzer aus Kaplitz (Bö), bis 1945. Über der bürgerlichen Kleidung reiche Schärpen. Der Hut ist bis auf den Rand durch künstliche Blumen und Bänder fast verdeckt. Auch am Schwert hängen Bänder. (Nach Lichtbildern.)

Die bocklederne Hose mit Türl, hinten und vorn ausgenäht (bestickt), war unten eng, um in die Röhrenstiefel zu passen. Früher hieß man sie „Uleinthousn" (entstellt von Elen, Elch). Die Stiefel mit Seitennähten reichten bis ans Knie, in die Schäfte waren mit dem Stiefelholz ausgeprägte Waden herausmodelliert. Die Ränder waren vorn nach oben ausgeschweift und mit einer kleinen Quaste („Tulei") geziert. Oben herum waren sie mit dem Brenneisen gemodelt. Man trug sie schwarz oder rot, von „russisch Juchten". Es gab auch Hosen, die außen bis zu den Knien einen Besatz aus Glanzbockleder zeigten. Zu diesen trug man Halbstiefel, oben mit gelb, rot und grünem Schafleder geziert. An Stöckl (Absatz) und Spitze waren sie beschlagen (ein „Plattl" aufgeschraubt). Reichere Burschen trugen Faltenstiefel fast bis zu den Knien. Oben, besonders bei den Strupfen, waren die steifen Röhren schön abgesteppt. An den Knöcheln zeigten sie die auf dem Stiefelholz schön gelegten Harmonikafalten[69].
Männer trugen nie Schnürschuhe, wie sie in der Stadt üblich waren (mit vielen kleinen Löchern oder Haken entlang den Vorderkanten des Oberleders). Sie wären ausgelacht worden. Im Winter gab es „Pilz"-(Pelz-)Stiefel oder aus Stoffstreifen gewebte „Flecklpotscher", mit Werg wattiert, innen mit Barchent oder Flanell gefüttert.
Über die langen Arbeitshosen aus Turadei wurden Socken aus weißer Schafwolle gezogen (Abb. 23). Den Kopf bedeckte ein niederes rundes Hütl aus grobem Filz, jedoch fast nie eine Haube[191]. Bei kaltem, nassem Wetter legte man über das rupfene Hemd ein Leibl oder ein Scheikl (Jacke) an. Bei großer Kälte zog man unter die Hosen „Gattihousn"[192] aus rupfener Leinwand oder Barchent an, einen Überrock und Fäustlinge. Zur Holzarbeit im verschneiten Wald Holzschuhe, mit Röhren aus Turadei, wie Stiefel, benagelt. Im Stall trugen Bauer und Knecht ein blaues Fürtuch, das „Blahel". Ein solches aus feinerer, harbener Leinwand legten die Burschen auch abends zum „Mentschrgehn" (Gang zum Kammerfenster) an (vgl. Abb. 22). Beim Kornschnitt hat der „Mandler" (der die Garben zu Getreidepuppen, Mandln stellt) ein weißes Blahel mit „Latzel" umgebunden. Der Mäher trägt den „Mohdream" (Mahdriemen) umgeschnallt, daran hängt hinten das „Kimpfel" mit Wasser und Wetzstein[193].
Josef Blau[194] beschreibt die Winterarbeitskleidung der Holzhauer im Oberen Wald: Das dichte „Tcherka-Gewand" ist aus Werg und roher Wolle hergestellt, das die Nässe nur schwer durchläßt und die Leibeswärme hübsch zurückhält. Ein Wollschal, oft von doppelter Körperlänge, umhüllt den Hals und die Füße stecken in derben, wasserdichten und mit zahlreichen Eisennägeln beschlagenen Schnürschuhen, während die meist grün gestreiften Schneestrümpfe die Hose bis übers Knie hinauf umspannen. Aber trotz Sturm und Frost hat der Mann sein „Pfeifl" im Munde, das er auch während der schweren Arbeit nicht weglegt. Schramek[195] berichtet 1915: Der Gebrauch der Skier nimmt immer mehr zu.
Der 88jährige erblindete Schneider Johann Baier in Obermoldau, Bez. Prachatitz, erzählte mir im Jahre 1939 aus der Zeit von den 60er Jahren an: „Bessere Buben" trugen nach Feierabend und auf der Kegelstatt blaue Hosen, seitlich mit weißem „Paspul" (ähnlich den Uniformhosen), unten mit kurzem Schlitz, der durch einen Knopf geschlossen wurde. Das Hosentürl war mit farbigem Zwirn in Kreuzstich ausgenäht, „Bleamln und Hagerln" (Ranken). Die engen weißen Wollsocken wurden über die Hosenbeine gezogen. Knechte trugen diese Hosen ohne Verzierung. Lederhosen legte man (in den 60er Jahren) nur „auf an heilign Tag" an. Sie waren an Taschen und Türl mit Seide ausgenäht, die Naht „um den halben Hintern herum rot und grün". Die enge Hose hieß Kniehose, reichte aber in die Wadelstiefel hinein. Diese waren vorn etwas geschweift, oben mit Quasten[196]. In dieser Gegend waren die Hosenträger meist aus Leder, selten ausgenäht und bis zu 10 cm breit. Ausgenähte waren grün eingefaßt und mit Ranken und Zickzackmustern verziert[197].
Über Halbstiefel mit weichen Schäften, meist aus naturfarbigem Leder zog man lange Hosen.

Das Leibl (Weste) war „gestöckelt" (kariert), ganz klein, kaum 5 mm im Quadrat, rot-weiß, auch blau-rot, mit zwei Reihen Metallknöpfen, Sechsern, Kugel-, Tuttln-, aber auch beinernen Knöpfen (Abb. 9). Im Winter zog man ein gestricktes Unterschaikl darunter.
Unter dem umgelegten Kragen des Hemdes trug man am Sonntag ein seidenes Halstüchl von schwarzer Grundfarbe, mit roten, gelblichen und grünen eingewebten Mustern. Man ließ die Zipfel des Mascherls nach den Seiten abstehen[198].
Am Schulk (pl. d'Schalk), dem Janker von braunem, grünem, auch blauem Barchent oder Tuch waren zwei seitliche Taschen eingeschnitten. An der Oberkante hatten sie „Leisten". Große, oft auch durchbrochene Metallknöpfe (Abb. 9) bildeten vorn zwei nach unten zusammenlaufende Reihen. Diese Janker waren 5 cm länger als eine Weste, reichten also etwas über die Beckenknochen und hatten einen hohen umgelegten Kragen (vgl. T. 15 r). Das Röckl kam um die 60er Jahre auf. Es war um eine Spanne länger und hatte keinen so hohen Kragen[199]. Es war zweireihig, oft auch einreihig. Die Taschen waren „auswendig aufgesteppt". Man trug es am Sonntag Nachmittag. Es war aus weiß-blau gewebtem Gradl-Leinen[200]. Es sah blaugrau aus. Später nahm man Satin.
Der lange Rock, „Schößlfrack", meist blau, aber auch braun, wurde nur von reicheren Bauern zu Hochzeiten und Kindstaufen angelegt[64]. Er reichte bis auf die halben Wadelstiefel. Seine Schöße waren „so breit wie a Kidl (Frauenrock), hint' a langer Schlitz, zwei Taschen, der Schluß (Taille) ziemlich hoch, hint' zwei Knöpf, vorn zwei Reihen". Reichere nahmen 20er Knöpfe, die anderen „schwarz boanerne". Der Kragen saß hoch „bis auf d' Ohrn".
Dazu trug man einen Zylinder, höher als eine Spanne, oben etwas weiter, die Krempe gerade, aus schwarzem etwas haarigem Filz mit Seidenband (vgl. T. 15 r).
Werktags diente ein etwas „weitscheibeter" Hut mit rundem Gupf und gedrehter Schnur, grau, braun oder grün. Die „g'jagert" haben, zierten ihn mit einem Gamsbart[201] oder „Hahnafedern" (Spielhahnstoß). Die Krempen dieser Hüte waren mit Band eingefaßt.
Die Zipfelhaube, „Schnepfhaubn", war schwarz, auch braun-rot geringelt, aus feiner Wolle oder Baumwolle. Manche hatten sie den ganzen Tag auf, im Sommer nur abends[176]. Der Hut wurde darüber getragen.
An Wochentagen war der Schulk (Janker) im Sommer aus rauhem Leinen oder aus weiß-blau gestreiftem „Zweigaden", im Winter aus Tscherka, weißlich oder gräulich, wie Naturwolle, mit Leder- oder alten Militärknöpfen. Die Arbeitshosen waren im Sommer weit, von rauhem Rupfen, oft mit blauen Streifen, zwei Faden weiß, zwei Faden blau, „a ghörigs Hosntürl, in der Seitn a Messertaschn und a Streicher (Wetzstein)."

Die Frauentracht im Böhmerwald

Nicht anders als die Männertracht zeigt auch die Kleidung der Frauen im Böhmerwald nahe Verwandtschaft mit der des Bayerischen Waldes. Begreiflicherweise ist das an solchen Stellen des Grenzgebietes besonders deutlich, wo nicht Waldwildnisse und Berge die Nachbarn trennten. Die Votivtafel aus Flecken bei Neuern von 1700 (T. 3 u l) beweist dies offenkundig. Auffallend ist an diesem Beleg das ziemlich helle Grau der Jacken. Mit den roten Röcken und den schmalen weißen Schürzen ergab sich so ein farbig lebhaftes Bild. Die breiten, oben spitzig zugeschnittenen Überschläge an den Vorderkanten des Kirchenmantels der Frau erscheinen als die letzte übertreibende Entwicklungsstufe eines abgelebten Trachtenstücks, wie andererseits die damals neuen etwas plumpen schwarzen Halstücher den Weg zu gefälligerer Formgebung noch nicht gefunden hatten.
Leider ist das im Jahre 1694 gemalte Bildnis der Künischen Freibäuerin Anna Eisner (Abb. 21) von unkundiger Hand „renoviert" worden, ein Eingriff, der besonders ihre Goldhaube betroffen haben

Abb. 23. Neuere Alltagstrachten aus dem Böhmerwald. Von links: Frau mit halbärmeligem Leibel, das über das Kleid gezogen ist, Kopftuch und Mundbinde (Mäultejchl). Mann in schnurverzierter Joppe, Langhose und Holzpantoffeln. Beide aus Stubenbach. (Nach Schramek, T. 1.) – Rudolf Kubitschek in Holzarbeiterkleidung seiner Heimat Fürstenhut, in rotweiß karierter Weste und Joppe. Diese ist in großen Quadraten gesteppt. Die Holzschuhe in holländischer Form, ganz aus Holz. (Nach Lichtbild.) – Frau aus der Gegend von Neuern in kurzer Schoßjacke, „Maiker", mit Kopftuch in Nackenbindung, darüber das „Hankatüchel" in Kinnbindung. Lederpantoffel. (Nach Originalstücken.) – Frau, zum Markt gehend, mit Schoßjacke und großem Flügelkopftuch. – Frau in Arbeitskleidung mit weißem Kopftuch. Beide aus der Gegend von Wallern. (Nach Bendel, Titelbild.) – Frau aus dem Künischen in sommerlicher Arbeitskleidung. Sie trägt den Leibkittel und Holzschuhe mit ledernem Oberteil, „Nejschla". (Nach Originalstücken.)

muß. Sogar auf dem Lichtbild[202] erkennt man deutlich, daß der nach hinten umgeschlagene Spitzenrand vorn an Schläfen und Scheitel durch Übermalung verschmälert ist. Ohne Zweifel ähnelte die Haube den bayerischen derselben Zeit, wie wir sie auf T. 2 abgebildet finden.

So dürfen wir auch annehmen, daß die im Inventar des Georg Maschl aus Neumark bei Taus von 1687[155] aufgeführten Kleidungsstücke der Frauentracht denen der bayerischen entsprachen: 3 Weiberhemeter, 1 schwarz mesuloner[203] Weiber Rokh, 1 Vortuch, ide(m) 3 Stück, 1 Vorstatterne Prust (Mieder), 1 blaw Mesulon ganzes Kleid, 1 braun kordyser Rock und Vortuch, 1 schwarz tuechener Mantel, 1 grauer Weiber Rock nebst einer roten Brust, 1 braunes Weiber wambes.

Mit brauner Schoßjacke, schwarzem Rock, weißer Schürze und Halstuch gleicht die Frau des Andreas Simmel, 1718, den Bayerinnen. Auch die unbedeckte weiße Haube kommt in jenen Jahrzehnten im Wald häufig vor. An ihren Töchtern fallen braune Schürzen zu schwarzen Röcken und weiße zu braunen Röcken auf.

Die Frau des Peter Pohmann aus Prennet, Bez. Taus, von 1722[157], trug ein langes, hinten gebundenes Kopftuch (wohl entsprechend den bayerischen Hauptentüchern). Ihre übrige Kleidung war schwarz mit weißer Schürze. Die kleinen Kinder waren in langen roten und weißen Kleidern abgemalt.

Barbara Kießnerin, Leithumsweib von Dorff im Künischen[158], hinterließ 1763 „3 alte Hemmeter, 4 Fürtücher, 2 Rokh Khüttl, 1 Paar weiße Strümpfe, 1 Wamsen, 2 Scholk (Schalk, Jacke), 1 Brust (Mieder), 8 [Stk.] in Allen alß Tiechel, Tuchet [Federbett] undt Hauben sambt einem Schättl [Schachtel]", alles zusammen mit 4,85 Gulden bewertet.

Die Witwe Elisabetha Gerlin von Vollmau, Bez. Taus[204], hinterließ 1793 „an Kleidungen: 2 Schnürbrüst, 1 von schwarzem Zeug, 1 von Damast, 3 Korsetteln [Jacken] von Zeug, 1 Petzel [Haube,

Kappe][205] von Zeug, 3 Oberröcke, 2 von Tuch, 1 von Wolle, 2 Vortücher, 2 Hals Ticheln, 1 weiß, 1 von Seiden, 1 kleines Leibl. An Weißwäsch 1 weiße Hauben, 1 Paar zwirlete[206] Strimpf, 1 do Winterhandschuh, 1 Hemmet, 1 Paar Winter Strimpf".
Nach dem Bericht von Johann Nep. König[160] trugen 1791 die Neuerner Frauen dicke Kittel von Flanell und im Winter Schafpelze.
In seinem Reisetagebuch von 1803 vermerkt Vinzenz Kreibig[207] über die Frauen von Klentsch, Bez. Taus: „Die Leute kamen eben aus der Kirche und wir hätten hier eine sonderbare Musterkarte von roten Strümpfen, Faltenjacken und diversen Spitzenhauben sammeln können." Sein Ausdruck „Faltenjacke" bezieht sich auf die aus Neuern bezeugte „Rollenjoppe"[109] mit sehr kurzen in Falten gelegten Schößen, die „wie Klaviertasten" knapp nebeneinander standen (vgl. T. 10 o r u. Abb. 12). Auch auf den Schützenscheiben von 1816 und 1830 in Prachatitz erkennen wir kurze Spenser mit „gerollten" Schößeln. Im übrigen tragen sich dort die Frauen schon halb städtisch, Rock und Jacke gleichfarbig, mit weißen Schürzen und Halstüchern und weißen Kopftüchern, die teils in Nackenbindung (als Hauptentücher?), teils in Kinnbindung angelegt sind[208]. Das primitiv gemalte Truhenbild aus Christianberg, Bez. Kalsching von 1847, stellt die Frau in rotem Rock, kurzer blauer Jacke und kleinem schwarzem Kopftuch dar, dessen kurze Zipfel im Nacken gebunden sind.
Die Niederschriften Georg Blaus von Neuern[165] aus den 40er Jahren des 19. Jh. überliefern uns: „Die weibliche Kleidung bestand aus einem schwarzen Kopftuch, schwarztuchener Jacke mit gefütterten Bauschärmeln, an der Brust eckig ausgeschnitten, welche ein buntes Halstuch (Schultertuch) bedeckte. Eine breite silberne Kette von 8–10 Silberschnüren mit einer Schließe und einem Kreuzlein, dies von Gold, hing über das Halstuch herunter. Eine blaue Schürze mit langen Bändern, beide so lang wie der Rock, den man Kittel nannte. Der Stoff für den Kittel war in Taus zubereitet aus ganz fein gesponnenem Flachs und feinen Wollfäden, beide Garne in verschiedenen Farben. Der geschickte Weber erzeugte einen melierten Stoff wie Damentuch[209]. Der Kittel mußte recht weit, mit vielen Falten sein[210]. Vorn, wo die Schürze war, wurde billiger Stoff oder Leinwand eingesetzt, „Nimmfürgut". Weiße Strümpfe mit auffallend durchbrochenen Zwickeln, ausgeschnittene Schuhe mit seidenen Maschen und kleinen Schnallen oder Börteln, diese jedoch nur städtisch; – die Bäuerinnen trugen meist derbe Schnürschuhe.
Als Umhängtücher haben Alte wie Junge bei kaltem oder regnerischem Wetter nichts anderes als weißleinene Tisch- oder Leintücher, wo bei vielen in der Mitte eine rote Borte hineingenäht war. – In der Woche trugen sie leinene dunkle Kleidung[211].
J. Rank beschreibt die Frauentracht um die Mitte des 19. Jh. in der südlichen Hälfte des Waldes: „Die Frauen binden über den Kopf ein farbiges Tuch und lassen nur an den beiden Schläfen ein wenig Haar hervortreten. Ihr Halstuch gleicht dem der Männer, aber ihre Zeuch-(auch Tuch-)Jacke reicht nicht ganz bis an die Hüfte, ist um die Brust nicht stark ausgeschnitten und läßt oben über dem Ausschnitt das bis fast an den Hals reichende Hemd sichtbar werden. Die Jacke ist um den Ausschnitt reich garniert. Unter der Jacke ziehen die Mädchen das Mieder an, das kaum ein Viertel des Rückens deckt, mit Goldborten belegt und an der Brust stark ausgeschnitten ist. Die Farbe bleibt fast allgemein die karminrote, öfters zu finden ist auch die schwarze. Mittels eines kreuzweis über die Schulter gezogenen weißen Bandes wird der Rock gehalten, der sonst aus starkem roten Zwirnzeug bestand[209] und kaum über die halbe Wade hinabreichte; jetzt aber findet man verschiedenstoffige, meistens Kattunröcke, welche über die ganze Wade hinabreichen und vorn durch ein farbiges breites Vortuch von gleicher Länge mit dem Kittel verhüllt werden. Die Strümpfe sind meistens weiß . . ."
Aus Schrameks Berichten über die Stubenberger Frauentracht der 50er Jahre entnehmen wir an Einzelheiten, daß die schwarzen seidenen Kopftücher mit ihren „Zipfen" vom Knoten am Hinterhaupt nur handlang bis über die Schulter hinabreichten, demnach viel kleiner waren als in den

späteren Jahrzehnten. Die Paradeschuhe hießen „Schlüfr" und waren stark ausgeschnittene Schnür- oder Bindschuhe. Hier sei noch seine ausführliche Beschreibung der Frauen-Werktagstracht zitiert: „Das ‚Wertogwond' bestand aus einem baumwollenen schwarzen Kopftuch, welches hinten gebunden wurde, einem zweiten bunten Kopftuch, welches darüber kam und vorn gebunden war und überdies auch noch aus dem ‚Mäultejchal' [212], welches vor dem Munde mit seiner Breitseite, mit seinem Knoten aber am Scheitel aufsaß. – Das in den Rock geklemmte kurzärmelige Brustleibchen war gewöhnlich dunkelblau und bestand aus irgendeinem Baumwollstoff. Der bis zum Knöchel herabreichende blaue oder rote ‚Wertakidl' lag an und war ganz schmucklos. – Die Schürze bestand aus gewöhnlicher gefärbter Hauswebe. An den Füßen trugen die Mädchen und Weiber weiße Strümpfe und ausgeschnittene Schuhe, Pantoffel oder Holzschuhe[213]."
Anschließend stellen wir Schrameks Angaben zu den Frauentrachten der übrigen Gegenden des Böhmerwaldes im letzten Drittel des 19. Jh. zusammen:

Eisenstein	Winterberger Gegend[216]	Prachatitzer Gegend	Christianberg, Bez. Kalsching	Glöckelberg, Bez. Krumau
Schwarze *Kopftücher*, Wohlhabende an Festtagen auch *Goldhauben*. *Mieder* mit zwei silbernen Haken und langen silbernen Ketten, daran mitunter silberne Taler und Zierate (T. 16 c)[214].	Selbstgewebte „gehäuselte" (karierte) Kopftücher.	Schwarzseidene *Kopftücher* mit weit herabhängenden Zipfeln. (Abb. 23, 3. Fig. v. l.)	Rote Kopftücher mit geblümten Rändern.	Sonntags schwarze, rückwärts gebundene seidene *Kopftücher*. Verheiratete Frauen darüber seidenes oder Wolltuch mit Kinnbindung. Im Winter große Umhängtücher aus Schafwolle, über den Kopf gelegt, auf der Brust gekreuzt[159].
Röcke verhältnismäßig kurz[215]. *Spenser* mit Bauschärmeln. *Schürzen* recht breit. *Strümpfe* weiß. *Halbschuhe*. Buntfarbige Kattun-*Kleider*.	Kurze *Röcke* aus Meßalan[203] mit Hüftwulst. Jacken „Scheikl", nur bis zur Hüfte, mit Puffärmeln, z. T. mit Schößeln[217]. „Fürda" *Schürzen* aus Kattun, um die ganze Taille. Zwickel*strümpfe*, niedere Schnabel-*Schuhe*, „Niederschuh". An hohen Festtagen großgeblümte Kattunkleider.	Ungemein faltige bauschige *Röcke*, sonntags seidene Oberkittel. Tief ausgeschnittene *Jacken* mit Bauschärmeln, im Ausschnitt seidenes *Halstuch*. *Halskette* aus Glaskorallen.	Kurze bauschige *Kittel* (Röcke) aus verschiedenen, auch selbst erzeugten Leinenstoffen. *Spenser* aus dunkelblauem Tuch, eng anliegend, an der Brust mit Verzierungen ausgenäht (bedeckt den Oberleib nur notdürftig). Ärmel oben sehr bauschig, mit Werg wattiert, am Handgelenk eng. An Wochentagen *Kleider* aus selbst erzeugter, verschieden gefärbter Leinwand.	

Tabelle: Einzelheiten der Frauentrachten des Böhmerwaldes aus dem letzten Drittel des 19. Jh.

Nach Höfers sorgfältigen Studien trugen im Unterland Bäuerin und Mägde zur Arbeit (Abb. 23) kurze Hemdärmel, einfarbige oder bunt bedruckte Kittel [mit Tragmieder], ein „Fiachta" (Fürtuch) aus Blaudruckstoff, ein getüpfeltes Kopftuch. Im Sommer zur Erntezeit reichte das harbene oder rupfene Hemd der Mägde oft nur bis zur Körpermitte[218]. Wochentags trug man nur „Suntichel" (zum Sonnenschutz) in Kinnbindung, um den Mund früher fast allgemein „Mailtihel"[212], die beim Essen unters Kinn geschoben wurden. „Jetzt (1927) nur bei Zahnweh." – Zur Sonntagstracht früher bauschige, ein- oder mehrfarbige Kittel, eine Tuchjacke mit Bausch-Ärmeln, ein seidenes grellfarbiges, gefranstes, bis über die Schultern reichendes Halstuch, ein schwarzes halbseidenes, fest um den Kopf anliegendes Kopftuch, das rückwärts einen langen bis weit unter die Körpermitte reichenden Zipf hatte, worauf in weißer Seide die Namens-Anfangsbuchstaben ausgenäht waren. Später trug man neuzeitlich gezierte Wolltücher, Mohairtücher usw. Die breite schwarze einfärbige oder bunt gemusterte Schürze war bei Reicheren an hohen Festtagen aus Seide. Die Strümpfe weiß, aus Baumwolle selbst gestrickt, oft mit vielen Mustern („Musterstimpf"). Die „Tuttlstimpf" (mit gebuckelten Mustern) auch kunstvoll blau und weiß[219]. Frauen trugen nur Schnürschuhe, „Bundschuh", die „Stöckl" (Absätze) mit Eisen beschlagen. Als die Nähmaschinen aufkamen, wurden sie mit bunten Fäden „ausgesteppt"[220]. Sie waren aus geschmiertem türkischem Bockleder, bei Mädchen aus Glanzleder (ungeschmiertes Bockleder). In die Kirche trug man auch gestickte „Schlepfer" aus Samt. Hausschuhe hießen „Gliederschuh", „Pariser" reichten nur bis zu den Knöcheln und waren vorn ein kurzes Stück zu schnüren. Ferner gab es Stiefeletten und im Winter auch „Potscher". – Im Winter trugen die Frauen um Kopf und Schultern ganz große wollene schwarze Übertücher, „'s Kitzel", mit breiten blumigen Rändern und Fransen. – An den Röcken, „Kitteln", hatten sie „Garnier" (Volants) und „Queagstroaf" (Querstreifen), eingenäht einen „Zejga"[221] (Tasche) für Rosenkranz und Geldtasche. Unten herum ein „Anstoßbandel". – Die Jacke, „Rock", mit Hafteln zu schließen, mit „Krepinl", schmalen Zickzackbändern verziert. – Die Mägde trugen am Sonntag beim Kirchgang das Gebetbuch in der Hand, dazu ein weißes schön zusammengelegtes „Schneuztihel", ausgenäht und geschlungen, in einer Ecke rot das Monogramm[222]. Im „Saum" steckte „ein Blumensträußl, das recht schön schmeckt". – Kleine Kinder kleidete man in Hauben und „Kutten"[62], für Knaben „Hußinauna" (Hose-ineinander, mit dem Leibl zusammengearbeitet) hinten mit einem Schlitz, angeblich „fürs Schneuztihel"!

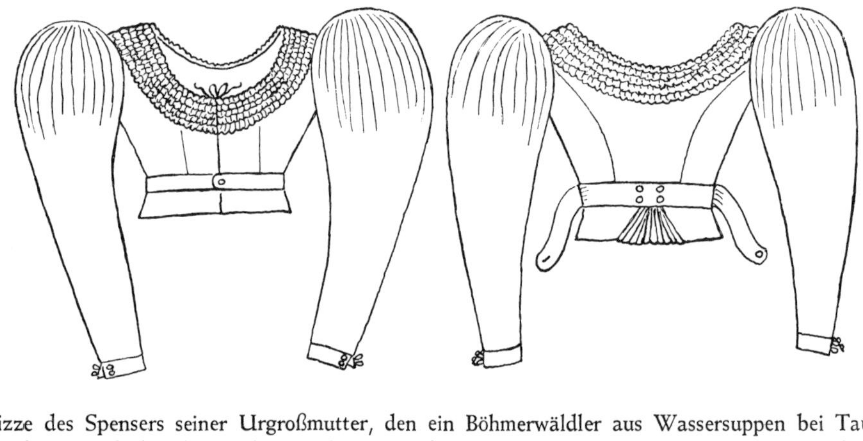

Abb. 24. Skizze des Spensers seiner Urgroßmutter, den ein Böhmerwäldler aus Wassersuppen bei Taus in die Verbannung mitnahm. Er schickte die Zeichnung als Beitrag für diese Arbeit. Dunkelveilchenbrauner Taft mit bläulichem Schein auf Leinen. Haftelverschluß, um den Ausschnitt Zugband und geknöpfter Gürtel, der hinten festgenäht ist. Vorn zwei Fischbeinstäbchen. Um 1830.

Aus mündlicher Überlieferung[223] sei ergänzt, daß das Festtagshemd der Frauen ein gehäkelter Umlegkragen zierte (T. 16, f). Aus dem Ausschnitt des Spensers, später des „Maikers" (mit engen Ärmeln) sahen die Hemdspitzen heraus. Am Sonntagnachmittag trugen Jüngere kurze gebauschte Ärmel, („Bausch-Irmel-Pfoad") Ältere hingegen „dürre" Ärmel. Vgl. Abb. 24.
In Obermoldau reichte das „Firta" (Schürze) so weit herum, daß hinten nur etwa 12 cm vom Rock sichtbar blieben; dort hingen die langen Schürzenbänder herunter. Um 1860, nach anderer Überlieferung erst gegen 1880, wurden die Schürzen oben auf 30 cm zusammengezogen, während sie

unten 80 cm breit blieben[130]. Sie waren von blauem Leinen, unbedruckt. Kattunschürzen waren verschiedenfarbig bedruckt. An Festtagen trug man Schürzen von schwarzem Tibét, einem Wollstoff. Reiche Bauerntöchter legten schwarze oder braune Seidenschürzen an. Der Kittel darunter war von blauer oder grüner Seide, die Jacken (Schaikl) schwarz.

Die „Miederleibln" nähte man in Stadeln (Künisches) aus schwarzem Prünelle (mattglänzender Stoff), auch aus Samt. Hinten war ein „Miederhaken" angenäht, der den Rock tragen half.

Während die Tracht im Unterland sonst farbenfreudig war, traf dies für Wallern nicht zu. Dort herrschten Dunkelblau und Schwarz vor[224]. Alles Bunte hieß „bayrisch".

Bis zur Mitte des 19. Jh. wurde das Kopftuch mit Nackenbindung aus rotem Kattun mit bunter Blumengirlande am Rande getragen. Dann kamen die schwarzen Tücher nach niederbayerischer bzw. Linzer Art auf[225]. In Wallern wie in den anderen Städten und Märkten des Böhmerwaldes bis etwa um 1880, auf den Dörfern viel länger. Man ging nie anders als mit diesen, nur waren sie wochentags kleiner[226]. Die seitlichen Zipfel wurden im Hause oft über der Stirn zusammengebunden[227]. Erst in den 60er Jahren übernahm man von den Tschechinnen die „Oberbindtüchl" (mit Kinnbindung). In der Gegend von Neuern hießen sie „Hüllal" (Hüllerl), im nahen Rothenbaum „Hankatüchl", was ebenfalls auf ihre slavische Herkunft weist. Zuerst wurden sie über die schwarzen Flügelkopftücher gebunden (Abb. 23 M)[228], die man im Gegensatz zu jenen „hintere Tüchln" nannte. Während diese in Neuern noch bis gegen Ende des 19. Jh. Blumenecken hatten[229], sollen solche im Künischen schon in den 70er Jahren abgekommen sein. In Wallern wurden in bewußtem Gegensatz zur „Bayrischen" Art die seitlichen Zipfel des Kopftuches beim Umbinden leicht nach innen gerollt. Es ergab sich dadurch ein größerer Nackenknoten und eine mehr quadratische Rückansicht der Zipfel.

Eine der Wallerner Eigenarten waren die Heugertücher, die dort allgemein von den Frauen und Mädchen bis um 1900 zu der großangelegten Heuernte getragen wurden. Dazu wurde ein dünnes Bündel Schmielen oder ein kleiner Zweig im Bogen vor die Stirn gelegt und ein meist weiß-rot gewürfeltes Tuch um die Schmielen gewunden, so daß sich ein Dach über dem Gesicht bildete. Die Bindung des Tuchs geschah im Nacken; das Kinn blieb frei[230].

„Goldhauben wurden von den Bürgers- und anderen wohlhabenden Frauen, z. B. denen der Glasherren, an Sonn- und Feiertagen getragen (T. 14 und Abb. 14, a). In Neuern gab es keine solchen. Auf den Dörfern trugen Goldhauben nur Bräute[231] an ihrem Ehrentage. Von den Eisensteiner Goldhauben soll manche gegen 100 Gulden gekostet haben. Die Hauben waren kunstvoll gestickt und mit Spitzen besetzt und stammten aus dem 18. Jh."[232]. Nach den im Prachatitzer Museum befindlich gewesenen Stücken umgaben sie mit einer Rundung, die etwa einer Drittelkugel entspricht, den Kopf und waren bis auf den in Falten gezogenen Nackenteil ringsum mit weißen oder auch Silberspitzen besetzt. Im Bergreichensteiner Museum befanden sich entsprechende, doch von etwas bescheidenerer Ausführung. Von den Wallerner Goldhauben wurden in der Überlieferung ausdrücklich die dazugehörigen Bänder erwähnt, die aber gewiß auch an den anderen Orten im Nacken angebracht waren. Sichere Nachrichten besagen, daß in dem südlich gelegenen Oberplan, das begreiflicherweise dem oberösterreichischen Einfluß besonders aufgeschlossen war, von den Marktbürgerinnen schwarze und goldene Linzer Hauben getragen wurden[233]. Auch in Krumau waren solche gebräuchlich.

„An Bauernschmuck waren auch im Böhmerwald die großen und mehrreihigen silbernen Halsketten mit den in Filigran gearbeiteten Schließen und kurzen Anhängern beim Weibervolke zur Sonntagstracht gebräuchlich . . . Auch war der Pettlschmuck[89, 234] in der Form von Halsketten beim weiblichen Volke beliebt. In der Umgebung von Mugrau hießen die größeren Glaskorallen ‚Krollna', die kleineren ‚Krolleina' . . . Zehn Korallen kosteten [um 1890] einen Kreuzer. Unter den verschiedenfarbigen Perlen – aus Bergreichenstein sind mir namentlich schöne lichtblaue zu Gesicht gekommen – hatten die goldgelben den größten Wert[232]."

Verglichen mit den im allgemeinen schlichten Trachten der Bewohner im Bayerischen und Böhmerwald erscheint die reiche Miederstickerei der Frauen und Mädchen im nordwestlichsten Zipfel des Waldes fast fremdartig (Abb. 25). Doch erinnern wir uns, daß die nordgauisch vermischten Böhmerwäldler durch ihre kunstfertige Handarbeit auch in der Fremde auffielen[26, 235].

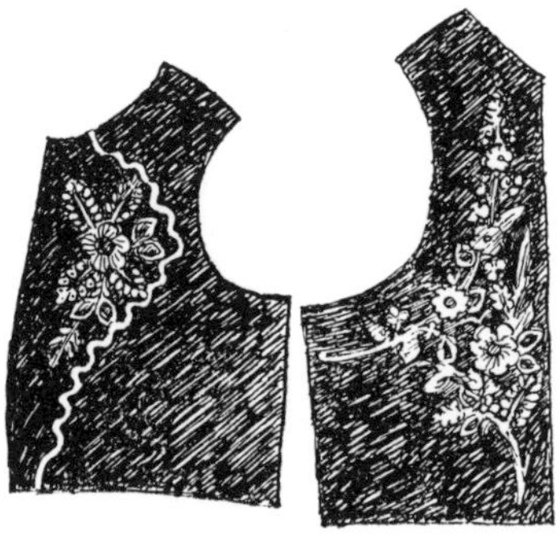

Abb. 25. Ein halbes Vorderteil und ein halber Rücken von einem Leibl aus Fuchsberg bei Rothenbaum, Gegend von Neuern, Bö, 1915. Schwarzer Samt, bunte Plattstickerei, mit einer Wellenlinie aus weißem schmalem Band benäht. (Blau, H. u. V. II., Abb. 37.)

Über die Haartracht der „Prangerinnen"[147] berichtet uns wieder Josef Blau: „In Andreasberg, Mugrau und Höritz sind, wie überhaupt in vielen Orten des südlichen Böhmerwaldes, geschickte ärmere Mädchen, die Bräuten und Leichenträgerinnen den Haarschmuck flechten . . . Die Haare werden mit Zuckerwasser oder Bier eingefeuchtet, ›eingschmiert‹, hierauf gestrählt und geflochten. Dieses geschieht auf mehrfache Weise. Da gibt es Rosmarinzöpfe, die nach Art von Rosmarin-Zweigen aufliegen, gedrehte Zöpfe, Schoarln (Scheitel) über den Ohren, den Kakadu, sechs- und achtstränglete Zöpfe. In die Haare werden ›glousate Nodln‹ (glänzende Nadeln) und Schmetterlinge aus bunten Steinen gesteckt und nun kann das Haarwunder vom Weibervolk angestaunt werden."
Pranger und Prangerinnen hießen auch die schwarzgekleideten Burschen, bzw. weißgekleideten Mädchen, die den Sarg eines Junggesellen bzw. einer Jungfrau trugen, mit breiten Schärpen quer über Brust und Seite[237]. Die Prangerinnen der Prozession hatten Jungfernkränze aus künstlichen Blumen im Haar; auch ihre Kleider waren mit Blumen und Bändern geschmückt. Ebenso schmückte man die weißen Kleider der Erstkommunikantinnen mit roten oder blauen Taillenbändern, und außer den Kränzen hatten sie gleichfarbige „Maschala" im Haar[238]. Wie im Bayerischen Wald, trachtet jeder, zu Ostern wenigstens *ein* neues Kleidungsstück anzulegen[239].
Die aus Seide oder seidenähnlichem Stoff angefertigten Schärpen der Burschen waren mit weißen Spitzen besetzt. Beim „Ploitn" (zu Grabe begleiten) trugen die Weiber schwarze Kopftücher, Tuchjacken und ebensolche bauschige Röcke aus Seide oder sonstigem Stoff; die Männer dunkle, doch nur selten ganz schwarze Kleider.

Böhmerwälder Hochzeitstrachten

In den Niederschriften Georg Blaus von Neuern, aus den 40er Jahren des 19. Jahrhunderts finden wir als Abzeichen des Bräutigams das kleine Kränzlein mit Seidenmasche, wie es auch aus dem Bayerischen Wald überliefert und (ohne Bandschmuck) beim Kötztinger Pfingstritt als „Tugendkränzlein" des Hochzeiters noch gebräuchlich ist. In Neuern steckte außerdem noch ein langer Rosmarinzweig daran. Ein anderer lag um den Hut geschlungen. Reicher war nach J. Ranks Bericht der Bräutigamsschmuck im Unterland: „Der Bräutigam war durch einen Rosmarinstrauß am Hute erkennbar, wodurch dieser mit vielen frischen Zweigen ringsum verhüllt wurde und die hundertfachen Flitter und Gegenstände am Strauß (wie Fluggold, silberner Zitterdraht, kleine weiße Täub-

chen mit vergoldeten Herzlein im Schnabel, Kunstblumen u. dgl.) brachte einen angenehmen heiteren Effekt hervor. Da wo der unterste Stamm des Rosmarinstraußes befestigt war (nämlich über der Stirn des Bräutigams), prangte eine aus dunkelrotem Seidenband künstlich geformte Pfingstrose, dort Böbl genannt . . . Außer dem Hutstrauß hatte er noch einen kleinen Rosmarinzweig am rechten Rockärmel befestigt. Ein schweres hell karminrotes Seidenhalstuch, wohl anschließend und vorn zu einer buschigen Masche gebunden, ober der die zwei blendend weißen Hemdkrägen heraus- und herabgeschlagen waren. Zum Unterschied von den ledigen Burschen war auch seine rotseidene Weste bis an den Hals mit einer Reihe stark versilberter Zwanzigerknöpfe sittsam geschlossen. Die hirschlederne Hose von frischer Schwärze, deren Nähte durch einen schnurähnlichen Streifen Weißleder hervorgehoben wurden, schloß wohl unterm Knie, die weißen Strümpfe fest aufrechthaltend. Sein Tuchrock lag besser als gewöhnlich und übertraf die aller Gäste an Qualität."
Noch 1915 waren hier die Sträuße auffallend reich[240]: „In der Krumauer Gegend wird der Anfertigung besonders großer Brust- und Hutsträuße außergewöhnliche Sorgfalt zugewendet und jede Straußart nach der Person, welcher sie zugedacht ist, nach besonderer Vorschrift ausgeführt. Die Arbeit des Sträußelbindens fällt den Kranzljungfern zu und nur den Strauß- und Hutschmuck des Bräutigams bindet die Braut allein. Dieser besteht aus künstlichen Blumen und zwölf breiten seidenen Bändern („Schnürln"), von denen das Unterste 1½ Ellen, das zweite $^{5}/_{4}$, jedes folgende aber etwas kürzer sein muß. Beim Schmücken und Aufsetzen des Bräutigamshutes ordnet die Braut die Bänder am Hute derart an, daß sie nach allen Seiten über den Hutrand herabhängen. Der Hutschmuck des Brautweisers besteht außer einem um den Hut gewundenen Kranze aus Kunstblumen noch aus sechs verschiedenen färbigen Bändern, welche ihm die vom Bräutigam geladenen Kranzljungfern schon vor dem Einladen spenden; einen zweiten u. zw. von den durch die Braut geladenen Kranzljungfern gespendeten, erhält er am Hochzeitstage selbst. Die „Prangerinnenweiser" erhalten einen Hutblumenschmuck mit vier „Schnürln", die Musikanten mit zwei und die sonstigen Gäste mit einem Schnürl. Der Pfarrer und der Regens Chori bekommen einen langen Rosmarinzweig mit weißer Seidenmasche und langem Bande.
In Christianberg, Bez. Kalsching, waren die Hüte des Bräutigams und des Brautführers derart mit Sträußen und Bändern verziert, daß von ihnen kaum etwas sichtbar blieb. Die übrigen ledigen Männer trugen große, die Verheirateten kleinere Sträußchen am Hute.
Dagegen waren die Besonderheiten der Hochzeitstracht in Glöckelberg bei Krumau schon vor dem ersten Weltkrieg im Vergehen[244].
Im Künischen beschränkte sich der Bräutigamsschmuck auf einen großen Blumenstrauß an der Brust, von dem rote, in Seewiesen weiße, Bänder herabhingen, und einen kleineren Hutstrauß[241]. Die Eisensteiner Hochzeitsgewänder bestanden bei Männern aus einem breitkrempigen grünen Hute, langer Weste mit ein oder zwei Reihen silberner Knöpfe, blauem Tuch- oder Samtrocke, kurzer Lederhose, weißen Strümpfen und Schnallenschuhen. Der Hochzeitbitter („Houzatlodr") trug einen Rosmarinzweig auf dem Hute, einen langen schwarzen Rock mit rotseidener Brustschleife und einen Gehstock mit rotem Bandschmuck[242]. Der Ehrenvater, der Brautführer und die Kranzljungfrau trugen je eine Zitrone mit einem Rosmarinzweige in der Hand[63], die übrigen Hochzeitsgäste erhielten nur ein Rosmarinzweiglein, und zwar die Männer an den Hut gesteckt, die Weiber und Mädchen an die Brust geheftet[243].
Fast ganz in Vergessenheit waren schon um die Mitte des 19. Jh. die Brautkronen des Böhmerwaldes geraten. Selbst die aufschlußreichen Niederschriften Georg Blaus[165] vermerken nur „das in der vorigen Zeit in Gebrauch gehabte Brautbändel"[143], dessen Verzierung nicht mehr bekannt war. Im Österreichischen Museum für Volkskunde, Wien, befinden sich zwei Brautkronen aus dem Böhmerwald, T. 18, a. Verglichen mit dem Stück aus dem Bayerischen Wald erkennen wir an ihnen den

architektonischen Aufbau – zylindrischer Körper, zwei ausladende Verzierungszonen – deutlicher. Die Beschreibung, die J. Rank 1851 gab[245], erinnert an die „Kranln" der Jungfrauen im Bayerischen Wald und leitet zu den einfacheren Kränzen (T. 11 M l, T. 14) über: „An der Braut fiel wohl besonders der Kopfputz auf. Die Haare waren von allen Seiten auf den Wirbel gekämmt, dort zu einem Nest gewunden, dessen ganze äußere Fläche mit kleinen Maschen rosafarbener Seidenbänder und dazwischen befestigten Rosmarinzweigen bedeckt war. Rings um das Haargeflechte und dessen Verzierung wand sich ein Blumenkranz aus Kunstblumen, woraus sechs silberglänzende Getreideähren in gleicher Entfernung von einem Ohr zum anderen über das Haupt herüber hervorstanden. Das Haar war leicht gepudert . . . Gleich ihrem werdenden Gemahl trug sie ein rotseidenes Halstuch, nur sehr locker geschlungen und doppelt grün verbrämt. Über das rosenfarbene Mieder hatte sie noch eine schwarzseiden Jacke, die knapp anschließend, bis zu den Hüften hinabreichte und um die Brust wenig ausgeschnitten und garniert war. Der Rock und das Vortuch, ebenfalls von schwarzer Seide, reichten bis an die Knöchel hinab. Ein rotseidenes Band hielt das Vortuch, und rückwärts hingen die Maschen und die Enden des Bandes hinab. Sonst [früher], und noch jetzt an manchen Orten, trug die Braut einen dunkelbraunen oder hellroten Rock, der wenig über die mittlere Wade hinabreichte. Die Jacke, gewöhnlich aus Tuch, ging kaum über die Hälfte des Rückens hinab. Am Kopfputz fehlte sonst [damals] der Kranz[246]. – Die Art des Kopfputzes teilte, nur vereinfachter, mit der Braut die sog. Brautmaschl (Schwester des Bräutigams) oder Kranzeljungfer, die nebst der Brautmutter (Taufpatin der Braut) zu den höchst bewürdeten Frauenspersonen gehörte."

Später trugen die Bräute im Böhmerwald bürgerliche Goldhauben, nach dem Vorbild der Städterinnen und anderer wohlhabender Frauen des Waldes (Abb. 14, a)[231]. Schramek berichtet aus Eisenstein, daß dort Bräute, die schon geboren hatten, oder Witwen seidene Kopftücher zur Hochzeit trugen. Reiche Bräute trugen zu ihren seidenen Kleidern goldene Halsketten. Ärmere hatten Kleider aus „Karton" (Kattun). In Seewiesen vertauschten die Weiber nach dem Brauttanz ihre Sonntagskleider mit Waschkleidern. An der Brust trugen sie Rosmarin- oder Myrtenzweiglein. Dort war das Abzeichen der Braut ein Kranz. Ebenso in Christianberg, Bez. Kalsching, und in Glöckelberg, Bez. Krumau[244].

„Des ois (alles) is okemma (abgekommen) nach'n Windriß (1873), da is d' guat' Zeit a(n)ganga, da ham d'Leut 's alte Zeig wegg'ramt", sagte der 88jährige Baier-Schneider in Obermoldau.

Hoffentlich hat er die böse Zeit nicht mehr miterleben müssen, als die uralte Prophezeiung des „Mühlhiasl" Wahrheit wurde:

„Künisch wird öd und leer, ohne Krieg und ohne Sterb'."

Abbildungstafeln

Tafel 1.

Erste zusammenhängende Reihe gesicherter Belege

Oben links der als reitender Fuhrmann dargestellte Bürger und Glashändler Blasius Keitzl „in der Grafenau". VT von 1607, Museum für deutsche Volkskunde, Berlin (Abb. Konrad Hahm, Deutsche Volkskunst, Berlin 1928, T. 111). Das althergebrachte Wams mit Achselwülsten und Gürtel entwickelt sich zum Rock. (Sporen und Steigbügel ergänzt.) – Rechts: Churfürstlicher Gerichtsschreiber zu Hengersberg (D), VT in Niederaltaich. Der Rock glockenförmig in der Art der Reiterkoller. Statt der Halskrause ein „Überschlag", flacher Kragen, das Degengehäng über der rechten Schulter. (Hut und Sporen ergänzt.) – Grabstein des edlen Jünglings Christoph Friederich von Eyb zu Hohenwarth (K), 1598, Runding, Pfarrkirche. Altes Wams mit gefältelten Schößen. Kleine Verstärkung der Achselnaht. Gürtel, enge Hosen und Stiefel. Spanischer, leicht konischer Zylinderhut. – Rechts: Steinernes Stifterbild des ehrbaren Georg Wanninger von Stallwang (B), 1601. Älterer Trachtenstil mit steifen Halskrausen, die Männer mit offen getragenem kurzschößigem Wams, darunter ein geschlossenes mit Gürtel. Frau und Tochter in sehr kurzschößiger Schneppentaille, die erstere im altertümlichen eng gefältelten Mantel, Bundhaube mit Gebände zum Kinn, darüber Mütze mit Pelzrand, der der Haube hinten unten Raum läßt[247].

Untere Reihe: Die beiden Männer links und die drei Frauen rechts nach dem sogenannten Pestbild um 1600, Bergreichenstein (Bö), ehemals im Museum. Die drei Männer und die Frau im Flachhut in der Mitte nach einem bürgerlichen Epitaph von 1611, ebd. Die Frau im Gebände (haubenartiges Kopftuch) vom Epitaph des Bürgermeisters Samuel Kern von 1632, Prachatitz (Bö), Stadtpfarrkirche. – Die Trachten zeigen den Übergang von der starren Krause mit stehender Fältelung zu doppelter und einfacher mit flachliegenden Windungen und endlich zum ungefältelten Kragen. Die Männer noch im kurzschößigen spanischen Wams, links mit großen Achselklappen. Der jüngere Mann mit roten Strümpfen in der älteren Form der rund ausgestopften Hosen, die *über* dem Knie zusammengezogen sind. Der Knabe in spätmittelalterlicher Schaube, deren gleichsam frackartiger Zuschnitt mit Bortenverschluß an ungarische Vorbilder denken läßt*. Die Ärmel, durch deren Schlitze an der Ellenbeuge man die Arme stecken konnte, kamen damals in allen europäischen Bürger- und Adelstrachten vor. Sie und das Mäntelchen der jüngeren Tochter sind hier von giftgrüner Farbe. Die Mieder sind kurz und zeigen nach Art der „Gänsebrüste" vorgebogene Schneppen. An den Töchtern und der älteren Frau ohne Hut erkennt man über dem oberen Miederrand einen Goller. Die Frau mit dem Flachhut trägt unter diesem und dem Gebände eine Haube mit nach hinten zurückgeklapptem Rand (vgl. T. 2, mittlere und obere Reihe). Der Kopfschmuck der Mädchen läßt es fraglich erscheinen, ob es sich um einen dünnen Zopfkranz oder um ein gewundenes Band handelt. (Fußbekleidung der Frauen und des Knaben ergänzt.)

* Eine solche Beeinflussung wäre angesichts der engen Beziehungen Böhmens zu Ungarn im 16. Jh. wohl möglich.

OZ

Tafel 2.

Von der spanisch beeinflußten zur waldlerischen Tracht

Obere Reihe, von links: Frau vom Mooshof (V), VT in Schönau, 1668. Typische Tracht des 17. Jahrhunderts, hier in der trommelförmigen Mütze mit vorderem und hinterem Pelzbräm. – Bürgerliches Bierbrauerpaar aus Ruhmannsfelden (V), VT auf dem Geiersberg, 1654. Die Haube dieser und der beiden Frauen in der mittleren Reihe mit zurückgeschlagenem Spitzenrand über der schwarzen Schneppenhaube und der zylindrischen Verlängerung nach hinten ist kennzeichnend für den Oberen Wald. Die Frau trägt links an einer Kette ihr Eßbesteck. – Amtmann von Schönberg (G), VT auf dem Geiersberg, 1658. Altertümliche Kollerform des Rockes mit dachartigem Achselschnitt. Aparte Verwendung schwarzer Zutaten zu hellerem Gesamtton der Kleidung. (Hut ergänzt.)

Mittlere Reihe, von links: Erzbischöfliches Bräuerpaar aus Rathsmannsdorf (Vh), VT in Sammerei, Vh, 1656. Durch die vorn geschlitzten Ärmel, die die weiten Hemdärmel sehen lassen, modisch wirkende Tracht. Dazu tragen auch die roten Strümpfe und der rote Sohlen- und Absatzrand bei. Der bürgerliche Stand verrät sich in der hoch geschlossenen Jacke der Frau im Gegensatz zu den weit ausgeschnittenen „Leibstücken" der Modedamen. – Vor ihr: Müllerstochter aus Viechtach, VT auf dem Geiersberg, 1645. Hell durchflochtene Haare. An ihren Gürtelketten scheint ein Amulett zu hängen. – Bäckersfamilie aus Runding (C), VT auf dem Haidstein, 1675. Die Farbigkeit der Männertracht und der eigenartige Rock des Knaben fällt auf. Die breiten Schöße der Frauenjacke reichen vorn über die Schürze. Über dem Kragen bemerken wir hier zum erstenmal den Halsflor. Das Kleinkind trägt eine skapulierartige Schürze. – Sechsjährige Kupferschmiedstocher aus Regen, VT auf dem Geiersberg, 1653. Auf dem schwarzen Käppchen vier silberne Ziernadeln. – Churfürstlicher Hofküfer aus Linden (V), VT in St. Hermann, 1657. Altartige Bürgertracht mit kurzem gegürtetem Wams und Mantel. – Auffallend sind in diesem Trachtenstil die schmalen Schürzen der Frauen.

Untere Reihe, nach den Aquarellen in den Matrikelbüchern von Neukirchen bei Haggn (B), 1655. Links zwei Gestalten aus der Sterbematrikel, die Frau in Mäntelchen und Gebände mit herabhängender Rise unter dem ortsüblichen Flachhut, zur Trauertracht. Die übrige Szene Nachzeichnung nach dem Titelbild der Taufmatrikel. Der kleine Umlegkragen des Priesters ist Eigenart der bayerischen Kleriker der Barockzeit. Sein weißer Habit kennzeichnet ihn als Windberger Prämonstratenser. Die Trachten überraschen durch ihre Farbigkeit, die in den strengeren Wallfahrtstrachten der Votivtafeln nur selten überliefert ist. Der alte Bauernrock mit breit gefälteltem Schoß und die oben weiten Stiefel sind immer noch im Gebrauch. Sehr auffallend ist die reiche Verzierung des Männerhutes rechts. Die für die Gegend kennzeichnenden Frauenhüte werden mit und ohne Gebände getragen. Die dritte Frau von rechts in der Kegelstumpfmütze des Gäubodens.

OZ

Tafel 3.

Trachten des Oberen und Mittleren Waldes um die Wende des 17. Jahrhunderts

Obere Reihe: Kennzeichnende Trachten auf zahlreichen Tafeln in St. Hermann (R) und Greising (D). Die beiden linken Figuren und die mittlere Figur alle von 1692, rechts Familie aus Miezing (D), 1695. Betont schlichte Männertracht mit runden leicht gekrausten Kragen. Um so auffallender die übergroßen Hüte und die in der Kirchgangstracht fast regelmäßig vorkommenden spanischen Mäntelchen der Frauen. Die Jungfrauen sind von jetzt an zumeist durch Perlschnüre oder Bandschleifen um den Haarknoten ausgezeichnet.

Mittlere Reihe: andersartige Kopfbedeckungen der Frauen, von links: Müllersfamilie von Böbrach (V), VT in Weißenberg, B, 1694. Schmucker Schnitt der Männertracht, die Frau mit pelzbesetzter Ohrenhaube, der Pelzbräm ähnlich dem bürgerlichen Bägel. Frau und Kinder konservativ mit sehr großer Mühlsteinkrause, der Knabe in den althergebrachten naturfarbigen gelben Lederhosen. – Ehepaar aus Neukirchen bei hl. Blut (K), VT in Rittsteig, 1695. Altväterischer Umriß bei farbiger Auflockerung. – Rechts, von der Gäubodentracht beeinflußte Formen in Arbing (D), VT in Greising, 1702. Die Frau in der typischen Kegelstumpfmütze und altertümlichem Gebände über der weißen Bundhaube, die kleine Tochter in buntem zylindrischem Jungfrauenschapel und rot durchflochtenen Zöpfen, der Knabe im roten Kamisol. Mann und Kinder im sehr breiten flachen Kragen (vgl. Zaborsky, G, Abb. 16, 17).

Untere Reihe, von links: Familie des Bauern Seill (Seidl?) aus Flecken bei Neuern (Bö), VT in Rittsteig, 1700, typische Tracht jenes Zeitraums beiderseits der Grenze. Neuzeitlich daran sind das noch unförmig große Halstuch, die durch Öffnung des Rockes und Zurückschlagen seiner Ärmel bewirkte Sichtbarmachung des roten Kamisols und des Steges am Hosenträger, sowie die zahlreichen Knöpfe. In der Frauentracht steht die Aufhellung und Farbigkeit im Gegensatz zu dem zeremoniösen Spitzhut und zum Kragenmäntelchen, dessen vordere Platten durch ihre extremen Spitzen am oberen Rand auffallen. – Links darüber, Jungfrau aus Rittsteig (Kö), VT ebd., um 1700, strenge Tracht mit wulstförmigem Halstuch. Die Kopfzierde besteht hier aus zwei dünnen gedrehten Schnüren. – Rechts unten: Familie des Bauern Gotz vom Götzelhof (K), VT ebd., 1695, betont konservative Tracht in strengen Farben.

DZ

Tafel 4.

Zwei Trachtenspiegel nach Legendentafeln vom Anfang des 18. Jahrhunderts

Obere Gruppe aus der 1704 erbauten Brünnlkapelle in St. Oswald (G). Von links: Waldbauernpaar, der Mann in mittellangem Schoßrock und Stiefeln, der V-förmige Mittelteil des Hosenträgers in der Öffnung des Rockes sichtbar. Die Frau in der Ohrenmütze mit Pelzbräm über der Bundhaube. – Vorn Honoratiorenpaar, etwa „Glasherren" (Glashüttenbesitzer), reiche Bräuer oder auch mittlere Verwaltungsbeamte in modisch beeinflußter Kleidung, was sich besonders im Farbklang Himmelblau mit Rot und Weiß der Frauentracht bemerkbar macht. Die Jackenschöße und Jackenärmel sind verkürzt, diese aber noch nicht umgeschlagen. Volle Ausbildung der Rokokohaube mit Tüllrand. Das über der Jacke getragene Schultertuch ist vor der Brust gekreuzt und hinten verknotet, eine Tragweise, die noch hundert Jahre später in der Tracht der Prangerinnen (Prozessionsjungfrauen) vorkommt. Der Mann im weitschößigen Tressenrock und Dreispitz. Auffallend sind das ganz einfache weiße Halstüchlein und die noch verhältnismäßig rundlichen Hosen. – Darüber arme Leute, dem Anschein nach in geschenkten Resten älterer Tracht. Die Frau im Kopftuch, das am Rand kranzförmig zusammengewunden scheint, kurzer roter Jacke, in deren Öffnung das Geschnür über einem braunen Brustfleck (?) sichtbar ist. Der Mann in halboffener Jacke, die mit Riegeln aus demselben Stoff zusammengehalten wird, offenem Hemd, – rechts darunter ärmerer Bauer, Häusler oder Knecht mit kleinerem Hut und geschlossen getragenem Bauernrock, – darüber Bote in altertümlichem gegürtetem Schoßwams mit gelegten Falten, gelbbraunen (ledernen ?) Hosen und Strümpfen und sehr kleinem (barettartigem ?) Hut. – Ganz rechts wohlhabendes Bauernpaar, das wohl aus dem Nordteil des Lkr. Vilshofen stammt (hellblaugrauer Männerrock mit Faltenschößen, roter Brustfleck, ähnlich der Gäubodentracht. Das Gelb in der Frauenkleidung wird, wenngleich viel später, von Hazzi nur von dieser Gegend vermerkt).

Untere Gruppe (links drei Ergänzungsfiguren). Von links: Mann in höherer Stellung, 1680 (VT auf dem Geiersberg, D). Knopfreihen als Zierelement der bis auf die Schleifenverzierungen schlichten Kleidung. Degen, großer Hut mit hell gerandetem Band. – Bürgerkind, wohl aus Deggendorf, 1681 (VT wie vorstehend), in schwarzem, weißgarniertem Mieder und rotem Latz mit weißem Geschnür. Rote Perlen am Boden der Visierhaube. – Herr nach der Mode, 1720 (VT wie vorstehend). Die zarten Farben des Rokoko haben auch von der Männertracht Besitz ergriffen – als Akzent dagegen die roten Hosen. Lockenfrisur oder Perücke, schlichte weiße Krawatte, Dreispitz. – Weiter drei Frauen von der Anrufung des hl. Godehard, 1715, Gemälde in Niederaltaich (D). Modedame in der Fontange*, weitem Halsausschnitt, konkav gesteiften Vorderkanten des Oberkleides (Manteau), das hinten zum „Schlender" gerafft ist. An Stelle eines durch Volants usw. verzierten Unterkleids der großen Mode begnügt sie sich mit einer entsprechend ausgestatteten Schürze über der unverzierten Jupe (Unterkleid). Die Aufschläge der Flossenärmel sind angeknöpft, was sonst nur in der Männerkleidung vorkommt. – Reiche Bürgerin in der Visierhaube, großem Bägel mit silbernem Böndel, Beibehaltung des alten Trachtenstils unter Zugeständnissen an den neuen (großer Halsausschnitt mit Pelzverbrämung), Bäuerin (zwei gleiche Figuren auf dem Gemälde) mit deutlich gemaltem, geteiltem Pelzbräm um die (unsichtbare) Mütze über der Bundhaube. Im übrigen bekannte Formen der Waldtracht. – Rechts statt einer auf der Vorlage nur als Büste erkennbaren Kleinbürgerin: verwitwete Schreinerin und Bürgerin aus Viechtach, 1700. Alter Kleidungsstil mit Bägel, als Neuerung der kleine Halsflor über dem Überschlag (Kragen).

* Kopfputz, benannt nach einer der Favoritinnen Ludwigs XIV., in ganz Europa von 1679 bis 1714 in Mode (Köhler V, S. 231 u. VI, S. 145).

DZ

Tafel 5.

Wallfahrer in St. Hermann bei Bischofsmais (R), 1710 bis 1747

Rechts oben Schmiedeehepaar aus March (R), 1713. Die Frau in der Volkstracht, der Mann als Handwerker in Schoßrock und Kamisol mit Knöpfen. Dazu trägt er eine weite gelbbraune Lederhose. – Darunter Müller von Regen, VT in Greising (D), 1712, als wohlhabender Mann völlig bürgerlich gekleidet, aber in den herkömmlichen hellen Farben seines Handwerks. – Links darunter Mädchen aus Rechertsried (V), 1730, beim „Hirmonhopsen". (Sie hebt eine aus schwerem Holz geschnitzte Figur des Volksheiligen Hermann auf und schaut, ob er mit seinem beweglich eingesetzten Kopf „gnaunkt", nickt, was sie als Zeichen für ihre baldige Verheiratung ansieht.) Auffälligerweise tragen die Mädchen dieser ganzen Trachtenfamilie zwischen Rinchnach, der Rusel und Ruhmannsfelden keine Jungfrauenabzeichen. – Rechts unten Kind von einer VT in Weißenberg (B), 1747. Wie auf T. 3, M r, ist auch hier die Nähe des reichen Gäubodens erkennbar. Auffallend die rote Stickerei an den Öffnungen und an den Achseln des Hemdes sowie das oben gezackte Jungfernkrönlein. – Links oben Wirtin aus Bischofsmais (R), 1717. Kleinbürgerliche Tracht, vgl. T. 4, r u. Hier der Halsflor statt des Überschlags (Kragen). – Davor Familie aus Böhaming (D), 1713. Der eigenartige Strohhut der Frau ist verkehrt schlüsselförmig ohne eigentlichen Gupf. – Über den Kindern Bauernpaar aus Unterried (V), um 1725[248]. – Kleinere, etwas geschweifte Form des Hutgupfes der Frau. Der Mann trägt unter dem grauen, heller gefütterten Rock einen Brustfleck mit weiß eingefaßtem Oberrand. – Links unten Ehepaar mit Knaben aus Egg (D), VT in Greising, 1719[249]. – Die Frau in der schwarzen zylindrischen Mütze mit eigenartig geschwungenem bägelartigem Pelzbräm über der weißen Bundhaube. Auffallend ist der V-förmige Hosenträger ohne senkrechte Seitenriemen. – Über dem Knaben, Mutter und Tochter aus Habischried (R), 1725. Die Mutter im Spitzhut, die Tochter in der Ohrenhaube mit vorderem und hinterem Pelzbräm (beide auf derselben VT.)

Alle nicht anders bezeichneten VT befinden sich in St. Hermann.

OZ

Tafel 6.

Das Rokoko erobert die Volkstracht. Belege zwischen 1743 und 1767

Unten die Familie eines „Glasherren" in Frauenau (R), VT in St. Hermann, 1743. Maßvolle Übernahme der Zeitmode. Die Männer in hellfarbigen knopfreichen Röcken mit dazu passendem Kamisol. Der älteste Sohn trägt überdies noch einen Kragenmantel. Die Frauen in Rüschenhauben und Krinolinen, die Ärmel dreiviertellang, noch ohne Aufschlag, aber mit Spitzenmanschetten. Die Farbskala Hellblau, Rot und Weiß ist durch Gelb erweitert. (Farbige Umstellung bei einer Tochter.) – Über der Frau eine Vertreterin der bürgerlichen Rokokomode, VT auf dem Geiersberg (D), 1739. Man erkennt die typischen, nur bis zur Ellenbeuge reichenden „Flossenärmel" mit Aufschlag an der weiten Öffnung und lang herunterhängenden Spitzenmanschetten. Die Taille ohne Schöße ist zu stark konkaver Schneppenform gesteift. Darunter zeigt sich das rote Mieder mit goldenem Geschnür. Vom goldbenähten Latz sieht man kaum mehr als den Oberrand, weil ein mit Goldverzierungen besäumtes Schultertuch mit den Zipfeln unter das Geschnür gesteckt ist. Unter der schwungvoll gestalteten Florhaube mit Stirnschneppe und silber-goldenem Böndel und Ziernadel ist das Haar gepudert. – Rechts darüber vereinfachte Abwandlung des modischen Vorbildes an einer ländlichen Müllerin aus der Gemeinde Penzenried (D), VT in Weißenberg (B), 1758. Die Rüschen an der Florhaube sind ohne besonderen Reiz etwa kreisförmig angeordnet. Unter der Stirnschneppe Vorderrand der weißen Bundhaube. Halstuch noch geschlossen. – Mittlere Reihe, von links: Ehepaar aus Kleinbärnbach (R), VT in St. Hermann, 1745. Der Mann nun schon im offen getragenen Rock, der das fast ebenso lange rote Kamisol sehen läßt. Die Hosen sind noch weit und von rundlichem Umriß. An der Frauentracht hat sich die Jacke verändert. Die Schöße sind jetzt kurz und in Wellen „gerollt". Entsprechend dem größer gewordenen Halsausschnitt liegt das schwarze Flortuch in breiterer Fläche auf. – Mitte: Familie aus Obernaglbach (R), VT in St. Hermann, 1767. Die Männertracht ist durch die weiße Einfassung am Kamisol bereichert. Der Umfang der Rockschöße ist betont groß, wie auch die Frauenröcke dieser ganzen Gruppe nach der Krinolinenform hinneigen. Dagegen nähern sich die Männerhosen dem späteren engen Zuschnitt. Die Frauen haben den Spitzhut endgültig mit der Rokokohaube vertauscht und auch die Jackenform ist dem modischen Vorbild angenähert. Bedeutsam erscheint uns, daß in der Tragart des Halstuchs die bisherige rechteckige Faltung aufgegeben und an Stelle der Strangform durch diagonale Faltung die leichter und breiter aufliegende dreieckige Form des Schultertuchs eingeführt wurde. – Obere Reihe, rechts: Müllerin und Tochter, VT in Handlab (D), 1739. Hier ist ausnahmsweise die Tochter nach dem älteren Trachtenstil gekleidet (vorderer Taillenabschluß, Halstuch). Besonders hinzuweisen ist auf die Hauben, an denen die vordere und hintere Hälfte des Pelzbräms aneinandergeknüpft sind. Die Enden der Bindebänder sind als Zierformen behandelt. – Mitte: Paar aus Edenstetten (D), VT in Weißenberg (B), 1761. Die Nähe des Gäubodens macht sich in der schlichten Form des Männerrocks mit seinen grün ausgeschlagenen Vorderkanten bemerkbar. Aus dem Beleg ist nicht deutlich zu entnehmen, ob es sich bei dem darunter getragenen Kleidungsstück um ein vorn schließbares (Kamisol, Weste) oder einen vorn nicht geteilten Brustfleck handelt. Auch dieser war in der Tracht des Gäubodens lange im Gebrauch (vgl. Zaborsky, G., Abb. 39 von 1781). An der Frau ist die Übernahme des modischen Blau für die Farbe der Jacke, der unbedeckte Halsausschnitt und vor allem die Kopfbedeckung beachtenswert. Die rundlich geformte schwarze Mütze ist ringsrum von einem ungeteilten Pelzbräm eingefaßt, der seitlich die Ohren bedeckt, hinten aber für den Haarknoten und die ihn bedeckende Bundhaube Platz läßt. Über der Stirn, auf dem vorderen Rand dieser weißen Haube, sitzt das winzig kleine „Plätzchenbarett", das wir als verbreitetes Trachtenstück des Gäubodens zwischen 1682 und 1790 feststellen konnten. – Links: Frau von der Oberbreitenau (R), VT in St. Hermann, 1750. Auffallend ist die lange, konkav gesteifte Schneppe und der weite Ausschnitt, der allerdings mit einem Schultertuch bedeckt ist. Die Form der Pelzmütze entspricht der nebenstehenden. In der Wahl der Farben ist die Tracht altertümlich.

OZ

Tafel 7.

Geburt und Tod, Mitte und Ende des 18. Jahrhunderts

Es schien geboten, die archaisch großartige Monumentalität der Tafel von Rackling (We), 1755 (jetzt Sammlung Kriß), möglichst unverändert nachzuzeichnen. Auch die äußerst seltene Darstellung eines Gebärstuhls verdient festgehalten zu werden. Leider mußte wegen des beengten Raumes auf die Wiedergabe der Himmelserscheinung (rechts oben) verzichtet werden. Um neben der Haus- und Alltagskleidung auch Kirchentrachten aus dem Unteren Wald darzustellen, sind die beiden Figuren rechts von einer anderen VT in Rackling, 1765, hinzugefügt. – Die Hauptfigur links im bunt gestreiften, mit Knöpfen geschlosenen Leibl. Über den verschiedenfarbigen Leibeln tragen ihre Helferinnen schwarze und braune Mieder mit weißem oder schwarzem Geschnür. Schwarze knapp bemessene Schultertücher sind mit den Zipfeln hineingesteckt. Die weißen und schwarzen Hauben liegen eng an und haben einen ganz schmalen Spitzenrand. Bemerkenswert sind die orangefarbigen Strümpfe. Zur Kirchentracht ist der Tüllrand der Haube wesentlich breiter. Auf ihr sitzt ein schwarzer, mittelgroßer flacher Hut. Den weiten Ausschnitt der Schoßjacke bedeckt ein weißes Tuch. Die Mädchentracht ist farbiger, die Jacke sogar schon gemustert, mit weißer Haube ohne Hut. – Die dazugehörige Männertracht (mehrere VT in Rackling) entspricht der rechts dargestellten von 1780 aus Handlab (D). Jedoch sind, wie im Unteren Wald häufiger, Rock und Weste dunkelgrün und die Strümpfe blau. Die *weißen* Knöpfe sind an den Ärmeln zu viert längs angenäht. Gelbe Knöpfe, wie auf dem Beleg für unsere Darstellung, kommen im Wald nur sehr selten vor. – Untere Gruppe: Sterbeszene von einer VT in Handlab (D), 1794. Zur Haustracht ein geknöpftes Leibl mit kleinen Schößeln oder ein geschnürtes Mieder sowie ganz altartige Bundhauben. Die Farbgebung teils noch auf den altertümlichen Klang Braun, Schwarz und Weiß, teils schon auf die zarten Töne des Rokoko abgestimmt. Hier tritt schon die seltsame Verbindung von Himmelblau mit Grasgrün auf (vgl. T. 10). Die Pantoffeln zeigen eine rote Innensohle.

OZ

Tafel 8.

Roß und Reiter 1750 bis 1782. Modische Einflüsse auf die Frauentracht 1768 bis 1783

Obere Reihe: Die älteste Darstellung des Kötztinger Pfingstritts auf der alten Marktfahne, nach der Renovierung von 1782 (Kötzting, Rathaus). Blaue und braune Röcke in etwa gleicher Anzahl, dazu rote Westen. Der Pfingstbräutigam hinter dem Priester und zwei seiner Begleiter tragen hellfarbige (grünliche?) Westen, einer einen hellrosa Rock. – Einflüsse der Rokokomode auf die Bürgertracht.

Reiter unten, von links: Bürgerliche Reittracht um 1750 nach einer VT in Greising (D). Die Rockschöße sind in der Art der Vorform des englischen „Frock" beiderseits durch einen Knopf zusammengehalten (in Uniformen häufig). Graue Reitgamaschen über gelbbraunen Schuhen und schwarzen Hosen. Der Hut ist von modischen Einflüssen nicht berührt. – Reiter, nach einer VT in Greising, 1777. Brauner Rock und roter Brustfleck ohne Knöpfe, breit umgeschlagene Stiefel über blauen Strümpfen, großer Wetterhut. – Bauer mit seinem Roß, nach einer VT im Bachmeierholz (K), 1777. Hier ist der Hut auffallend klein, offenbar mit einer hellen Schnur umzogen. An Rock und Weste viele Knöpfe. Der Steg des grünen Hosenträgers wird als Zierelement sichtbar getragen. – Der Sattel nach einem Originalstück in Arnbruck (V). Die daran sichtbaren Teile aus Leder und Messing.

Frauen, von links: Müllerin aus Ratzing (B), 1783. Dunkle, starkfarbige Tracht, stark geschwungene, abstehende Jackenschöße. – Jungfrau nach einer VT vom Bachmeierholz (K), 1779. Reifenförmiges Kranl, auf dem grüne Bandschleifen angeordnet sind. Blauer Saum des Jackenausschnitts. – Frau von 1768, wohl aus Neukirchen b. hl. Blut (K), VT ebd., in modisch leicht veränderter traditioneller Bürgerinnentracht. Sehr lange spitze Schneppe an der Jacke, deren Schöße zu rot gefütterten Wellen „gerollt" sind und nach hinten spitz zulaufen (vgl. Abb. 12). Spätes Vorkommen des Pelzbägels an der schwarzen Schneppenhaube mit silberner Ziernadel. – Frau von einer VT in Schönferchen (C), 1773, in betont modischer Kleidung. Auffallend tiefer, unbedeckter Halsausschnitt, roter Miederstecker. Rüschenhaube mit kleiner Schneppe. – Frau von einer VT in Schönbuchen (K), 1777. Schmucke bürgerliche Ausprägung der Zeittracht mit schwarzsamtenen Armstützeln und durch Goldborten bereicherten Haube. Frühes Vorkommen der bunt geblümten Schürze.

OZ

Tafel 9.

Ausklang des Rokoko, Ende des 18. Jahrhunderts

Gibts denn was Schöners
Als an Bock und a Geign
Und a wunderschöns Deandl
Die Zeit zu vertreibn?

(Schnaderhüpfel aus der Neuerner Gegend)[250]

Obere Reihe, von links: Frau aus dem Lkrs. Bogen, 1793. Die Farbstellung Braun, Blau und Schwarz ist waldlerisch, die bienenkorbförmige Haubenform kennzeichnend für die ganze Gegend, bis in den Lkrs. Kötzting und Viechtach hinein (vgl. T. 11, 1 o). Der Reichtum der Tracht mit den andersfarbigen breiten Besätzen an der Jacke, dem sichtbar getragenen Miederstecker mit Goldrand, deutet auf die Nähe des Gäubodens. – Familie des Bauern vom Seitlhof bei Siegertsdorf (B), 1794. Auch das tanzende Paar gehört dazu. Der Rock des tanzenden Burschen von einer VT desselben Trachtenstils in Altnußberg, 1798 (V). Die Männerröcke haben wenig abstehende Schöße. Der des Bauern zeigt an Stelle oder auf den Taschen drei dunkle Borten. Auffallend ist der tiefe Sitz der Hose, die zwischen ihrem Oberrand und dem Brustfleck, bzw. der Weste ein Stück vom Hemd sehen läßt. Die Frauentracht wirkt durch den Gegensatz des strengen Schwarz zu dem großen roten Miederstecker mit blauer Perlverzierung und blauem Bindeband auffallend vornehm. Die Tracht der Töchter ist bei gleichen Stilelementen stark farbig. Rote Hauben, vorn mit einer Perlschnur, sind ihr Jungfernabzeichen. Die Rokokomode gebot die Kürzung der Hemdärmel bis zur Ellenbeuge. – Rechts oben: Mutter, Tochter und Sohn aus Höhenried (K), 1795. Recht altertümlicher Zuschnitt und Farben der Frauentracht. Nur die großen Ausschnitte sowie die Jackenschöße der Mutter sind zeitgemäß. Auch der Männerrock mit seinen umständlich geschnittenen Taschenklappen und den breiten angeknöpften Ärmelaufschlägen trägt alte Züge. Die Hosen sind noch ziemlich weit. – Links unten Mann von einer VT im Bachmeierholz (K), 1792. Der Zuschnitt der geschweiften Vorderkanten des Rocks, der ein Stück geschlossen getragen wird, entspricht etwa der Mode von 1740. Neu sind die hellblaue Farbe und die längs angebrachten Ärmelaufschläge. Rechts drei Burschen aus Waltersdorf (B), 1795. Die hell graublaue Rockfarbe deutet auf die Nähe des Gäuboden hin. – Der Stilwandel zum Klassizismus verrät sich vorerst nur durch die lang und glatt herunterhängenden Männerröcke.
Die Musikanten nach der Tracht des Sebastian Zisler aus Kubitzen, Bez. Taus (Bö), VT in Moosbach (Lkrs. Vohenstrauß), 1759. Kennzeichnend sind die gelben Lederhosen der böhmischen Musikanten, ungewohnt ihre weißen Halstücher. Im übrigen weicht ihre Tracht kaum von der der bayerischen Waldler ab.

Es sei gestattet, hier Fr. Schönwerth, I, S. 344, zu zitieren: Das Horn dient dem Hirten zum Blasen, dem Dudelsack als Pfeife. Dieses musikalische, von den Altvätern ererbte Werkzeuge kennt man jetzt gar nicht mehr; damit sind auch heimische Weisen und Tänze verschwunden. Die Bockpfeife (Dudelsack) verstößt so sehr gegen den guten Geschmack, daß ein ehemaliger Beamter oben im Böhmerwald alles, was in seinem Bezirk sich davon vorfand, polizeilich aufbringen und verwahren ließ.

OZ

Tafel 10.

Skizzen von Künstlern aus dem Anfang des 19. Jahrhunderts im Lkrs. Viechtach (genaue Nachzeichnungen)

Obere Reihe links, Braut oder weibliches Brautgefolge und Hochzeitslader (?), Aquarell von Max Joseph Wagenbauer (1775–1829), München, Graphische Sammlung. Bez.: „Landleute aus dem Bayerischen Walde in der Gegend von Viechtach." – Die Zuweisung zu den Hochzeitstrachten ist durch den Bericht Hazzis (S. 35) erklärt. Der als Brautschmuck bekannte Gürtel (vgl. Abb. 20) und die sonst in ländlichen Bevölkerungskreisen ungewohnten Kopftrachten sind bemerkenswert. Die schwarzen Tüllrüschen über der weißen Haube stellen eine Vereinfachung der bürgerlichen Florhaube (vgl. T. 6 M r, T. 17 M) dar. Im übrigen zeigt die Tracht verwandte Züge zur Frauentracht auf T. 9 M o. Blaue Strümpfe mit schnörkelhaften Zwickeln erwähnen Grueber und Müller noch 1851 (S. 52). Dem grün ausgeschlagenen braunen Männerrock sind wir auf T. 6 M o begegnet. Auffallend ist hier die eigentümlich „veilchenbraune" Grundfarbe. Das rosa Band am Stock des Mannes läßt die Vermutung zu, daß es sich um einen Hochzeitslader handelt, denn noch jetzt ist der bändergeschmückte Stock im Oberen Wald sein Abzeichen. Die langen Rosmarinwedel erwähnt Hazzi im Gericht Zwiesel. Die Kötztinger Pfingstreiter tragen sie noch jetzt (ersatzweise lange Lärchenzweige). Wohl erst gegen 1820 darf man die beiden nächsten Figuren ansetzen. Sie stammen aus Felix Joseph Lipovsky's „Sammlung Bayerischer National Costüme, München 1822, T. 38. Bez.: Ehrenmutter [Brautbeschützerin] und Bäuerin zum Tanze gehend in Gotteszell." Wir erkennen an der Ehrenmutter eine den links dargestellten sehr ähnliche Tüllgarnierung der hier rot gestickten Haube. Auch der zur Hochzeitstracht gehörige Gürtel mit roten Glassteinen ist den links abgebildeten und Abb. 20 verwandt. Die in zahlreichen Halbbogen nach oben gewölbten Falten des Jackenschoßes, der hinten zu einer kleinen Spitze ausläuft, kennzeichnen das Kleidungsstück als sogenannte Rollenjoppe (vgl. Abb. 12). Die Frau rechts trägt das haubenähnlich umgebundene Hauptentuch ähnlich wie im Gäuboden, jedoch ohne die dort übliche Stickerei. Auch der steife Miederstecker mit hornartig nach oben stehenden Spitzen beweist die Formverwandtschaft mit jener Gegend. – Untere Reihe: Links Skizze zu Lipovsky's Werk, bez.: „Gotteszell, Feiertagskleidung in die Kirche", Nürnberg, Germ. Nat.-Museum, Slg. Kling (hier seitenverkehrt wiedergegeben). Große Ähnlichkeit mit den oben gezeigten Trachten, jedoch ist das Hauptentuch durch seinen offenbar mit Draht schwungvoll gesteiften Tüllrand noch haubenähnlicher. Die vorn mit roten Bandschleifen geschlossene schwarze Atlasjacke mit rosa Besätzen verzichtet auf die Sichtbarmachung des barocken Zierelements, des Miedersteckers. – Zwei Paare nach Aquarellen von Wagenbauer, München, Graphische Sammlung, bez.: „Gegend von Viechtach". Mit den Zeichnungen der oberen Reihe links zusammengehörig. Heitere Farbigkeit. An diesen älteren Beispielen ist der Miederstecker noch sichtbar. Die Hauptentücher mit breitem Spitzenrand von auffallender Schlichtheit. Rechts Bursch in grüner, blau ausgeschlagener Joppe. – Dazwischen Staffagefigur aus Wagenbauers Aquarell „Überfahrt über den Regen bei Viechtach", München, Graph. Slg. Die Fährmannsfrau trägt ein bequemes westenartiges Leibl mit kleinen Schößen. Ihr Hauptentuch scheint auch unter dem Kinn gebunden zu sein. Auffallend sind an den Aquarellen Wagenbauers die etwas steifen senkrechten Linien und der hohe Taillenansatz, beides Einflüsse der Empiremode, die Kürze der Frauenröcke und die uns schon bekannte eigenartige Farbenzusammenstellung Hellblau mit Grasgrün. Die etwas jüngeren Darstellungen Lipovsky's zeigen biedermeierlich gerundetere Formen.

OZ

Tafel 11.

Letzte Blüte und beginnender Verfall im Oberen Wald, 1815 bis 1846

Obere Reihe, von links: Mutter und Tochter, VT aus dem Bachmeierholz (K), 1816. Wie an vielen Belegen dieses Zeitraums Vorliebe für gemusterte Stoffe, hier jedoch noch in der gedämpften Farbskala der Empiremode. Die losen Bandenden werden jetzt offenbar als besondere Zierelemente empfunden. Am Kranl des Mädchens ist man von der Architektonik der Zylinderform (rechts) zur Romantik des Kranzes übergegangen. Die Bienenkorbform des Haubenkörpers der Frau beobachteten wir schon auf T. 9 l o. – Bauer in modischer Kleidung, VT ebd., 1815. Erst jetzt wird die zweite Knopfreihe am Rock eingeführt. Ungewöhnliche Farben der Weste (Gilet mit unbetontem Verschluß) und des Halstuches. Großer Zylinderhut. Nur die Kniehosen erhalten der Tracht noch etwas vom alten Herkommen. – Junges Paar, VT Neurandsberg (B), 1816. Der Bursch mit betont langem, schlank geschnittenen Rock in der hellblauen Farbe des Gäubodens. (Hut ergänzt.) In der Kleidung des Mädchens Versuch einer Zusammenstellung gedämpfter und starker Farben, eines Kranls alten Stils, aber mit hängenden Bandenden, und dem von der Rokokohaube übernommenen schwarzen Tüllrand – Zeichen für das Unsicherwerden der Tracht. – Junges Paar vom alten Schlag, VT im Bachmeierholz (K), 1815, 1816. Auffallende Beharrlichkeit in den Formen und Farben.

Mittlere Reihe, von links: Jungfrau, VT Neukirchen b. hl. Bl. (K), 1825. Farbenreiche Kleidung. Letzter Glanz des Kranls mit allen seinen Zierelementen: Perlenschnur, rote Bandschleifen, aufgestecktes Grün. – Frau in farbig auffallend strenger Tracht, VT Neurandsberg (B), 1821. Das ursprünglich nur zum Zusammenziehen dienende Nackenband der Haube wird zum wesentlichen Zierstück. – Mutter und Sohn, VT Sicklasberg (B), 1832. Die Frauentracht in diesem Teil des Lkrs. Bogen mit ihren breiten farbigen Besätzen hat sich von der dem Rokoko nahestehenden Form (T. 9 l o) durch Ablegung des Miedersteckers und lange enge Ärmel am kurztailligen Spenser, wie dem Streifenmuster der Schürze, der Zeitmode angepaßt. Sehr bemerkenswert ist, daß der Tüllrand der Haube hier nicht mehr den bisherigen gefälligen Schwung hat, sondern in der Gegend des Unterkiefers etwa waagrecht aufhört, entsprechend dem Tüllrand der Hauptentücher des Gäubodens. Um sie sind auch ähnlich wie dort hellfarbige wehende Bänder geschlungen. Die Haube hat einen kleinen goldverzierten Boden. In der Bubentracht sind nun die kurzen Joppen eingeführt (vgl. T. 10 r u). Der Hut ist auffallend klein, mit Silberschmuck. – Das Mädchen im roten Bänderkranl, aber bloßfüßig, VT Altnußberg (V), 1834. Bunte Kleidung. – Frau, VT Sicklasberg (B), 1826. Ihre Tracht entspricht der links nebenstehenden, ist aber noch farbiger geworden. – Frau, VT Sackenried (V), 1833. Strengere Formen und Farben in ärmerer Gegend. Beleg für das Eindringen der Becherhaube. – Frau, VT Sicklasberg (B), 1824. Bienenkorbförmige Goldhaube. Starke Farbigkeit, verbunden mit der beginnenden Neigung, Jacke und Schürze in gleicher Farbe zu wählen. Silberne Halsketten.

Untere Reihe: Entwicklungsreihe nach den zahlreichen, auffallend einheitlichen VT auf dem Lamberg (C), innerhalb des kurzen Zeitraums von 1839 bis 1846. Von links: 1839, unscheinbar rundliche Rokokohaube mit betontem Bänderschmuck. – Um 1840. Die Haube bekommt durch Abspreizen des hinteren Tüllrandes einen aparten Umriß. Kleidung farbig, aber dumpfer. – 1844, Becherhaube zu strengfarbiger Tracht. – Familie, fünf Personen, 1843. Der Mann (und der hier nicht abgebildete zweite Sohn) im kennzeichnend rotbraunen Rock ohne modischen Einfluß, allerdings mit zwei Reihen Knöpfe. Die rote Weste mit hellgrauen Litzen quer benäht. Der Sohn in wenig kennzeichnendem dunkelblauem Rock mit roter Weste, beide zweireihig. Der kleine Knabe in rotem (ein anderer in blauem) Kleid. Die Haube der Mutter (vierte von links) zeigt eine etwas umständliche Verbindung der Bienenkorbform mit breitem geschwungenem Tüllrand. Die Jacke mit kurzem, gefälteltem Schößchen ähnelt im Zuschnitt den Belegen auf T. 10. Die Tochter in stark farbiger Kleidung mit nicht mehr konstruktiv gestaltetem Kranz. – Mann (Dritter von rechts), 1846, mit großem Zylinderhut und fast ganz verdunkelter Kleidung: Joppe, quer gestreifte Weste. – Frau, 1841, im althergebrachten weißen Hauptentuch mit schmalem Spitzenrand (vgl. T. 10). Jacke mit Schößchen. – Frau, 1845, das blutrote Kopftuch über den nach oben gerückten Haarknoten (oder einen Kamm) gebunden. Die nach oben gewölbte vordere Kante des Ausschnitts ist von der Münchener Tracht übernommen. Immer noch starke Farbigkeit.

OZ

Tafel 12.

Zersplitterung der Tracht, 1811 bis um 1850

Unten links: Nachzeichnung nach einer VT des sogenannten Meisters von Schacha (Kriß) in Handlab (D). Ihre Beschriftung lautet: Katharina Demerin hat sich anhero verlobt [die VT zu stiften gelobt] wegen den Starn in rechten Auge, ist aber durch die vorbitt Maria und beihilfe des Docktors, glücklich gestochen und wieder sehend geworden. Gott und Maria sei Dank gesagt, 1811. – Der Chirurgus in der Zeittracht mit Mütze, die Frauen in Haustracht. Früher Beleg für das Auftreten der Kopftücher, die durch den darunter befindlichen Haarknoten oder einen Kamm eine Aufwölbung zeigen. – Der Mann, VT in St. Hermann (R), 1812, in Arbeitstracht. Später Beleg für die weiß eingefaßte rote Weste (vgl. T. 6 M). Magd in Arbeitstracht, VT in Altnußberg (V), 1821, auch schon im bunten Kopftuch. – Frau und Tochter, VT in Handlab (D), um 1830. Die Frau in einfacher Kirchentracht mit einer Vorform der Passau-Linzer-Haube. Der auffallend kurz geschnittene Spenser und der Rock sind aus demselben Stoff. (Hinneigen zur Mode des einheitlichen Kleides.) Die Alltagstracht des Kindes noch ländlich mit kleiner Haube oder Kopftüchlein.
Mittlere Reihe, von links: Bauer aus Voigtschlag (G), 1823. Der grüne Rock ist nach dem gleichartigen des letzten Nagelschmieds von Grafenau, den er bis um 1870 trug, genauer gezeichnet (Grafenau, Slg. Link). Auch die Halbstiefel entsprechen den Originalstücken der Sammlung. – Frau, VT am Büchelberg (P), 1813. Der Stil ihrer Tracht verbindet Züge des Rokoko mit dem Biedermeier. – Ehepaar, VT Schönau (V), 1842, von Johann Reisbacher[251]. Ausgeprägte, etwas geschweifte Form des Männerhuts, der Rock mit damals schon veralteten Merkmalen der Empiremode, ohne Knöpfe. Die Frau in sehr weit ausgeschnittenem Spenser, mit zierlicher Becherhaube und herabhängenden Bändern. – Die Jungfrauen von einer verwandten Tafel in Schönau (V), 1843. Vorliebe für gemusterte Stoffe von aparter Farbigkeit. Versteifte Kranln von der in Originalstücken (T. 18) überlieferten Form.
Obere Reihe, von links: Ehepaar, VT Pilgramsberg (B), 1844. Der Mann im Biedermeierrock, am Leibl (Gilet) ist der Verzicht auf die traditionelle lebhafte Farbe bemerkenswert. An der völlig verdunkelten Tracht der Frau beschränkt sich die Farbe auf Schulter- und Halstuch. Die nach oben zugespitzte vordere Kante des Ausschnitts findet man auch an Originalstücken. Seltener bildlicher Beleg für die Sturzhaube (ähnlich einem Glassturz), auch durch ihre langen Bänder mit der Becherhaube verwandt. – Frau aus Poppenberg (D), um 1840. Becherhaube mit geschweiftem Tüllrand und kurzen Bändern. Die Kleidung hat sich schon beträchtlich von der Volkstracht entfernt (auf dem Beleg war die Schürze nicht sichtbar, auf dem nächsten der ganze Unterkörper). – Frau aus Seifertsreuth (G), 1843. Mit Posamenten garnierte Schößljacke, sogenannte Schweifhaube, Vorform der Passauer, noch ohne die hintere Aufbäumung des Tüllrandes. — Ehepaar, VT in Kirchberg bei Perlesreuth (Wo), um 1850. Beide in der Biedermeiertracht, mit Schinkenärmeln, die Frau in der Schweifhaube, der Mann mit den damals modischen umständlich M-förmig geschnittenen Revers und der langen Haartracht des Unteren Waldes.

OZ

Tafel 13.

Ausklang, 1832 bis um 1900

Obere Reihe, von links: Frau mit Wickelkind, VT auf dem Haidstein (K), 1832. Bürgerliches Kleid mit Riegelhaube. (Eine zweite von 1835, entsprechend, mit Halsketten.) – Zwei Waldlerinnen von der auch durch andere genaue Trachtenfiguren aus Niederbayern wertvollen unsign. Steinzeichnung von der Einweihung der Walhalla bei Donaustauf, am 18. 10. 1842 (Bogen, Museum). Trachtenstücke von einem aus Eismannsberg (K) stammenden, auf 1859 datierten Heiratsgut. (Allersdorf, V). Völlig bürgerliche Seidentracht mit Schinkenärmeln. Das Mieder (rechts) in Münchener Form aus demselben Stoff. Der Ausschnitt mit wattierten buntseidenen Leibln, seitlich auch mit Seidentüchern bedeckt. Nur die reich mit Goldborten benähte Haube mit Tüllrand und langen Bändern, die am Ende mit Goldfransen garniert sind (vgl. T. 17 u), gehört der Volkstracht an. – Links unten, Bauernfamilie aus Kaitersbach (V), Bildstock von etwa 1875 ebd. Der generationsbedingte Wechsel des Trachtenstils ist deutlich: Bei den Frauen von der Bänderhaube zum (anfangs noch braunen) Kopftuch, bei den Männern von der ledernen Kniehose zur langen Tuchhose.

Mittlere Reihe, rechts: Bauernfamilie, VT auf dem Pilgramsberg (B), 1867. Fast völlige Verdunkelung und Verstädterung der Tracht. Nur die Geldknöpfe, die farbige Weste und die Stiefel kennzeichnen den Mann als Bauern. Die Stiefel mit ornamentaler Fältelung (vgl. auch unten) hießen Zispenstiefel[69]. Die Frau und das im Gegensatz zu ihr sehr farbig gekleidete Kind tragen Kopftücher mit der um den Kopf strangartig gewundenen Bindung, vgl. Abb. 17.

Unten: Profilfigur, VT auf dem Kirchberg bei Perlesreut (Wo), 1905. Deutliche Betonung des Haarknotens unter dem Tuch. Wiederaufleben der Farbigkeit in der Kleidung. – Rechts unten: Bauernmagd aus Waldenreut (Wo), 1901. Die Tracht ist verwandt mit der nebenstehenden, das Mädchenkopftuch noch etwas geblümt. Der Zuschnitt der Jacken verrät modische Einflüsse.

OZ

Tafel 14.

Hochzeit im Böhmerwald

Obere Reihe, von links: Zwei Männer aus der Gegend von Neumark bei Taus um 1870 (Ö.-U.M., S. 573), Männertracht aus dem Künischen bei Eisenstein um 1900 (Lichtbild, ehem. Bergreichenstein, Museum). Paar aus Krenau, Kalschinger Tal, Bez. Krumau, um 1890 (Lichtbild, ehem. Böhmerwaldmuseum Oberplan), ältere Frau aus der Gegend von Wallern um 1900 (Bendel, S. 5). – Darunter: Alter Mann aus Tonnetschlag bei Prachatitz um 1890 (Schramek, T. V). – Die schräge Reihe von links oben: Alte Frau aus dem Unterland um 1880. Der Spenser nach einem Original von 1834 (Wien, Privatbesitz), Böhmerwälder Stadtbürgerin um 1850–80, die Tracht nach Originalstücken in den Museen von Prachatitz und Bergreichenstein. Mädchen aus Chrobold bei Prachatitz um 1890 (Schramek, T. V), Bauer aus Kugelweit, Bez. Krumau um 1890 (Schramek, T. VI), Brautpaar aus dem Unterland um 1830–45 (Rank, S. 48). – Links unten: Hochzeitslader aus der Krumauer Gegend, um 1880 (Lichtbild, Wien, Privatbesitz). – Die Burschen beim „Mühlradl"-Tanz um 1890, von links: Aus der Gegend von Prachatitz (Schramek, T. IV), aus Bergreichenstein (die Joppe ebd., Museum), aus Neuern (Weste und Hose, ebenso die links nebenstehende, nach Originalstücken in Privatbesitz, jetzt Kötzting), aus Chrobold bei Prachatitz (Schramek, T. V), aus Ruden, Budweiser Sprachinsel (Waldheimat, März 1929, S. 35), aus Wallern (Schramek, T. IV).

Die außerordentlich mannigfaltigen Farben der Trachten sowie die von Ort zu Ort recht verschiedenen Hut- und Bruststräuße (mindestens bis 1870 trugen die Männer statt der letzteren Sträuße am Oberarm) sind nach bestem Wissen dargestellt.

Die Tracht des alten Mannes rechts ist nach Schramek besonders kennzeichnend. Wir bemerken die dunkelbraunen Aufschläge, auch an den Ärmeln, die bis an die Kniescheiben hinaufgezogenen Strümpfe, die mit farbigen Bändern festgehalten sind, und die vielerorts unvermeidliche Zipfelmütze (Schnipfhauben). – Dunkle Tuchhosen wechseln mit schwarzen oder naturfarbigen Lederhosen je nach Ortschaft und persönlichem Geschmack. Die im Bogen über das Gesäß gezogene Naht ist auch an älteren niederbayerischen Lederhosen zu finden. An den älteren Männerwesten fällt der viereckige Halsausschnitt auf. Sehr verschiedenartig ist die Gestalt der Hüte, vom sehr breitrandigen, dessen bayerische Gegenstücke aus dem Lkrs. Viechtach bekannt sind, bis zum ganz schmalkrempigen aus der Budweiser Sprachinsel, dessen Form wohl von den umwohnenden Tschechen beeinflußt sein mag. Nur im nördlichen Teil des Böhmerwaldes fehlen die oft sehr breiten, mit Federkielen bestickten Geldgürtel. Sie zeigen vorn zumeist einen linsenförmigen Schild. Der Bursch aus der Budweiser Sprachinsel trägt einen älteren, breit bandförmig und dicht mit Zinn-Nieten verziert. Man ließ auch farbige Taschentücher unter den Gürteln hervorsehen (oben rechts). Die neuere Männertracht im Künischen steht in stärkstem Einfluß von der alpenländischen (steirischen).

Die ältere Frauentracht gleicht völlig der des Bayerischen Waldes. Während in der Biedermeierzeit das Brusttuch noch im Ausschnitt des Spensers lag, tritt es später über diese Begrenzung und hüllt gegen Ende des 19. Jahrhunderts fast den ganzen Oberkörper ein, wobei es vorn überkreuzt liegt. Der Kopfschmuck auf dem gepuderten Haar der Braut ist eine Weiterentwicklung der uns auch aus dem Bayerischen Wald bekannten nestartigen Anhäufung von rosa Bandschleifen[252]. Außer den üblichen Rosmarin-Zweiglein sind hier noch sechs versilberte Getreideähren als Zeichen der Fruchtbarkeit hineingesteckt. Zur Goldhaube der Bürgerin mit dem breiten drahtgesteiften Tüllrand kennen wir ein Gegenstück aus Weiden, Opf.[253]. Der bürgerliche Halsschmuck (Gspreng) aus mehrreihigen dünnen Glasperlenketten mit quadratischen Zwischenstücken befand sich im Prachatitzer Museum.

OZ

Tafel 15.

Bürgertrachten 1830 bis 1846

Unten, von links: Bürgerin oder Glasherrin aus Zwiesel in schwarzer Seidenkleidung von bidermeierlichem Umriß, um 1830. Die sehr tief ausgeschnittene Jacke läßt das Leibl aus Goldbrokat sehen, das entsprechend der Herrenmode einen hochgezogenen schwarzen Kragen hat. Innerhalb des Kragens erkennt man rechts und links ein bunt gestreiftes Halstüchlein und als innerste Halsbedeckung eine vielreihige Silberkette mit schmaler senkrechter Schließe. Das Verbreitungsgebiet der goldenen Passauer Haube strahlt bis in den Kreis Regen aus. (Nach einem Bildnis, Zwiesel, Museum). – Wachsziehersfrau aus Bogen in sehr ähnlicher Tracht, jedoch mit Riegelhaube. Der Jackenausschnitt ist hier breit, als Gürtelschluß dient eine große Goldschnalle. Vom Leibl sieht man nur den flacher liegenden schwarzen Kragen. Es wird von einem sehr bunt gefelderten und überdies noch geblümtem Tuch bedeckt. Das Halstüchlein ist helblau, bunt geblümt. (Nach einem Bildnis, Bogen, Priv.-Bes.) – Bettfedern-Großhändler aus Hirschau, Bez. Taus, Böhmerwald. Schwarzer Krimmerrock, modisch quer gestreiftes Gilet, grüne Schlegelmütze*. (Nach einem Bildnis, ehem. im Kloster Hirschau.) – Wachsziehersfrau aus Bogen. Stark modisch beeinflußte Tracht um 1845, mit Riegelhaube. (Nach einem Bildnis, Bogen, Priv.-Bes.[254].)

Alle übrigen Figuren der Tafel, bis auf die drei über dem Bettfedernhändler, fanden sich auf einem Gemälde, das den Marktplatz in Viechtach um 1830 zur Winterszeit darstellt[255]. Wir erkennen den starken Einfluß des Biedermeier im Gesamtumriß, wie auch in den hohen Steckkämmen. Zwei Frauen links tragen über der Jacke das Mieder nach Münchener Art mit Silbergeschnür; eine dazu noch die altüberlieferte schwarze Rokokohaube. Doch ist auch die Riegelhaube zu sehen. Das ländliche Element zeigt sich an den beiden Frauen rechts, die den Oberkörper gegen die Winterkälte eng mit Tüchern eingehüllt haben. Eine trägt einen alten grünen Hut, ähnlich den „Grashüten" der Oberpfalz, die andere eine Becher- oder Bänderhaube. Eine entsprechende in brauner Farbe sehen wir links davon an einem Mädchen, das wohl eine Dirn oder Hausmagd darstellen soll. Die Tracht der Bürgerstochter neben ihr unterscheidet sich kaum von der der übrigen Viechtacher Frauen. (Beide Figuren von einer Ansicht des damaligen Marktes Viechtach von 1846 zur Sommerszeit.) - Der Bursch rechts trägt eine kurzschößige Joppe mit ziemlich hohem Biedermeierkragen und auffallend hochgebauschten Ärmeln. Dazu einen Zylinderhut mit schmaler, gerade Krempe. Einen entsprechenden, aber noch röhrenförmiger, sehen wir auf dem Kopf des Bürgers im Kragenmantel mit zwei Überfällen („Dächern") daran. Der Glasfuhrmann trägt Kittel und Stiefel nach Belegstücken im Museum Zwiesel. Der Hut und Einzelheiten der Bespannung und des strohgepolsterten Wagens nach einem Modell von 1855 in der „Alten Post", einem ehem. Fuhrmanneinkehrhaus in Kößlarn, Lkrs. Griesbach[256]. (Das Viechtacher Bild zeigt einen sehr ähnlichen Glasfuhrwagen. Die Gemälde, Viechtach, Priv.-Bes.)

* Die Schlegelmütze ist hier ungewöhnlicherweise quer aufgesetzt. Wir erinnern daran, daß in der damals jüngst vergangenen Zeit auch die „Zweimaster" bald längs, bald quer getragen wurden, und Napoleon nahm es sich heraus, den Dreispitz verkehrt aufzusetzen.

O.Z.
weiß
gelb
gold
orange
braun
grün
rot
rosa
blau
schwarz

Tafel 16.

Einzelteile der Frauenkleidung

a–c) Vom geradlinigen zum Münchener Mieder. a) Volkstümliche Abwandlung des Rokokomieders, 1. Drittel des 19. Jahrhunderts. Sehr grobes Leinen, mit Fischbein gesteift und mit vorwiegend violettem, weinrot, silbergrau und grün gemustertem Seidenstoff bezogen. Um die Armöffnungen gerafftes weinrotes Band. Vorn und hinten grüne Einlagen mit roter Bandverzierung, die hinten ein Geschnür nachahmt. Oben schwarze Paspel, unten braun gemusterter Kattun. An den Vorderkanten einfache Schnürlöcher (ehem. Prachatitz, Museum). – b) Sehr weit ausgeschnittenes niedriges, von der Empiremode beeinflußtes Mieder, 2. Drittel des 19. Jahrhunderts. Grobes Leinen, mit rotem, bunt gemustertem Kattun bezogen, mit schwarzer Seide, vorn auch mit schmaler Silberspitze, eingefaßt, unten grün-erdbeerrosa Seidenband, hinten aus himmelblau-weißem Seidenband angedeutete Verschnürung. An den Armöffnungen grünrotbraune Plüschborte. Sechs silber-goldene Metallknöpfe (ehem. Prachatitz, Museum). Der dazugehörige Riegel als vorderer Verschluß fehlt und ist nach einem Stück aus dem Lkrs. Vohenstrauß ergänzt. – c) Mieder in Münchener Form, 2. Drittel des 19. Jahrhunderts, grobes Leinen, mit violetter Damastseide, darauf bunte Brokatblumen, bezogen. Oben mit Goldborten besetzt. Beiderseits je zwei silberne Geschnürhaken. Kennzeichnend ist die vordere Aufwölbung des Ausschnitts, der Haftelverschluß und die nur noch schmückende Funktion des Geschnürs. – d) Wattiertes Leibl aus grobem Leinen, 2. Drittel des 19. Jahrhunderts, vorn 21 cm, hinten in der Mitte 14,5 cm weit herunter mit violetter, rot und etwas grün gestreifter, hell lachsrosa geblümter Seide bezogen. Mit Zugbändern zu schließen. (Teil des Hochzeitsgutes vom Holzhof, K, Priv.-Bes.) Vgl. T. 13 r o. – e) Wattiertes Leibl zur Winter-Arbeitstracht, 2. Hälfte des 19. Jahrhunderts. Grobes Leinen, mit rot-weiß gewürfeltem und gemustertem Kattun bezogen, am Unterrand ein Wulst, um den Röcken eine Auflage zu geben. (Kötzting, Slg. Krämer.) – f) Frauenhemd, Pfoad, Ende des 19. Jahrhunderts. Der obere Teil aus harbenem[40], der Unterteil, Stoß, aus rupfenem Leinen. An den Ärmelbündchen mit rot-weißer Häkelspitze benäht. Unten Schema des Schnittmusters. (Kötzting, Slg. Krämer[257].) – g) Drei Strümpfe aus dem Heiratsgut vom Holzhof (K), aus rot-weißem Garn. Links „gebäumelt", Mitte „gehäuselt", rechts verschiedenartig gemustert. Es gab Strümpfe in sehr vielen Mustern und auch in anderen Farben. – h) Nachthaube, Anfang des 20. Jahrhunderts. Weißbaumwollener Wäschestoff. Vermutliche Grundform der Rokokohaube. Die durch den Bandzug entstehenden senkrechten Falten im Nacken blieben ebenso wie die später als Zierelement verwendete Bandschleife an den Rokokohauben erhalten (vgl. T. 17). Die gefältelte Garnierung am Rand besteht hier noch aus zwei Stücken. (Miltach, K, Priv.-Bes.) – i) Bundhaube des Spät-Mittelalters und der Renaissance, aus dem Fund zahlreicher bürgerlicher Trachtenstücke von 1640–50 in Poysdorf, Niederösterreich. Erstaunlich einfacher Zuschnitt. Im Unterrand Bandzug nach dem Nacken. Kennzeichnend ist die von der Stirn nach hinten weisende Verbindungsstelle der Oberkante des Stoffstreifens, der die Haube bildet. Hier ist auch die Verzierung der Haube angebracht[258]. – k) Eiderstädter Haube aus Schleswig-Holstein. Dieselbe Gestaltungsidee, Ende des 16. Jahrhunderts[259]. – l) Entsprechende niederbayerische Haube. VT aus Alburg, Lkrs. Straubing, von 1729 in Haindling, Lkrs. Mallersdorf. *Diese*, hier mit dem Plätzchenbarett getragene *Haube wurde ohne Zweifel auch unter den großen Frauenhüten, den Mützen mit Pelzbräm und den Kegelstümpfen des 17. und des beginnenden 18. Jahrhunderts getragen.* – m) „Koláč" (Kuchen), Haube der tschechischen Chodinnen bei Taus, Ende des 19. Jahrhunderts. Weiterentwicklung der vorstehenden Grundform. Schöne, strenge Schwarz-Stickerei, die neben der Verzierung der Scheitelpartie die seitlichen Zugfalten betont. (Nach Belegstücken, Taus, Domazlice, Museum.) – n) Hauptentuch, mit Schema desselben vor dem Umbinden. – o) Aus dem Hauptentuch entwickelte Haube aus der Gegend von Wallern. Sie soll älter sein, als das Flügelkopftuch, demnach aus dem 1. Drittel des 19. Jahrhunderts. Schwarzer Atlas, innen rot-weißer Kattun (ehem. Eleonorenhain, Priv.-Bes.).

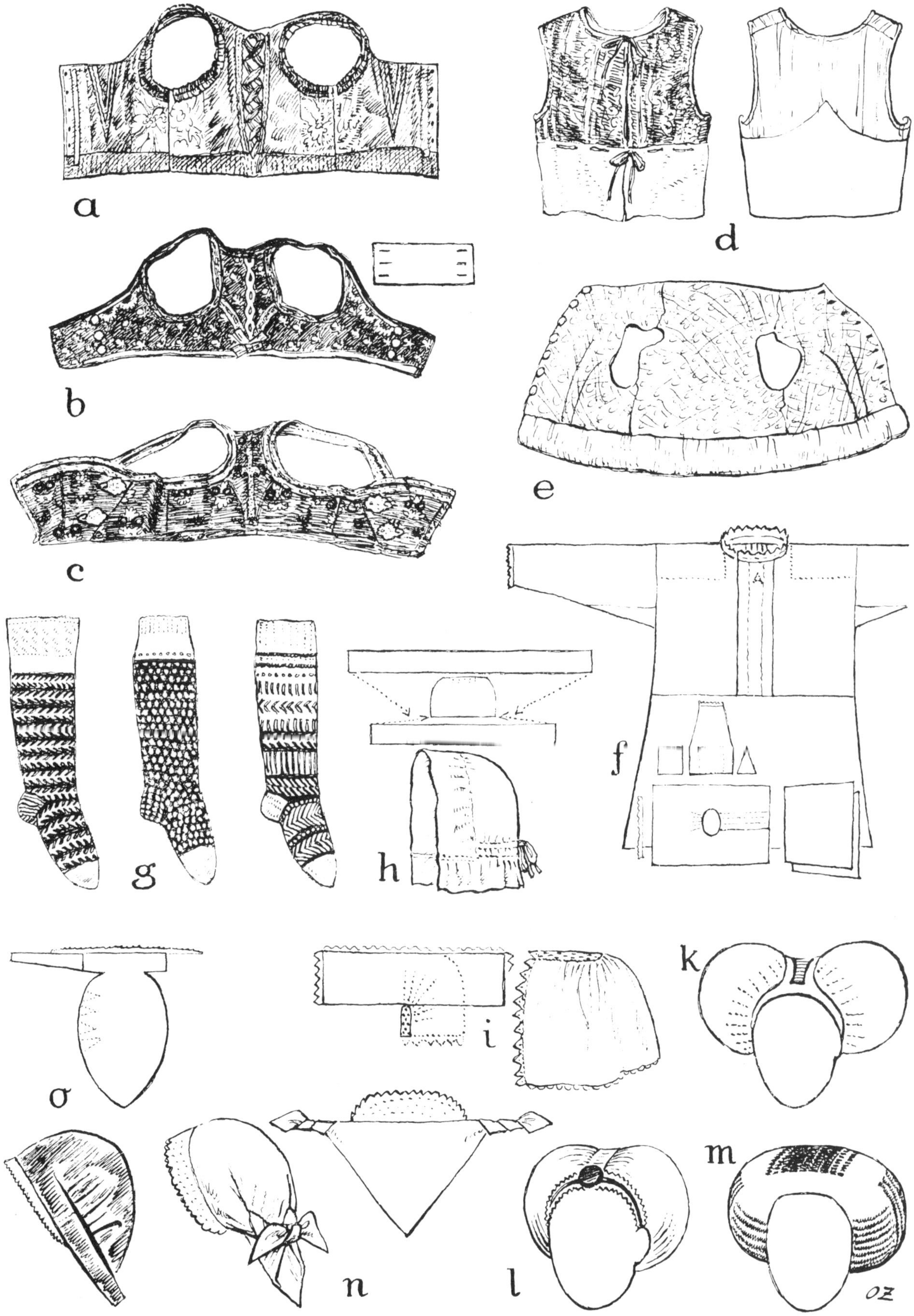
a
b
c
d
e
f
g
h
i
k
l
m
n
o
OZ

Tafel 17.

Haubenformen, 17. bis 19. Jahrhundert

a) „Visier", ringförmige Samt- oder Krepphaube mit Stirnschneppe.

b) Visier mit barock geschwungenen Wangenteilen und einfacher Blende über der Bundhaube, die am Hinterkopf sichtbar ist. Seltene Form der Bindung unterm Kinn, in diesem Fall wohl weil es sich um eine Haustracht handelt. Dazu trägt die Regimentsrätin eine schwarze ausgeschnittene Jacke mit breitem am Körper anliegenden Überschlag, an dessen Innenrand einen schwarzen Flor. 1673. (Straubing, Museum.)

c) Visier mit Spitzenblende in Form eines Strahlenkranzes, die Wangenteile noch eckig, wie d) und f). Hals und Brust sind hier nach der Renaissancemode mit einem enggefältelten, am Hals bestickten Busenhemd bedeckt. (Vom Gedenkbild an die 50jährige Hochzeit des Bürgermeisters Simon Höller, Straubing 1650, ebd. Museum.)

d) „Kachel" als hinterer Abschluß der Visierhaube, nach einem Holzmodel für Wachsvotive, Mitte des 17. Jh. (Landshut, Museum).

e) Pelz-Bägel auf dem Visier, Rückansicht mit deutlicher Bindung. Das Haar mit einer einfachen Bundhaube bedeckt. Model, entspr. d), um 1700 (Wachszieherei Lechner, Vilsbiburg). Die Vorderansicht entspricht T. 4 r u. (Landshut, Museum.)

f) Visier mit Böndl aus Brokatstoff, mit Ziernadel angesteckt. Die Doppelrüsche aus Metallspitze steht strahlenförmig ab. Model, entsp. d), um 1700.

g) Schwarze Querrüsche mit Stirnschneppe und Nackenbindung über der weißen Bundhaube (VT von 1713, St. Hermann, R).

h, i) Schwarzes Samtvisier, mit Seide eingefaßt, darauf in der Art eines Bägels vielschichtige enggefältelte Rüschen aus sehr weitmaschigem, schwarzem Tüll, h 18,5 cm, br 29 cm, hintere Öffnung für Bundhaube oder Böndl 6,5×10 cm. Aus Augsburg, wohl erstes Viertel des 18. Jh. (München, Bayer. Nat.-Mus.) Die Vorderansicht entspricht T. 6 r u.

k, l) Haube von schwarzen, mit Draht versteiften Tüllrüschen auf Visier von schwarzem Samt, h 21,5 cm, br 29 cm, die Rückansicht sehr ähnlich h), nur zieht sich die vordere Tüllblende, auf 3 cm verschmälert, bis unter den Haftelverschluß des Visiers am Hinterkopf. Zweites Viertel des 18. Jh., bezeichnet: „Wohl aus Augsburg". (München, Bayer. Nat.-Museum.) Vgl. T. 6 r.

m) Haube mit doppelkonisch gegeneinandergehefteter Rüschengarnierung aus weißem Tüll, von einem Band zusammengefaßt, um 1780. Nach einer Zeichnung von Joh. Anton de Peters aus Köln. (Köln, Wallraf-Richartz-Museum.) Vgl. T. 6 r und T. 10.

n) Haube aus geblümtem Brokat, mit Goldborten benäht, innen bunter Kattun, h 10 cm, br 15 cm. Die Bänder aus schwarzem geblümtem Seidendamast, lg 43 cm, br 9 cm, an den Enden Goldfransen. Schwarzer Tüllstrich (rechts entfernt), wenig gefältelt, außen etwas bestickt. Drittes Viertel des 19. Jh. (Allersdorf, V, Priv.-Bes.) Eine Anzahl entsprechender, auch mit schwarzem Grundstoff oder ganz schwarz, in Viechtach und Arnbruck (V) vorhanden.

o) Haube von schwarzem Krepp, innen mit rosa Baumwollstoff gefüttert, die Bänder schwarze Seide mit etwas Goldstickerei und Silberfransen. Der Tüllstrich (links entfernt) ist fast ohne Falten angenäht und mit wenigen schwarzen Blümchen bestickt. Etwa 1820, aus Landau, Nb. (Museum der Stadt Regensburg.)

p, q) Hauben der Passau-Linzer Art von noch mäßig entwickelter Form, erstes Viertel des 19. Jh. Links aus schwarzem, gesticktem Tüll mit Masche von schwarzer Seide, rechts aus Goldspitze (hier fehlt die schwarze Seidenmasche). Beide Hauben mit Draht versteift (Zwiesel, R Museum). Vgl. T. 15 u.

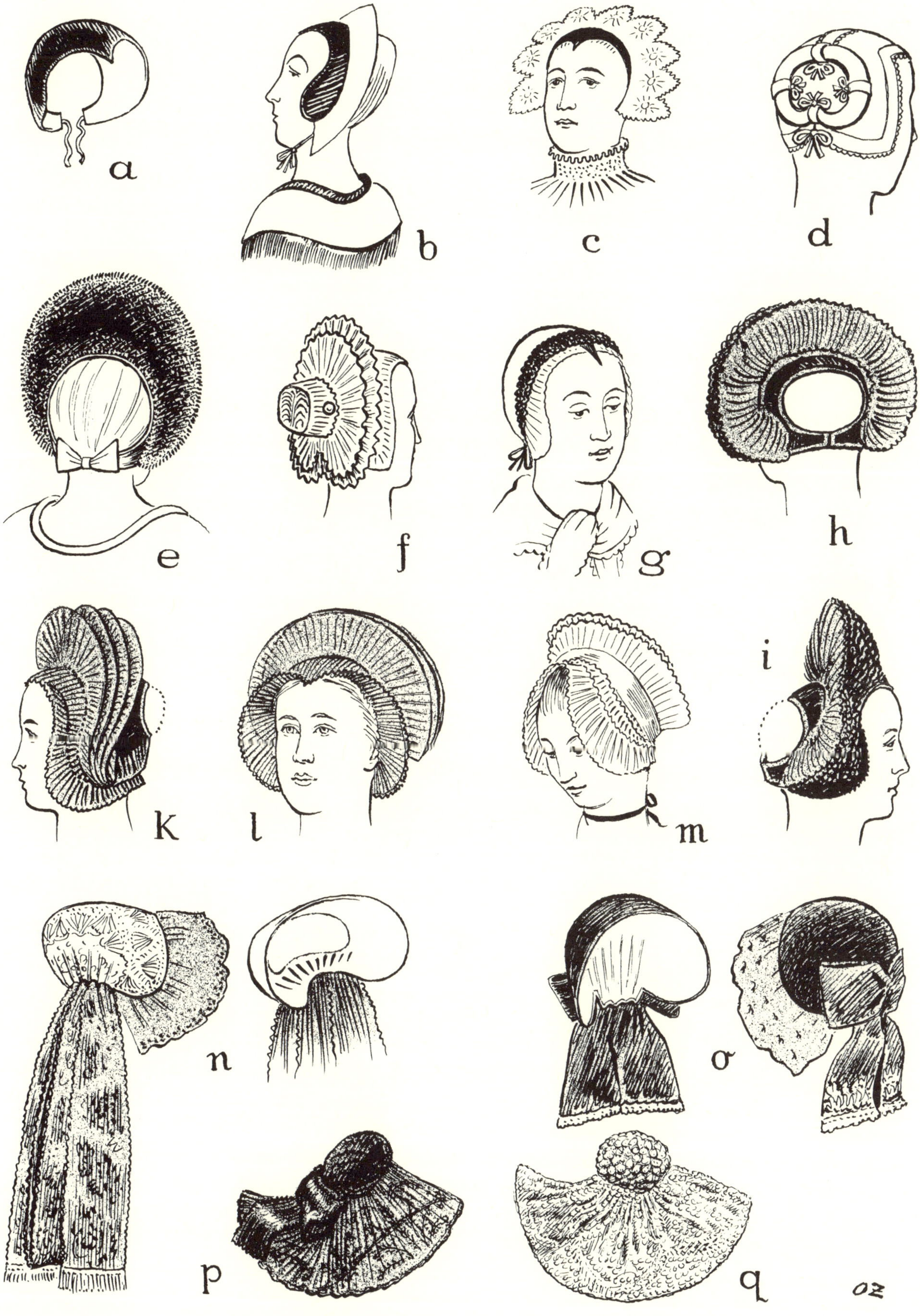
a
b
c
d
e
f
g
h
k
l
m
i
n
o
p
q
oz

Tafel 18.

Braut- und Jungfernkronen

a) und c) in der verkehrten Kegelstumpfform (Modius), vgl. Abb. 19.
a) aus dem Böhmerwald, 15,5 cm hoch. Der Körper mit violettem Stanniol überzogen, reich mit Silberbouillon garniert, das z. T. durch Draht versteift ist. Bunte Glasperlen sind teils fest an dem Körper, teils hängend an dem Filigranwerk befestigt, z. T. von diesem eingefaßt. Die Glasröhrchen sind weiß, die Perlen oben blau und rot, die an der weitesten Ausladung vor allem grün, auch orange und korallenrot. An den Röhrchen hängen blaßgelbe. Die am Körper sind (von oben) orange, blaßgelb, dunkelblau und grün (Wien. Mus. für Volkskunde[260]). – c) aus Mitterfels (B). Etwa 11,5 cm hoher 10,5 cm weiter Körper aus Pappe. Darauf Goldfolie und Silberborte. Eine solche steht unten frei ab. Oben ein etwa 3,5 cm breiter, mit grünem Stoff belegter Pappe-Ring, mit künstlichen Blumen und Blättern, z. T. solchen aus Goldfolie und Goldbouillon. Von diesem Kranz hängen Ketten aus bunten, silbernen und goldenen Perlen sowie einige Goldflinserln herunter. Einen Zentimeter vom Unterrand ist hinten ein gewöhnlicher Haken, offenbar zum Befestigen von Bändern, angebracht (Bogen, Museum).
d) und e), Kranz- bzw. Kronenform.
d) aus dem Lkrs. Bogen, etwa 4,5 cm hoch, ∅ etwa 15 cm. Etwa kalbkugeliger Körper aus Pappe, außen mit Goldfolie, innen mit grünem Papier bezogen. Mit Blumen aus Goldfolie und Silberbouillon besetzt, die in der Mitte bunte Glassteine tragen. Mit Zugband am Unterrand (Bogen, Museum). – e) Sargkrone einer Jungfrau aus Bogen. Etwa 17 cm hoch, ∅ etwa 21 cm. Aus Draht, mit grünem, bandnudelartig geschnittenem Papier überzogen. Mit grünem und rotem Seidenband und Blumen verziert. Daneben Bandrosette aus grüner Seide mit Stern aus Metallfolie. Je eine solche Rosette an den Enden von zwei gleichen 72 cm langen grünen Seidenbändern. Dieser Totenschmuck wurde Jungfrauen auf den Sarg gelegt (Bogen, Museum). – f) Brauthäubchen aus dem Lkrs. Bogen, 2. Drittel des 19. Jh. (vgl. T. 11 oben, dritte Fig. v. rechts). Der Scheitel- und Seitenteil aus hellgrüner, der Boden (mit Wölbung nach vorn) aus hellblauer Seide. Am Vorderrand weißer Tüllstrich, darüber rosa Seidenband, das mit einer Reihe weißer und silberner Glasperlen besetzt und an den Wangen schleifenartig gerafft ist. Der Scheitel- und Seitenteil mit Gold- und Silberbouillon, Metallfolie und bunten künstlichen Blumen bedeckt. Der flache Teil des Bodens mit Stickerei aus Goldbouillon, Pailetten, hellblauen Glasperlen und vier roten und zwei grünen Glassteinen in den Rosetten. Vom hinteren Rand des Häubchens hängen fünf Seidenbänder herunter, 113 bis 120 cm lang und 6,5 bis 11 cm breit. Zwei sind von schwarzem Damast mit eingewebten Blumen, an ihren Enden schmale Goldborte mit Metallflinserln, zwei braun mit gelbbraunen, grünen und violetten Seitenstreifen und eines lilafarbig mit schönen bunten Brokatblumen. (Priv.-Bes.) – g) Sehr einfaches Jungfernauch Braut-Kranl aus dem Zellertal (K, V), 17 cm lang. Aus der Kranzform entwickelt. Steife Pappe, mit Tüll benäht, darüber Goldfolie geheftet. Darauf Rosetten aus Gold- und farbiger Metallfolie mit verschiedenfarbigen Glassteinen und einigen Glasperlen besetzt und mit kleinen Reihen korallenfarbiger Perlen verziert. Dazwischen unregelmäßig verteilte Goldbouillonfäden. (Poschingerhütte, V, Slg. Rehm.) Der Stecker aus Weißblech, 21 cm lang, mit entsprechender Verzierung, von einem ähnlichen Kranl (Kötzting, Slg. Krämer). Das Kranl wurde quer über dem Haarknoten am Hinterkopf getragen. Den Stecker schob man etwas durch die Zöpfe und hielt es so fest.
b) Bräutigamstrauß, zum Brauthäubchen f) gehörig, aus bunten Kunst- und Silberfiligran-Blumen, Blättern und Bändern aus Goldfolie, Goldflinserln, auf Draht.

a
b
c
d
e
f
g
O.Z.

1. Es ist mir nicht bekannt, ob es auch meinem Vorgänger und sudetendeutschen Landsmann Felix Joseph Lipovsky erst nach jahrelangen Gesuchen und einer Arbeit voll Enttäuschungen und bitterer Not gelungen ist, seine „Sammlung baierischer National-Costüme", 1822, die erste Bayerische Trachtenkunde, herauszugeben. Nach Jahrzehnten jedenfalls wurde sein kulturelles Geschenk an das Bayerische Volk anerkannt und hoch geschätzt.
2. „Wald" im hochdeutschen Sinne heißt in der Mundart des Waldes „'s Holz".
3. Vgl. die heutigen Ortsnamen Neunburg vorm Wald, Aicha vorm Wald.
4. J. Wimmer, Niederbayerns Boden, Niederbayer. Monatsschr., 2. Jhg. 1913, S. 22.
5. Hans Schreiber, Die Grenzen des Böhmerwaldes und seine ältesten Verkehrswege, Bayerwald 33, 1935, S. 36.
6. Der oberösterreichische Teil des Böhmerwaldes bleibt aus unserer Betrachtung fort.
7. Einzelne Vorkommen auch bei Rattenberg (B) und bei Arnbruck (V).
8. Die Enklave Weißenstein (R) reichte von March bis Zwiesel und kam 1604 an Bayern. Auffällige Sonderformen der Tracht kennzeichnen dieses Gebiet (vgl. T. 5). Die Herrschaft Winzer (D) wurde in Teilen im 15. und 16. Jh., die Grafschaft Hals (P) 1518, die Herrschaft Bärnstein (G) Mitte des 15. Jh. bayerisch. (Mitteilungen von Herrn Stadtarchivar Dr. Klebel.)
9. Dies beweist auch das häufige Vorkommen von Buche, Eiche und Hasel.
10. Wilibald Schmidt, Besiedlungsgeschichte des Bayerischen Waldes, Bayerw., 33, 1935.
    Es ist bisher weder bewiesen noch widerlegt worden, ob sich nach dem Eindringen der Slaven ins böhmische Becken auf den Randgebirgen noch Reste der Markomannen und Quaden erhalten haben.
11. Der Landstrich nördlich der Donau zwischen Passau und Deggendorf gehört zu denjenigen Altbayerns, in denen die meisten Ing-Orte liegen.
12. Anton Mayer, Die Besiedlung des Böhmerwaldes, Wien 1932.
13. Übrigens hält sich das Waldlervolk nicht immer an die Kanzleinamen seiner Siedlungen. Gutendorf im Zellertal (K) heißt „in der Zell", Herzogsreut „Hilzhäuser", Schwendreut „Glaserhäuser" (Wo).
14. Tirol war lange Zeit ein Land mit Menschenüberschuß. Erst seit 1680 versiegte diese Quelle für andere Gebiete zugunsten der österreichischen Militärgrenze gegen die Türken. (Mitteilung von P. Wilhelm Fink, O. S. B.)
15. In Wirtschaftsform und Hausbau ähneln sich der Bayerische Wald und Oberbayern (Karlinger, S. 11).
16. Kubitschek, H. W., S. 129: „Aus diesen Gegenden könnte auch das Wallerer Haus (große Gebäude in Blockbau) stammen, wenn wir auch wissen, daß es bis an die Grenze und darüber zu uns reicht."
17. Das sogenannte „Regentalerische" wird von den Nachbarn durch den Satz verspottet: „Baar, gejh ins Haas naas, d'Saa is aas, frißts Kraat aas." (Bauer geh ins Haus naus, die Sau ist aus, frißts Kraut aus.)
18. Vgl. auch Sebastian Mutzl, Die bayerische Mundart, Bavaria 1, 1, S. 357.
19. Die neun Gerichte der künischen (königlichen) Freibauern waren: St. Katharina, Hammern, Eisenstraß, Seewiesen, Haidl, Kochet, Alt- und Neustadeln und Stachau.
20. Im 16. Jh. wurden im Chodenwald (südwestlich von Taus) neue Dörfer gegründet und mit Bayern besiedelt. 1570 gründeten die Grafen von Guttenstein auf Riesenberg weitere, darunter Neumark, Neugedein und Hirschau. (Josef Blau, Die Kampfheide, S. 69). – Rudolf Kubitschek (M) begrenzt das Unterland mit der Moldaulinie Hohenfurth-Krumau bis gegen Wallern, den Mittleren Böhmerwald bis gegen Eisenstein. In beiden wurde Mittel- oder Donaubayerisch gesprochen. Im Oberen Wald, dem oberen Angeltal, in der Neumarker Senke und im Umkreis der Schwarzkoppe sprach man süd-oberpfälzisch oder südegerländerisch. – Nach Mitteilung von Direktor Draxler, Wallern, wurde das Unterland von Oberösterreich aus besiedelt und blieb in Mundart und Hofform (Vierkanthöfe) von dort abhängig. Um das altbayerisch besiedelte Wallern und bei Prachatitz standen Dreiseithöfe, im Künischen Haufengehöfte.
21. Diese Beurteilung um 1800 trifft heute noch zu, wenn auch die Streitsucht im allgemeien geringer geworden ist. Familienschlägereien sind selten, können aber dann so ausarten, wie sie Hazzi beschreibt. Ein kleiner Betrug oder eine kleine „Schlitzohrigkeit" wird in Geschäften gelten gelassen und der Übervorteilte verspottet.
22. Aus dem Gericht Mitterfels (B) erfahren wir von Hazzi u. a., daß dort starke Neigung zum Heiraten bestehe, aber schon vorher viele uneheliche Kinder geboren würden. Im Gericht Schwarzach (B), wo er einen kleinen schwarzhaarigen, breitschulterigen Menschenschlag feststellt, sei es ebenso. Die Weiber seien dort in der Liebe sehr heftig. Vom Gericht Deggendorf vermerkt er, daß dort noch abergläubige Bosheit herrsche und noch weit mehr uneheliche Kinder geboren würden. Das letztere auch im Gericht Hengersberg (D), Hilgartsberg (Vh) und Winzer (D). Im Gericht Zwiesel (R) gingen die Liebschaften schon mit 14 oder 15 Jahren an, oft nicht ohne Folgen. Im Oberen Wald bestünde da und dort der Hang zu kleineren Diebereien. Dagegen hebt er im Gericht Bärnstein (G) die geringe Kriminalität hervor.

23. Angesichts der heutigen perversen Auslegung der Sozialgesetze arbeiten sehr viele Waldler und waldlerische Mädchen im Sommerhalbjahr fleißig 26 Wochen in der Fremde, lassen sich dann „krank schreiben", kehren heim und leben das Winterhalbjahr über von der Arbeitslosenunterstützung.

24. Dr. Georg Mayr, Die bayerische Jugend, nach der Farbe der Augen, Haare und der Haut, Zeitschr. d. kgl. B. Statist. Bureau, M V/4, München 1875. Prof. Dr. Johann Ranke, Beiträge zur physischen Anthropologie der Bayern, München 1892. – Die Tabelle ist aus beiden Statistiken zusammengezogen.

25. Schramek, S. 1 f., 322.

26. In seiner 1904 erschienenen Geschichte der deutschböhmischen Ansiedlungen im Banat (1829) berichtet Peter Graßl: Die „künischen Knüppel" schickten sich am besten in die Waldrodung und in alle Holzarbeiten, die Niederbayerischen taten sich im Ackerbau hervor und die „Diatzla und Höigatza" (die oberpfälzisch Sprechenden aus der Gegend der Further Senke) waren geschickte Weber, Handwerker, Spitzenklöppler u. a. – Kubitschek (W) nennt die Wallerer grobknochig, hochgewachsen, doch gebe es dort auch recht kleine Männer. In ihrer abgeschlossenen Welt gingen sie ihrer eigenen Wege und seien ganz mit ihrer Arbeit und Sorgen verwachsen. „Man sagt ihnen nach, daß sie vor der Heuernte etliche Wochen voraus beten und alle täglichen Geschäfte besorgen, damit sie bei der Arbeit ungestört wären." Verschlossen gegen alles Fremde, zäh im Festhalten am Althergebrachten zeigen sie sich als echte Nachkommen ihrer niederbayerischen Ahnen. Die Nachbarn sprechen von den „groum Wulla und stuzn Plauna" (den groben Wallerern und den stolzen Oberplanern). – Kubitschek (Sp. S. 30) zitiert: Sauwas (hübsches) Gsichtl, lous Mal (loses Maul), brettleb'n (Brüste), ba der Oarwit nit fa(u)l, spitze Knia, dünne Wadl, sou hant dö Wullerer Madl.

27. Kubitschek, B, S. 152.

28. Zaborsky, G, Abb. 9–11 (T. 1).

29. Die offen getragenen, das Hemd entblößenden Wämser kamen in der französischen Mode gegen Ende des 16. Jh. auf (Köhler V, S. 164). Die späteren flachen Hosenlätze, wie an den jetzigen Ledernen, hießen im 18. Jh. in Frankreich „au pont" (Vergleich mit einer Zugbrücke) oder „à la Bavaroise", woraus hervorgeht, daß die bayerische Volkstracht schon damals ihr Teil zur Entwicklung der Mode beigetragen hat.

30. Bayer. Hauptstaatsarchiv, München, Staatsverwaltung 2306, Polizeigegenstände 22, Mitteilung von Dr. Hans Moser, München, der in seinem Vortrag auf der XXI. Hauptversammlung des Verbandes Bayer. Gesch. u. Urgesch. Vereine in Aschaffenburg 1937 einen Aufruhr von sechs Bauernknechten im Gericht Aichach gegen diesen behördlichen Eingriff in ihre Tracht anführte. – Vielleicht sehen wir Reste dieses Kleidungsstils auf dem Bild des Armen T. 4, oben Mitte.

31. Ein Gegenstück zum Grabmal Eyb von 1598 ist das von Wolf Öller von 1604 im Städtischen Museum Regensburg. Er trägt weiter geschnittene, aber nach unten engere Kniehosen, etwas weitere Ärmel und Knopfverschluß am Wams.

32. Die Scherke, Schirke, Tscherke u. ä., Mischgewebe aus Garn und Wolle, Benennung um Neuern. Sie entspricht dem Turatei des Unterlandes, dem Wifling in Bayern. – Die Bayerische Landesordnung von 1533 wendet sich scharf gegen die Leinweber, die sich an etlichen Orten unterstanden, denen, so Diradey gemacht, Verhinderung zuzufügen. „Da solche Arbeit dem gemainen Man zu der Klaidung vast dienstlich und nützlich," sollen die Leute, die den Diradey „auf Harras weis" (in der Art von Arraser Tuch) machen, „darin unverirrt und unverhindert gelassen werden." Blau, H. u. V. III, S. 108. Der Name Turetei von frz. tirtaine, dort „ein Stoff, der teils aus Baumwolle, teils aus Leinwand besteht" (Hatzfeld, Darmester und Thomas, Dictionnaire général de la langue Française 2, S. 2153). – Die mit Hilfe von heißem Wasser gewalkte Scherke (Tscherka) „geht um ¼ ein". Sie wurde noch 1949 in Kashof bei Bierhütten (Wo) hergestellt aber nicht mehr gewalkt.

33. Zu den Farben sei ergänzend ausgeführt, daß besonders in den Landkreisen Regen der Einfluß bürgerlicher Kleidung im häufigen Vorkommen des Schwarz als Farbe der Bauernröcke bis etwa 1690 seinen Ausdruck zu finden scheint. Braun erfreut sich allgemein besonderer Beliebtheit. In den Landkreisen Deggendorf und Bogen bemerken wir, häufiger allerdings erst gegen die Wende des 18. Jh. und in den ersten drei Jahrzehnten des 19. auch eine Neigung für Hellgrau und Hellblau, wie im nahen Gäuboden. Zugleich kommen Dunkelblau und das im Wald zeitweise recht beliebte Stahlgrün auf. Im Lkrs. Wegscheid ist es, auch in hellerer Tönung, sogar schon seit dem zweiten Drittel des 18. Jh. besonders häufig, vielleicht unter dem Einfluß des Salzhandels mit Oberbayern, denn es kommt in Altbayern sonst nur dort regelmäßig vor. Knaben und Burschen gingen wohl zumeist nur im braunen oder roten Kamisol, der Ärmelweste. Rote Männerröcke, wie im Gäuboden, kommen mitunter vor (R 1773, K 1795, u. a.). In der übermütigen Burschentracht gegen Ende des 19. Jh. gab es auch rote Joppen und weiße, sogar rote Hüte, oder doch ein rotes Hutband.

34. Die Vorliebe der Bayern für Stiefel vermerkt Sebastian Frank in seinem Weltbuch von 1534: Die Beyer seind gmeinlich in blaw gekleidet, sunderlich was auff dem land wont, tragen meer stiffel dan hosen (Strumpfhosen). 1626 betrug der bayer. Zoll von einer Truhe „Blabwerk" (blaugefärbte Leinwand) 5 weiße Pfennige. Blau, H. u. V. II, S. 128.

35. Die Mühlsteinkrause hieß im Wald einfach der Halskragen, vgl. auch die Inventarien S. 16, in denen sie auch als „dicker Kragen" vorkommt. Sie hatte hier, wie in vielen Gegenden Deutschlands, eine überraschende Lebenskraft, wenn man bedenkt, daß sie in Frankreich schon 1579 ihren Höhepunkt überschritt

(Köhler V, S. 163) und seit 1600 dort ganz aus der Mode kam.
Moscherosch zitiert in seinen 1642 erschienenen Geschichten des Philander von Sittewald S. 178/15 aus der Hoffahrtspredigt Osianders (wohl von dem der 1638 starb): „Die Kröse oder Krausen sind anfangs von den Jenigen erdacht worden, welche nach eingerissener Frantzösischen Seuche in Teutschland die vberbliebenen Schandflecken am Halse bedecken wollen; vnd gleichwohl sind andere, die solche wüste Flecken nicht am Leib hatten, zugefahren vnd je eines einen größern vnd kostbareren Kragen haben wollen."

36. Von den niederländischen glatten Kragen ist der auf den Schultern aufliegende der ältere (vgl. das Selbstbildnis von P. P. Rubens mit Isabella Brant von 1609). Die gesteiften, hinten im Bogen aufsteigenden, vorn gerade abgeschnittenen (anfangs ohne Ausdehnung unterm Kinn) kommen um 1617 auf. Aber auch in den Niederlanden findet man bis in die 40er Jahre des 17. Jh. noch Rückfälle zur Mühlsteinkrause. Vgl. J. H. Kinderen-Besier, Spelevaart der Mode, Amsterdam 1950. – Moscherosch (vgl. oben) nennt in seinen Aufzählungen der Modetorheiten S. 181/20: „Dann Vmbschläge, oder Vberschläge die vnsere Newlinge Rabbat (der französische Ausdruck dafür) nennen, einer Ehlenbreit, dann eines halb Viertels breit. Dann vornen zugleich (waagerecht abgeschnitten), dann mit Zipfflen spannen lang (nach vorn, etwas seitlich abstehende Zipfel)." – Für uns ist besonders bemerkenswert, daß in den Wald der Name Überschlag mit der Sache zugleich eingewandert war. In der Nachbarschaft des Gäubodens finden wir zu Beginn des 18. Jh. auch die übergroßen leicht gefältelten Kragen (T. 3 M r). Vgl. Zaborsky, G, Abb. 16, 17,

37. Um 1570 wurde von allen Ständen der spanische steife Filzhut in Benutzung genommen; er zeigte eine nach oben hin spitzer werdende Kopfform und kam in Deutschland sowohl mit schmaler, als auch mit breiter Krempe bei Hoch und Niedrig in Verwendung. Daneben wurde, fast ebenso allgemein, ein aus Frankreich gekommener Hut mit niedrigem, abgerundetem Kopf und breiter waagerecht abstehender oder nach unten herabgezogener Krempe getragen (Köhler V, S. 71). – Die spanische Zylinderform mit schmaler Krempe scheint in Niederbayern vorwiegend vom Adel getragen worden zu sein (T. 1 o), so auch vom Herrn Johann Wilhelm Podmoklsky von Prostiborsch und Podmokl auf seiner bekannten Votivtafel von 1648 auf dem Geiersberg (D), – auch ein „Böhm" in bayerischen Diensten.

38. Bayer. Staatsarchiv Landshut, Briefprotokolle Grafenau Nr. 143 (vgl. auch v. Zaborsky, Hinterlassenschaftsinventarien aus dem Bayerischen Wald, B. Jhb. f. Vkde. 1956).

39. Hemed, 1. wie hochdeutsch Hemd, 2. Mannsrock, Jacke, in den Alpen gewöhnlich von grobem, braunen, bei den nürnbergischen Gebirgsbauern (im Fränkischen Jura) von rotem Wollentuch. Schmeller I, Sp. 1110. – Merkwürdigerweise findet sich die noch heute in der Mundart des Waldes übliche Bezeichnung Pfaid in den Protokollen, soweit ich sie überblicken konnte, nur in Zusammensetzungen wie Halspfaid, Leibpfaid u. a.

40. Härwin, härwen, aus feinerem, durch die Hechel von allem Werg befreiten Flachse gefertigt, im Gegensatz des Rupfenen, was aus Werg gemacht ist. Schmeller I, Sp. 1145.

41. Das Goller, Bekleidung des Halses und auch wohl des oberen Teiles vom Rumpfe. Schmeller I, Sp. 893.

42. Boy, leichter englischer Flanellstoff, von kgl. bayerischen Manufakturen nachgemacht. Von ihnen sollen die vielgefältelten Bollenröcke der Frauen ihren Namen haben. Mitteilung von Prof. Dr. Wolfgang Maria Schmid.

43. Der Damask, Damast, il damasco, von der Stadt Damaskus so genannt... Ganz verschieden davon ist der Dámass, eine Art Unterfutterzeuges. Schmeller I, Sp. 506. – Im Inventar zur Männertracht von 1679 f. trifft wohl die erste Bedeutung zu.

44. Die Kappen, a) wie hochdeutsch Kappe, b) in Stellen aus dem 15. und 16. Jh. erscheint es zuweilen... als Mannsmantel, besonders als spanische capa. Es gelten die teutschen Claider nichts, nur spanische Kappen, welsche Röck, französische Mäntel (Aventin, Chronik), Schmeller I, Sp. 1268.

45. Lündisch, lindisch Tuech oder Scheptuech, feines Tuch, das von London in Schiffen nach Hamburg und anderen Seestädten und von da nach Bayern kam. Schmeller I, Sp. 1488.

46. B. Staatsarchiv München II RAP Burghausen Br Pr 177, Mitteilung von Dr. Hans Moser, München. – Wir konnten uns nicht entschließen, die Masse der noch erhaltenen Steckbriefe für diese Studie zu verwerten. Wenn man das weite Herumziehen der gerichtlich Verfolgten und die fragliche Herkunft ihrer einzelnen Kleidungsstücke bedenkt, so kommt ihr Anzug für die Trachtenforschung über ein bestimmtes Gebiet nur sehr bedingt in Betracht. Die allgemeine Kostümkunde wird – etwa nach der sorgfältigen Arbeit von Hans Schlappinger, Spitzbuben und Landstreicher im Reg.-Bez. Straubing vor 200 Jahren, Jahresbericht des hist. V. f. Straubing u. Umgeb., 42. Jhg. 1939, S. 20 – in ihnen nicht unwesentliches Material finden.

47. Im Gäuboden blieb man, solange die Tracht ihre bewußte Eigenart behielt, etwa bis zur Mitte des 19. Jh., bei dieser Art, den Rock zu schließen.

48. Zunächst Unterkleid – vgl. it. camigia = Hemd, dann Ärmelweste. Hottenroth kennzeichnet die *Weste* als einen gegen Ende des 17. Jh. aufkommenden engeren, kürzeren Rock, oft von Leder, die Ärmel meist ohne Aufschlag. Sie diente als Haus-, Arbeits- und Reisekleidung. Um 1700 wird sie kürzer, die Zwickelfalten im Kreuz fallen weg, die Schlitze bleiben offen. Die Taschen erhalten Patten, der Stoff wird reicher bemessen. Um 1770 bilden die Schöße nur noch einen kurzen Vorstoß. Um 1780 tritt das „Gilet" ohne

Ärmel, den Rücken aus Futterstoff, die Herrschaft an. – Dies alles ist mit geringer Verzögerung auch in der Waldlertracht zu beobachten.

49. Hottenroth erklärt die Hosenträger als eine Erfindung des 18. Jh., daß die engen Hosen bequem sein aber nicht herunterrutschen sollten. Wir sehen jedoch im Wald die Hosenträger schon an den alten weiten Pumphosen. – Entgegen Hottenroths Ansicht finden wir bei Helm, S. 44: „Es ist ganz gut vorstellbar, daß man das Wams, als man seiner überdrüssig war, soweit verschmälert hat, daß nichts mehr übrig blieb als die tragenden Teile" (an die die Hose ursprünglich angenestelt war). Uns erscheint dies nicht überzeugend. Von der einfachen V-förmigen Grundform, wie sie uns im Wald begegnet ausgehend, haben sich die Hosenträger vielmehr in manchen Gegenden zu immer reicheren, fast brustfleckartigen Gestaltungen entwickelt, wie im Egerland oder im Sarntal. Immer blieb aber an ihnen vorn die nach dem großen mittleren Hosenknopf weisende Dreiecksform erhalten. Im Wald verlief, wie auch sonst zumeist, die Entwicklung zur Vereinfachung und zur Aufgabe der V-form hin, für die die geraden seitlichen Träger eintraten.

50. Das etwas summarisch gemalte große Bild von der Zerstörung Chams im Jahre 1742, im Schloß Waffenbrunn (C), stellt die *Männer* in rotbraunen glockenförmigen Röcken, die bis ans Knie reichen, schwarzen Hosen, blauen Strümpfen und ziemlich großen Hüten mit stumpfkegeligem Gupf und etwas aufgebogenem Rand dar. Zur Haustracht mögen die ebenfalls erkennbaren hellgrauen und gelbgrauen kurzen schoßlosen Joppen, gelbbraune und braungraue Hosen mit weißen Strümpfen gehört haben. Man erkennt knöchelhohe und Halbschuhe. Die *Frauen* tragen gelbe Rokokohauben mit weißem Spitzenrand (wir können kaum annehmen, daß sie angesichts der beutegierigen Panduren ihre Goldhauben angelegt hätten), hellbraune, hellrote und hellblaue Jacken mit und ohne spitze Schneppe, meist mit Flossenärmeln, weiße Halstücher, Schürzen, schwarze, braune, auch rote Röcke.

51. Benannt nach der Schlacht bei Steenkerke in Flandern, 1692, als die Franzosen frühmorgens von den Niederländern überfallen wurden und ihre Offiziere nicht mehr Zeit fanden, ihre spitzenbesetzten Rabats (Halskragen, vgl. Anm. 36) umzunehmen. So schlangen sie einfach Halstücher zu einem Knoten und behielten diese Mode zur Erinnerung an ihren Sieg bei.

52. Vgl. den Bericht von Felix Dahn in der Bavaria, Bd. 2, München 1863 über die Tracht des oberen Allgäu um die Mitte des 19. Jh.: „Ein Brustfleck unter der Schulter zu schließen, ließ zwischen der Hose so viel Raum, daß das ausgebauschte Hemd sichtbar wurde." Zitiert von Weitnauer, S. 26, wo auch ein Beleg von 1625 abgebildet ist. – In der Mode der 40er Jahre des 17. Jh. sah man das bauschige Hemd unter dem kurzen Wams, Köhler V, S. 195. Vgl. auch „Bauernhochzeitsleute aus der oberen Steiermark", nach einem Gemälde von Matthäus Loder, nach 1800, Titelbild in M. und A. Haberlandt, Die Völker Europas, Stuttgart 1928.

53. Amtsger. Viechtach, Briefprot. der Hofmark Neunußberg, Mitteilung von Hw. Herrn Expositus Georg Hofmann, Schönau (V).

54. B. St. Arch. Landshut, Briefprot. Grafenau 105, Inventare von 1742 f.

55. v. Geramb, I., S. 429, stellt fest, daß in den steirischen Inventarien nach 1700 überraschend oft der Brustfleck genannt wird, weil er damals vom unbeachteten Unterkleidungsstück zum schönfarbigen sichtbaren Gewandteil aufgestiegen war. Dasselbe können wir bei der Durchsicht der waldlerischen Inventare beobachten. Gegen die Mitte des 18. Jh. wird allerdings seine Geltung vom Kamisol und vom Leibl schon wieder eingeschränkt. Dies wird auch durch Schmellers Terminologie deutlich. Leibbrustfleck, Leibstücklein, Art Leibchen, Weste, Gilet, Schmeller I, Sp. 1411.

56. B. St. Arch. Landshut, Briefprot. Kötzting 360, Inventare von 1773 f.

57 Unter den in Anm. 56 bezeichneten Inventarien findet sich unter Nr. 160 das des Melchior Zadler, inneren Kastenamtes Amtmann zu Warzenried (K) und Katharina dessen Eheweib, vom 18. 1. 1773. Wir bringen daraus den Bestand an Kleidung eines kfstl. Beamtenehepaars der Rokokozeit (die Bewertungen in Gulden):

1	silber spanisch Rohrknopf	1,—
2	Silb. Sackuhren	32,—
1	Garnitur Schuhschnallen	5,30
1	Petschierring	1,30
1	Silb. Hut Chanies [Chenille, Schnur]	1,—
10	neue und alte Mannshemeter	6,—
2	P bockhäuterne Hosen	6,—
2	Cartonene [baumwollene] Männerbrustfleck	1,—
1	rot tüchernes Leibl mit Silber galiton [Galonen, Borten] und deto Knöpf	8,—
2	blau und zwei rot gestrickte Sommerleibl	4,—
1	rot tuchenes Kamisol	2,—
1	braun zwirleter Rock samt dem Kamisol	10,—

(Zwirl, Gewebe aus gezwirnten Fäden von zweierlei Farben. Sch. II, Sp. 1181.

1	braun tüchener Rock samt dem Kamisol	20,—
1	alt tüchener Rock	1,—
1	schwarzes Flortüchl [Halstuch] mit Spitzen	1,—
9	P. weiß baumwollene Strümpf	6,—
1	Castor Hut [zylinderartig, breitkrempig, langhaarig]	2,—
1	Mantel	1,30
12	alt und neue [Frauen]hemeter	5,—
2	alt tücherne Mieder samt die Brustflecken	1,30
2	braun zwirlete Röck	12,—
1	zimtbrauner deto	6,—
4	rot zwirlete deto	24,—
1	gelber	6,—
1	blau barchets Röckl [Jacke]	1,—
1	blau . . . Corset mit einem Goldspitz und Knöpf [Jacke]	3,—
1	geflamtes deto	1,30
1	braun Corsedl mit Goldspitz und Knöpf	3,—
1	schwarz Castors Corset	2,—

1 alt geflamtes Corset	1,—
1 weiß barchets Sommer Corset	—,45
3 Persene Fürtücher [Schürzen]	2,—
1 doppeltes Halstuch	1,30
4 Mußlinene Tüchln	3,—
1 blau croisetener [?] Pelz mit Silberknöpfen	4,—
1 alter Weiberpelz	1,—
3 P. weiß baumwollene Strümpf	1,30
I Goldreiche Hauben	10,—
2 schwarz samterne Hauben mit einem Goldspitz	4,—
1 Silberne Haarnadel	—,45
2 alt Schloyerer [zur Trauertracht]	1,—
2 schwarz samete Sommerhandschuh	1,—

Zur Tracht der Bürgerinnen und des niederen Adels um die Mitte des 18. Jh. darf hier aus den Erinnerungen Franz von Baders nachgetragen werden: Bei der Einnahme von Cham, 1742, griff ein Pandur der Mutter des Erzählers „in das obere Brustlazsackl", wo er Dukaten vermutete. 27. Bd. Verh. d. hist. Vereins v. Opf. u. Regensburg 1871, Zitiert von Karl Winkler, Opf. Heimatbuch, Kallmünz 1930, S. 348. – Ein anderes, sonst nicht genanntes Stück der Unterkleidung finden wir in den Prozeßakten von 1672 gegen eine Frau aus der Freisinger Gegend erwähnt. Sie versteckte die nicht verschluckte Hostie in der „Busenbinde", angeblich um damit Hexerei zu treiben (Deutsche Gaue 14, S. 221).

58. Das „rote Leibl" ist sprichwörtlich geworden. Im Zellertal bei Kötzting hört man oft, wenn jemand sich auf die Erfüllung einer Hoffnung oder auf den Schaden seines Feindes freut: „Na (dann) leg ih mei routs Leibl o(n)!", obwohl keiner mehr eins hat oder tragen möchte. Weit verbreitet ist die Geschichte, wie einst ein Bub, dem man untersagt hatte, zur Beerdigung seiner Mutter das rote Leibl anzulegen, murrte: „Na gfreit mi de ganze Leich' nimmer." Bei Neuern im Böhmerwald wurde gesungen: „Die Grünerer Burschn / Ham route Leibla / Und se liagn bei'n Menschan / Wej d'Tuttnkaibla" [harmlos wie Saugkälber]. Mitteilung von Josef Blau. – Die Geldknöpfe des sogen. „Talerleibls" wurden notfalls zum Bierzahlen verwendet. – Nach den erhaltenen Abbildungen und Belegen scheint die geradlinige Form, ohne den ovalen Schild über dem Verschluß der Geldkatze im Wald vorgeherrscht zu haben, vgl. Anm. 182.

59. Bei Arnschwang (C) bestand bis zum zweiten Weltkrieg eine Pfauenzucht, die die Sattler mit Material zum Sticken versorgte.

60. Die „rotn Oier", wie die Ostereier heute noch im Wald genannt werden, waren etwa seit 1900 auch nicht immer rot. (Eine ähnliche Verengung der Bezeichnung: „Rousn" für alle Gartenblumen.)

61. Die Darstellung auf Ph. Walters kolor. Stahlstich „Amberg" (vgl. die Farbtafel bei Karlinger) von etwa 1835, zeigt im Vordergrund Trachten und Kostüme. Die beiden Gestalten ganz rechts sollen aus der Gegend von Cham sein. Sie sind allzusehr von Wagenbauers Aquarellen aus dem Lkrs. Viechtach beeinflußt, als daß man in ihnen verläßliche Quellen sehen dürfte.

62. „Kutte", im Bayer. Wald, jetzt noch scherzhaft für „Kleid".

63 Ähnlich noch heute bei der Kötztinger Pfingsthochzeit.

64. Die Überlieferung berichtet von einem bestimmten Ort im Lkrs. Regen, hoch oben in den Wäldern, dessen 3 oder 4 Bauern zusammen nur einen Rock besaßen, den sie sonntags und bei festlichen Anlässen abwechselnd trugen. Dasselbe erzählte man von den sieben Bauern von Ernstberg (Bö).

65. Nach Grueber und Müller, S. 52, trugen um die Mitte des 19. Jh. die Burschen Hüte mit kleinerer Scheibe als die Männer, mit breitem Samtband und Schnalle, bei festlichen Gelegenheiten mit einem Strauß von künstlichen Blumen und Flittergold verziert. (Hier sei eingefügt, daß sie gern metallbeschlagene Bestecke in der „Schlitztasche" ihrer Beinkleider trugen. Heinrich Reder, Der Bayerwald, Regensburg 1861, bestätigt S. 90 die Angaben der Vorgenannten, kennzeichnet aber die Hüte der „Buben" als höher und schmalrandiger. Ferner erwähnt er als abkommenden Gebrauch im Unteren Wald, daß sich die Bauern ihre Nackenhaar lang wachsen ließen. Dies fanden wir auch bildlich belegt (T. 12, r o). Während der Bauer aus der Gegend von Cham in der letzten Ausprägung der Volkstracht den ziemlich geradscheibigen mittelgroßen Hut trägt (Brunner, Abb. S. 112), fand sich sonst im Wald seit den 40er Jahren eine Form mit rundlich ovalem Gupf und etwas aufgebogenem Rand, mit Band und Hutschnalle (links) oder Schnur, die an das als Dachauer bekannte Muster erinnert (vgl. auch das Umschlagbild). – Um 1900 hieß es: „Wos a schwoarzsamtener Hut is, so a milder, der is vo drübm (aus Böhmen.)"

66. Unter Wirten, Bräuknechten etc. ist es Herkommen, grünsamtene Schlegelhauben zu tragen. Schmeller (II, Sp. 519). – Die volkstümliche Bezeichnung „Haube" für eine männliche Kopfbedeckung wird im Wald halb scherzhaft sogar anstatt „Hut" verwendet. – Wenn man jemand einschüchtern will: „Den muaß ma a(n)-schrein, daß ma 'n mit der Haubm fanga ko." — Schmeller nennt ferner die auch im Wald bekannte Pudelhaube aus Pelz oder Wolle. – Über die Herstellung der Zunderhaube erfahren wir: Der Buchen- oder Zunderschwamm, in unseren Wäldern häufig, wird von der äußeren Rinde befreit, dann tüchtig geklopft und bis zur Tellerform zusammengeschlagen. Dabei wird er weich. Dann kommen die Schwämme in Aschenlauge, wo sie drei Tage lang bleiben müssen. Hier werden sie weich wie Seide und dehnbar wie Strudelteig. Die so entstandenen Hadern (im bayerischen Walde heißt der Schwamm deshalb „Hadersau") werden dann auf der Ofenstange getrocknet. Dann werden die einzelnen Teile der Haube zugeschnitten, zusammengesetzt und die Haube mit grünem Bande eingesäumt. Man kann auch, solange die Zunder-Hadern noch weich sind, die ganze Kappe aus einem einzigen Stück formen. An den Rand der Mütze werden zwei der Kappe anliegende Zunderstreifen genäht, der breitere hinten, der schmälere vorn. Auch

diese Streifen werden eingesäumt ... Mittels eigener Model sind in die einzelnen Stücke verschiedene Figuren eingepreßt ... Eine solche Haube ist von schön gelbbrauner Farbe, federleicht und seidenweich. Sie liegt dem Kopf knapp an ... Früher wurden auch Hüte, Westen und sogar ganze Anzüge aus Zunderschwamm angefertigt ... Den Hauben und Hüten schrieb man bedeutende Wirkung gegen Kopfweh zu. Blau, H. u. V., II, S. 147, 323, 405 f. (Die letzten Sätze auszugsweise.)

67. Die ersten Langhosen sah man in Bayern wohl an den Soldaten der französischen Revolutionsarmee, die 1797 bis in die Nähe von Regensburg vordang. Ihrer Einführung in die Volkstracht ging aber doch wohl das bürgerliche Vorbild in Städten und Märkten voraus.

68. Die Überlieferung berichtet, daß Michael Heigl, der Räuber vom Kaitersberg, der um 1850 vom Lkrs. Kötzting aus weite Gebiete unsicher machte, in der gewöhnlichen Tracht der Burschen mit kurzem Janker, langen hellblauen Hosen und niedrigem Hut zu gehen pflegte.
Das von Brunner, S. 203 zitierte Tanzliedchen aus Wulting (C) zählt in vielen Strophen die einzelnen Bestandteile der Burschenkleidung vor Einführung der Langhose einschließlich Kopf und Haartracht auf. Der letzte Vers lautet: "Heut kann i net wunderschöi tanzen, / Weil i koi schöns Kopferl net ho / Und koi schöns Schneckerl dran ho. / Mei Kopferl, mei Schnekkerl; mein Hüterl, mei Quasterl; mei Jopperl, mei Lizerl; mei Tücherl, mei Franzerl; mei Leiberl, mei Knöpferl; mei Hoserl, mei Stricherl; mei Strümpferl, mei Zwickerl; mei Stieferl, mei Stöckerl (Absatz), mei Schuah. – Ei, was bin i heut wieder für a lustiger Bua."

69. Von ungar. cziska = Stiefel. Auch die vorn oft im Bogen aufsteigende Oberkante entspricht dem ungarischen Geschmack. Vielleicht waren sie ursprünglich Importware durch die Donauschiffahrt. Wir fanden Stiefel mit smokeartigen Zierfalten an den Schäften schon an der hölzernen Flachfigur des „Oberösterreichischen Mühlviertler Pauernknechts" von 1729 im Ob.Öst. Landesmuseum, Linz.

70. Brunner, S. 110 f.

71. Bavaria, I, 2, S. 1006 (vgl. Anm. 51).

72. In den Inventarien, B. St. A. Lht., Br. Prot. Kötzting 363, 1818/19, waren auch neumodisch gefärbte stahlgrüne und lichtblaue Röcke verzeichnet.

73. Noch vorhandene feuerrote Leibln wurden um 1900 nur noch „zum Scherz" angezogen. Sie waren meist „zweireihig".

74. Zipfelhauben wurden in Ayrhof (V) „Beghauben", im Böhmerwald „Schnepfhauben", genannt. Grueber und Müller fanden um 1850 im Oberen Wald Zipfelhauben oder Pelzmützen und darüber breitrandige Hüte. – Auf einer Vt von 1791 in St. Hermann (R) sieht man einen Kranken im Bett mit der Zipfelhauben.

75. Blau, H. u. V. III, S. 101, zählt auf: a) Leinwand, Leiwad, Leimad, Tou [Tuch]. Die grobe „werkene" oder wirchene, rupfene, wurde zu Säcken, Strohsäcken, Stallschürzen, Hemdstößen [unterer Teil], Schuh- und Hosenfutter verschnitten. (Die Hosen waren bis über die Oberschenkel gefüttert, weil man – Anfang des 19. Jh. – keine Unterhosen trug.) Die gröbste Leinwand war die „neunschockige", bei der schon neun Schock Fäden einen Strähn Garn geben. Davon trugen arme Leute Hemden. Wohlhabendere nahmen diese Sorte nur zum Hemdstoß, zum Oberteil zwölf- bis sechzehnschockige Leinwand. Von der neunschockigen erzählt Blau folgende Anekdote: Um 1875 hörte der Oberlehrer Stark in Hammern (Künisches) ein Kind entsetzlich schreien. Die Ursache war, daß der Bäcker-Hausl [Balthasar] eine neue Pfaid [Hemd] anlegen mußte. Dann stand er mit gespreizten Beinen und gespreizten Fingern vor dem Hause und schrie, weil ihn das grobe Hemd so arg kratzte. – In der einfachen taffetartigen Webweise stellte man mit zweiteiliger Kette „Streiflinge" mit andersfarbigen Fäden und Fadengruppen her; „Häusel" (Kaisl = Gehäusel-Schachmuster), wenn auch der Eintrag zweifarbig war.
b) Zwilling (Zwilch) oder Drilling, köperartige Gewebe bedeutender Stärke, feinere für Inletts (Ingefiedern), gröbere für Handtücher und Säcke.
c) Gradl, Leinen- oder Halbwollzeug zu Weiberröken, Mund-, Hand- und Tischtüchern. – Soweit Blau. Im Zellertal (K u. V) hieß „'s Tou" (Tuch) ein Mischgewebe aus Wolle und Flachs (vgl. Anm. 32). Hosenstoff war ähnlich, aber mit weniger Wolle. Mit 2 bis 3 mm breiten schräg laufenden flachen Rippen (Köperbindung) und Eintrag von Werg hieß der Stoff Federrieß (Federriet). Er diente zur Werktagskleidung der Männer (vgl. Schmeller I, Sp 691, sowie Zaborsky, Von den Ehalten ..., B. Jhb. f. Vkde. 1954, S. 197).

76. Conrad Krämer d. Ä. in Kötzting erzählt, daß sich die bäuerliche Hierarchie an den Hutschnüren ablesen ließ. Ein größerer Bauer im Wald trug zur schwarzen Schnur Quasten (Trollen) und Schieber (der die Schnur um den Hutgupf zusammenzog, echt golden, ein mittlerer silbern, ein kleiner schwarz. Die Quasten hingen hinten, etwas seitlich über den Hutrand.

77. Der Tuchmantel mit überfallendem Kragen, oft mehreren übereinander, gehörte in der Biedermeierzeit zur Herrenmode, in Wien „Schmiß" genannt. Aus der zweiten Hälfte des 19. bis an die Schwelle unseres Jahrhunderts besitzen wir zahlreiche Quellen für sein Vorkommen in der Volkstracht. Vgl. Zaborsky, B, Abb. T. IV (mit kleinerem Kragen). Nach Grueber und Müller war dieses Kleidungsstück gleichsam eine Rangauszeichnung der Hausväter, und jeder setzte eine Ehre darein, als „mantelmäßiger" Mann zu gelten (vgl. T. 15 r o).

78. Genau dieselben Gebände tragen die Frauen auf dem Epitaph der Familie Perger, gem. v. Wolf Huber 1516, in Passau.

79. Schwarz als Farbe der Hoftracht entwickelte sich erst mit der zunehmenden seelischen Verdüsterung Philipps II. von Spanien (1556–98). Entgegen dem sonst überraschend schnellen Umsichgreifen anderer Mode-

erscheinungen nahm die Niederbayerische Volkstracht diesen Verlust an Farbigkeit erst 80 bis 90 Jahre später an.

80. Wir glauben nicht fehl zu gehen, diesen Trachtenstil als eine Abwandlung der gleichzeitigen Mode zu betrachten. Liselotte von der Pfalz (1652–1722), Gemahlin des Prinzen von Orléans schreibt aus Paris: „Alle meine Unterröcke sind mit Nesteln an mein Leibstück gebunden und le Manteau ist auf mein Leibstück genehet." Mit Manteau bezeichnete man damals den vorn offenstehenden Rock, der den prächtigen Unterrock sehen ließ. (T. 4, unten Mitte.) – In unserem Falle vermittelten einen ähnlichen Eindruck die rockartig fallenden langen Schöße der Jacken, deren Leibstück den Oberkörper umschließt (Abb. 19 und T. 4 u, rechts neben der Mittelfigur).

81. Leider läßt die betende Haltung der Stifterinnen recht oft den vorderen Jackenabschluß nicht erkennen.

82. Schmeller (I, Sp. 1290): „pers. Schuba, ital. giubba, frz. juppe; ist ohne Zweifel der nächste Grund unserer Schaube." Für die bayerische Mundart erklärt er: a) Rock oder Kittel der Weibspersonen, gewöhnlich von schwarzer Wolle, b) Die Schaube, ä. Spr., eine Art Überkleid der Mannspersonen, besonders ein Talar, tunica talaris, oder auch ein mit Rauchwerk gefütterter und verbrämter Kaftan (vgl. Abb. 2).

83. Schmeller (I, Sp. 1290): Kardiß, Zeug aus Schafwolle zu Weiberröcken.

84. Blind wohl für Bliand, Bliant, ein seidener Stoff, Schmeller I, Sp. 328. – Damaß, vgl. Anm. 43.

85. Der Angabe Schmellers (II, Sp. 46), das Reckal, ist namentlich der Unterrock des weiblichen Geschlechts, muß für den Wald widersprochen werden. Der Sprachgebrauch nannte hier von altersher *so* eine bescheidenere Jacke.

86. Großer Pelzbogen über der Haube, vgl. T. 17, e.

87. Schmeller I, Sp. 1218): Die (b. W.) der Kachel . . . wie hchd. (im Scherz und Spott) jedes Geschirr. Der Vergleich des ähnlich der späteren Riegelhaube versteiften Haubenbodens mit einer Topfkachel liegt nahe, vgl. T. 17, d.

88. Des Bauern Marculf häßliche Frau kannte nicht „der rechten schönen fra*w*en *pundt*, den die werden [werten] frawen pinden mit jrn schlairn vornen und hinden; ain handtuch was ir pundt." Schmeller II, Sp. 521. – Pfaz, vielleicht barockes Synonym für das mittelalterliche Gebände (Pundt), von Fatsche, Umwicklung (vgl. ital fascio).

89. Im Bayerischen Wald überhaupt Glasperlen, Kugeln, ja sogar Tränen (Pettala).

90. Vielleicht von zullen, grobe Fäden spinnen, Schmeller II, Sp. 1116.

91. Der tiefe Ausschnitt unterm Knöchel hat sich an den oberbayerischen sogen. Haferlschuhen erhalten, auch die lange, in der Folge heruntergeklappte Vorderlasche bis in die 20er Jahre des 20. Jh. Als sie dann von den Schuhfabrikanten aufgegriffen und an den Konfektionsschuhen ad absurdum geführt wurde, verschwand sie mit dieser Modeerscheinung auch aus der Volkstracht.

92. Vgl. das Bildnis der Lady Talbot, Schule Hans Holbeins d. J., London.

93. Auch in der Antike und in jener Zeit des hohen Mittelalters, als man barhäuptig zu gehen pflegte, gehörte der Hut zur Reisetracht – notabene der Männer.

94. Vgl. Zaborsky, G, Abb. 2, 10, 11. An dem allerdings viel jüngeren Strohhut auf T. 5, l o, fällt die eigenartige Form ohne sichtbaren Gupf auf. Ohne eine Beziehung konstruieren zu wollen, möchten wir auf eine Ähnlichkeit mit den Hüten der Vierländerinnen bei Hamburg hinweisen.

95. Das Gebände unter dem Kegelstumpf bzw. der Pelzmütze, findet man im Gäuboden bis zum Anfang des 18. Jh., im Rottal zur Trauer noch 100 Jahre später. (Vgl. Zaborsky, G u. R).

96. Flachhüte mit sehr niedrigem Gupf, ähnlich den hier betrachteten, kamen noch in der Mitte des 19. Jh im Allgäu vor, A. Weitnauer, S. 56, 57, 59, ebenso im Pustertal. Belege dafür im Germ. Nat.-Mus. zu Nürnberg. – Hottenroth I, S. 193, zeigt den Hut der Augsburger katholischen Frauen und Mädchen aus der 1. Hälfte des 18. Jh. nach Jeremias Wolff. Er gleicht mit seinem engen hohen Gupf völlig den gleichzeitigen Formen im Lkrs. Regen und Umgebung. Er hatte, wenigstens in Augsburg, damals gar keine Höhlung mehr. Der Gupf war zu einer hölzernen mit Stoff überzogenen Atrappe entartet. Im Germ. Nat.-Mus. zu Nürnberg befindet sich ein im Umriß sehr ähnliches Stück, aus der 2. Hälfte des 17. Jh., nicht ganz so hoch und mit hohlem Gupf. Der Durchmesser der Scheibe etwa 31 cm, die Höhe etwa 18 cm. Ein noch maßvoll entwickeltes Stück dieser Art aus Filz, unbekannter Herkunft, befindet sich im Bayer. Nat.-Mus. München. Der Hut einer reichsstädtischen Bürgerin im Museum der Stadt Regensburg mit einem Durchmesser von 53 cm ist mit schwarzem Atlas bezogen, um den Gupf mit schwarzen Spitzen garniert. Dieser ist 8,5 cm hoch und zeigt sichtbar das Material: schwarzes Stroh. – Bonfini berichtet im 15. Jh., daß die Wienerinnen in Hüten die Märkte besuchten. Wenzel Hollar bringt um 1630 das Trachtenbild einer „Mulier Pragensis" im Spanischen Mäntelchen, Halskrause und breitrandigem Spitzhut. – Im Lkrs. Kötzting blieb der Spitzhut der Frauen noch lange in Erinnerung. Die 1835 gemalte Stiftungstafel im Bachmeierholz, die den ersten dort stattgefundenen Gottesdienst im Jahre 1751 darstellt, zeigt alle Frauen einheitlich in schwarzen Jacken und Röcken, blauen Schürzen und Strümpfen und schwarzen breitscheibigen Spitzhüten. Auch das 1818 datierte, jetzt leider verfallene Gemälde auf dem Erbbegräbnis Kollmayer an der Pfarrkirche in Kötzting stellte neben zwei Frauen in schwarzen Rokokohauben zwei in Spitzhüten, darunter weißen Bundhauben dar, die auf dem Bild im Bachmeierholz vergessen waren.

97. Vgl. Zaborsky, G, Abb. 17.

98. Vgl. ebd., Tab., Nr. 31, 65, 68, 70. Der Bram, Kopfbedeckung der Weiber aus Fischotterfell, Schmeller I, Sp. 355.

99. Bedeutsam erscheint uns der Beleg von 1739 aus Handlab (D), T. 6, r o. Hier sind der breitere vordere und der wenig schmälere hintere Bräm mit Schnüren oder Bändern so aneinander geknüpft, daß sie nicht nach vorn und hinten auseinanderklaffen können. Wir sehen darin die Vorform jener „Otterhauben" zwischen dem Inn, der Salzach und der Hollertau, an denen man das Zusammenstoßen der vorderen und hinteren Hälfte des Pelzes und die dadurch gegebene quer längliche Form des restlich verbliebenen Haubenbodens oft noch gut erkennen kann (vgl. Abb. 10b).

100. Vgl. Zaborsky, G, Abb. 18, 19, 24. Auf der VT einer Müllerin in Handlab (D) von 1696 ist es sogar vor dem großen bürgerlichen Bägel (Pelzbogen) aus Fuchsfell zu sehen, während es entsprechend dem Gebrauch im Gäuboden, ihrer Tochter als einzige Zierde über der weißen Bundhaube dient (vgl. T. 16 l). Das Befestigungsband ist in diesem Falle rot.

101. Möglicherweise ist es dieselbe Trachtenerscheinung, die als das Käppchen der Betzingerinnen in Württemberg bis ins späte 19. Jh. fortlebte.

102. Wir schauen über die Grenze des ehemals bayerischen Innviertels und bemerken im nahen Engelhardzell 1653 den Spitzhut, mehrere datierte und z. T. auch örtlich bestimmte Belege für den Flach- und Spitzhut, für ersteren von 1634 aus Raab (in Altötting), 1670 mittelhoch aus Wampetsham (in Raab), spitz von 1715 aus der Weiherner Pfarre (in Raab). An die Frauenhüte des Bezirks Schärding schließlich sich in den südlich benachbarten Bezirken Ried und Braunau Mützen mit breitem Pelzbräm an, deren Rand den bekannten Schwung zeigt. Zu Anfang des 19. Jh. beginnt man ihn hinten so hoch aufzustellen, daß die sogen. Sesselhaube entsteht. Jedoch kommen dort bis zum Beginn des 18. Jh. auf bürgerlichen VT auch Frauenhüte vor, die gleichzeitig im anschließenden Salzburger Flachgau auch für die Tracht der Bäuerinnen belegt sind. – Ähnlich verläuft die Entwicklung diesseits der jetzigen Grenzflüsse, ebenfalls zur Sesselhaube. Diese hat sich vielleicht auch erst im Zuge der antikischen Helmformen in der Frauenmode hinten so aufgebäumt. Sie ist im übrigen keineswegs nur auf die Inn-Salzach-Gegend und nicht nur auf die Frauentracht beschränkt (vgl. M. u. A. Haberlandt, Die Völker Europas, Stuttgart 1928, Abb. 38, Mandiere, Istrien, in hoher Pelzmütze). Auch in Mähren kam sie im 19. Jh. in der Männertracht vor, den hohen Rand aber nach vorn, vielleicht in Anlehnung an die Grenadiermützen des Heeres. – Die Bürgerinnen von Laufen hielten bis ins erste Drittel des 19. Jh. an dem maßvoll geschwungenen Bräm ihrer Mützen fest. Im Rottal, gegen Landshut und die Hollertau zu, blieb man, wie in Anm. 99 erwähnt, das 18. Jh. über bei der altertümlichen Form des Pelzbräms, der man dann die Gestalt eines Bienenkorbes gab, wobei der ursprüngliche Mützenboden zu einem 5 cm Durchmesser aufweisenden goldbestickten Fleckchen zusammenschrumpfte. Im Gäuboden kam, wie schon bemerkt, vereinzelt noch bis zum Anfang des 19. Jh. der schwunglose flach zylindrische Pelzrand vor, während gleichzeitig aus der Gegend von Landshut zu unverkennbarer Gäubodentracht der flache Frauenhut belegt ist (Zaborsky, G, Abb. 31), den auch wenig später, als Trachtenstück einer alten ärmeren Frau, ein Bild in Viechtach zeigt (T. 15 r).

103. Böndl, Boden der Weiberhaube „Und aft'n a Haubm mit an spannhouchn Bram und an ganz reicha Böndl müatst habm, wenn I die nam", Schmeller I, Sp. 211. Die letzten Böndl wurden noch im 19. Jh. im Salzburgischen getragen. Es waren kleine Brokathütchen mit Goldspitzenrand (vgl. T. 17, f. und Abb. 12), die man am Hinterkopf ansteckte. Hottenroth, I, Abb. 70, zeigt eine Nürnbergerin in der „Marderhaube" mit großem Bägel und schönem Böndl.

104. Auf einem der Gemälde in der Grabkirche von Deggendorf trägt eine Frau genau so eine Haube, deren vordere Rüsche nach oben geklappt ist.

105. Im Museum der Stadt Sulzbach, Opf., fand sich ein solcher etwa 25 cm langer und 6 cm breiter flacher vielsträhniger Streifen schwarzer Samtschnüre unter der Bezeichnung „Kopfschmuck für Bräute".

106. Der gestaltende Gedanke, das Gesicht mit vielschichtigen Rüschen zu umrahmen, taucht – von außereuopäischen Haartrachten abgesehen – im Krüseler des späten Mittelalters auf (vgl. die hl. Maria Magdalena vom Grabower Altar, 1379, Hamburg, Kunsthalle). Geramb (I, Abb. 148), zeigt ein umfangreiches Beispiel an einer oberdeutschen Holzplastik vom Ende des 14. Anfang des 15. Jh., Berlin, Staatl. Museeum. Wie verbreitet der Krüseler war, beweisen die zahlreichen Bodenfunde von tönernen Puppenköpfen, die er ziert, Nürnberg, Germ. Nat.-Mus. – Eine auffällige Spielart der Rüschenhaube des 18. Jh. zeigt an Stelle der gefältelten Tüllstreifen einen Wust von schwarzen Stoffzaddeln. – Nicht ohne Einfluß auf diese Gestaltungen dürfte auch die Fontange geblieben sein, T. 4 u M. – Eine Spätform ländlicher Art finden wir auf dem in Anm. 52 bezeichneten Gemälde.

107. Auf der nach Abschluß der vorliegenden Arbeit in der Pestkapelle Arnbruck (V) wiederaufgetauchten VT des Joh. Georg Pölsterl von 1718, sieht man die Frauen in Schwarz mit Schneppentaillen, weißen Schürzen und Halstüchern. Dazu tragen sie braune Bägel mit goldenen Böndl. Die Töchter sind abwechselnd mit roten und blauen Schoßjacken und blauen und roten Röcken dargestellt, mit weißen Schürzen und Halstüchern und silbernen Kranln am Hinterkopf.

108. B. St. A. Lht., Br. Prot. Grafenau 105, Inv. v. 1742 f. – Leider sind in den entsprechenden Briefprotokollen von Kötzting, 306 und 1773 f., nur Männertrachten verzeichnet. In einer Zeit, da man in Inventarien zuweilen findet „sit venia, Stiefel", wäre eine solche Prüderie, Frauentrachtenstücke nicht zu nennen, denkbar. Eine Ausnahme bildet das genaue Inventar des Zadlerschen Nachlasses (Anm. 57), in dem auch die Frauenkleidung verzeichnet ist.

109. Das Obvent-(Advent-)Weibla, eine Spukgestalt bei Neuern (Bö) wird als altmodisch gekleidet so beschrieben. (J. Blau, Schwänke und Sagen aus dem mittleren Böhmerwald: E. K. Blümml, Quellen u. Forschungen zur D. Vkde., Bd. VI, S. 144.) – Im Zellertal (K. u. V.) trägt eine weibliche Spukgestalt ein „routs Schankerl" (Jacke).

110. Die Passauer Haube war damals noch nicht so eigenartig entwickelt, wie 20 oder 30 Jahre später.

111. Die etwa 1 cm breiten Halme des Bandgrases heißen im Oberen Wald „Taffetbandl". Brunner, S. 153.

112. Eines der leider seltenen Bildbeispiele des Trachtenwandels, oder auch sozialer Unterschiede in der Kleidung zeigt eine VT in St. Hermann (R) von 1798. Die Bäuerin trägt die Rokokohaube, die Tochter oder Magd das Hauptentuch.

113. Es kann sich hier kaum um die bekannte Riegelhaube handeln, die sich erst später von München aus über Bayern verbreitete. Zu der hier erwähnten Passauer Haube vgl. Anm. 110.

114. Diese Sitte war weit verbreitet, vgl. Anm. 168.

115. Der Spenser (eigentlich Spencer) beherrschte die Mode von den letzten Jahren des 18. Jh. bis in die 40er Jahre des 19. Eipeldauer Briefe, Wien 1804, 26, S. 24 erwähnen seinen Einzug in die Volkstracht (1802): Eine Köchin friert beim Einkaufen, „aber morgen wirds schon anders sein: denn moring bringt mir der Schneider mein Gspenst". – Eipeldauer setzt fort: „Da hat's sicher das englische Modigwandl, den Spenzer drunter verstanden."

116. Franz Lipp, J., S. 365. – Ders. L., S. 3.

117. Also Wadenstutzen, wie die Beinhösln der Älplerinnen.

118. Im Unteren Wald, bis in die Gegend von Tittling, wurden im 2. Drittel des 19. Jh. schwarze und braune Woll- und Seidentücher mit sehr schönen Blumen an den Rändern und in den Ecken gewebt. Die Seide kam zu Schiff die Donau herauf, und sie führten den Handelsnamen Passauer Tücher. – Der Bürger Josef Graßl in Perlesreuth errichtete 1836 dort eine Seiden- und Kanevas-Weberei, die wöchentlich u. a. 25 Dtzt. größere und kleinere seidene Kopftücher herstellte. Seine „Perlesreuther Madrastücher" aus Bauwolle, mit bunten Seidenblumen in den Ecken, wurden bis nach Österreich ausgeführt. Der Marktbrand von 1874 vernichtete das Unternehmen. (Mitt. v. Max Peinkofer.)

119. Karlinger, a. a. O. S. 83. – Der Irrtum geht auf Rose Julien zurück, die ihre unwissenschaftliche Behauptung seit 1912 immer wieder verkündete.

120. F. van Thienen, Das Kostüm der Blütezeit Hollands, Kunstwsch. Stud. Bd. IV, Berlin 1930.

121. Gottlieb Heinrich Heinse, Linz und seine Umgebung, Linz 1912, S. 35.

122. Grund zu der wiederholten Behauptung, die Kopftücher kämen aus Böhmen, mag ihr im Wald verbreiteter Name „Böhmtüchln" sein. Als Handelsware und auf Schmugglerpfaden kam damals manch schönes bedrucktes oder gewebtes Tüchl „aus dem Böhm". – Hanika, S. 149, weist den allgemeinen Übergang von der viereckigen Form des Kopftuchs zum dreieckig zusammengelegten, vom weißen zum bunt bestickten [so das Hauptentuch im Gäuboden], zum farbigen und endlich zum schwarzen nach. Schon 1780 trägt eine Bäuerin in der Gegend von Wetzlar, Hessen, ein großes Kopftuch mit Kinnbindung (Hottenroth III, S. 209, Fig. 79/5). In Rußland wurde das Kopftuch von Deutschen über Polen eingeführt (Zelenin, S. 228).

123. Zaborsky, G, besonders Abb. S. 28 u. T. 11.

124. Vgl. ebd. In Wallern (Bö) rollte man die Seitenzipfel des Linzer Kopftuches oben etwas ein, ähnlich wie früher am Hauptentuch.

125. Mitteilung von Dr. Gustav Baumgartner, Wien. Vgl. auch V. v. Geramb, S. 198, Abb. 106 von 1927, aus Pernegg, Steiermark.

126. Wir vermuten, daß es sich bei der Kopfbedeckung der armen Frau auf der Legendentafel in St. Oswald (G), T. 4, o M, um diese Bindung des Kopftuches handelt (vgl. Zaborsky, B, Abb. 15). Es ist uns im ganzen östlichen Bayern um 1937 in dieser Tragart begegnet. Die Trägerinnen, meist alte Frauen, bezeichneten es als „alte Art".

127. Im Jahre 1949 trugen es noch zahlreiche, auch jüngere Frauen in Perlesreut (Wo) zur Kirche.

128. Grueber u. Müller, S. 52.

129. H. Reder, S. 93. Der Verf. teilt mit, daß die „Ilzerinnen" um 1860 das Kopftuch windschief auf das linke Ohr, auf die Spitze des Nestes geheftet, trugen.

130. Es ist naheliegend, diese Kopftücher mit Flügeln zu vergleichen. Das tat vorausschauend schon um 1800 der Waldprophet, der Mühlhiasl, indem er aussprach: „Wenn d'Weiberleut ausschaun wer'n wia d'Rabn, dann is nimmer weit ..." (bis zum Eintreffen seiner apokalyptischen Gesichte, die wir nicht mehr für so unmöglich halten, wie seine Zeitgenossen). Wahrscheinlich im Anschluß an seine bildkräftige Bezeichnung nannte man die „neumodische" Kopftracht zuweilen auch „Rabenkopftücher".
Ein Pfarrer im Mittleren Wald ließ sich bei seinem Nachruf auf die Nesthaube von der Kanzel wie folgt vernehmen: „Meine Köchin hat auch eine, eine kleine, eine schwarze, eine zusammengetetschte. Sie hat mir immer gefallen, sie hat ihr immer gefallen, und sie wird an ihr verbleiben, das hoffen wir, bis zu ihrem Ende. (Mitteilung von Max Peinkofer.)
Die Geistlichen, zumal die Missionäre, gingen mitunter recht rauh in der Bekämpfung trachtlicher Neuerungen vor. In Perlesreut (Wo) ist noch in lebendiger Erinnerung, daß die Redemptoristen Frauen und Mädchen, die auf Grund einer zeitweiligen Modelaune in den 60er Jahren ungewöhnlich schmale Fürtücher (Schürzen) trugen, diese „weggerissen" haben.

131. Klier teilt uns in der Ö. Zschr. f. Vkde., Bd. 53, Wien 1950, S. 124 mit, daß in Wien etwa zwischen 1809 und 1842 nur wohlhabende Frauen Kleider in einem Stück trugen. Unsere Belege, besonders aus dem Lkrs.

Deggendorf (1817, 1837 u. a.), lassen ein so spätes Datum für die Übernahme des „Kleides" in die Waldlertracht fraglich erscheinen.

132. Felix Dahn nennt diese Miederform „Inntaler". Bavaria I, 1, S. 429.

133. Ein ähnliches Heiratsgut fand sich in der Nähe von Steinburg (B).

134. Zaborsky, G, T. 15.

135. Wie die alte Irlbäuerin mir erzählte, mußte sie und ihre Schwestern auf Anordnung ihres Vaters als junges Dirndl Unterhosen tragen, im Sommer leinene mit „Zankn" (geschlungene Zackenkante), im Winter gestrickte, wollene. Sie standen aber mit dieser Neuerung recht vereinzelt da.

136. Josef Blau. St. Leonhard bei Neuern, Zschr. f. ö. Vkde. V, Wien 1899. In das Zitat sind hier mündliche Ergänzungen J. Blaus eingeflochten.

137. In einem der Inventare aus Grafenau von 1679 finden wir: 1 Weiberhaube, schwarz, blind damassen, der Verstorbenen Brauthaube. (Blind, vgl. Anm. 87).

138. Vgl. Zaborsky, G, Abb. 36 u. T. 16, a.

139. Wir hoffen, in einer späteren Veröffentlichung auf die Bürger- und Adelstrachten näher eingehen zu dürfen.

140. Vgl. Zaborsky, G, Karte S 37. – Die Entwicklungsreihe der städtischen Jungfern- und Brautkrönlein läßt sich nach zahlreichen erhalten gebliebenen Abbildungen nachzeichnen. Jost Ammann stellt in seinem Trachtenbuch von 1577 die gewöhnliche (Nürnberger?) Jungfrau mit einem schmalen Haarband, das wie ein Kranz um den Kopf gelegt ist, dar. „Eine gemeine Braut" trägt es dicker, strangförmig gewunden, oben mit Grün besteckt. Das Krönlein der „Brautdienerin" vom Patriziat besteht aus Goldborte mit kronenartigen Zacken aus Goldspitze. – Joh. Christ. Hafners „Brauttänze", etwa von 1700, zeigen die Braut mit einem auf einem schwarzen Käppchen sitzenden nach oben erweiterten Kegelstumpf (Modius), an dessen oberem Rand Flinserln an kurzen Drähten zittern. Die Brautdienerin (?) trägt ein ziemlich schmales mit Flittern benähtes rotes (?) Haarband. Von seinem Unterrand hängen Flinserln herunter (vgl. das Egerländer Glokkenbendel). In der 1. Hälfte des 18. Jh. gingen die Bürgerbräute in Nürnberg mit einer niedrigen kleinen Krone, von der nach allen Seiten Bandschleifen abstanden. Entsprechend zeichnet F. Leopold am Anfang des 18. Jh. einen (weibl.) Hochzeitsgast. Die Bräute des Patriziats gingen als „Kronenbraut" mit der „Flinderhaube", ähnlich der von Passau (Abb. 19). – (Alle Belege im Kupferstichkabinett des Germ. Nat.-Mus. Nürnberg. – Vgl. auch Otto Bramm, Deutsche Brautkränze und Brautkronen, Jhb. f. hist. Vkde. III/IV, Berlin 1934, S. 163 f.) – Die fürstliche Braut trug im 16. Jh. den Kopf mit einem kostbaren Kranze von Perlen und Kleinodien geschmückt, Joh. Voigt Dtsch. Hofleben im Zeitalter der Reformation, Neudruck o. J. Dresden, S. 17.

141. Felix Dahn, Bavaria I, S. 437 f., nennt zahlreiche Gegenden Oberbayerns, wo die Brautkrone um die Mitte des 19. Jh. im Aussterben war.

142. Fr. Schönwerth, S. 82–86.

143. Sprachlich verwandt mit „Glockenbendel", dem Kopfschmuck der Egerländer Bräute. – Schönwerths Ausführungen lassen erkennen, daß selbst im Bereich der Oberpfalz die Bezeichnungen Bendl, Kranl, Krone durchaus nicht immer dasselbe bedeuteten. Seine Beschreibung des Bendels um Fronau, Lkrs. Roding, erinnert an das Brauthäubchen von Untermühlbach (B), wohl zu unterscheiden von den Bänderhauben mit becherförmigem Körper, die er „Wasserhauben" nennt, wohl nach den „gewässerten" Seidenbändern („Moiree").

144. Im Germ. Nat.-Mus. zu Nürnberg wird unter der Bezeichnung „Brautkrone aus dem Graflinger Winkel" (D) ein typisches Bräutigamsarmband, entsprechend Abb. 20, verwahrt. Auch ein zweites, reicheres Stück, „Brautjungfernkranz aus dem Graflinger Winkel" erscheint nicht zutreffend bezeichnet. Dagegen dürfte die in der Slg. Krämer, Kötzting, als „Bräutigamsabzeichen, am Oberarm zu tragen" erscheinende, 15 cm im Durchmesser große rosa Bandrosette mit einem Nest aus den bekannten Flittern, Metallspitzen, Glassteinen usw., von 7,5 cm Durchmesser als Brautkrönlein anzusprechen sein. Vielleicht ist es das von Hazzi erwähnte „Rotnest" (S. 35). Der dazugehörige auf Draht gearbeitete 26,5 cm hohe Strauß mit rosa Bandunterlage war wohl ein Abzeichen des Bräutigams auf seinem Hute.

145. Anders mancherorts in Oberbayern, wo man das Kranl oben auf dem Scheitel trug. Dort war es auch trommelförmiger. Vgl. die Zeichnung der Tölzer Braut vom Anfang des 19. Jh. in der Sammlung Kling, Germ. Nat.-Mus. Nürnberg.

146. Wolfgang Maria Schmid, von dem wohl auch der unsignierte Aufsatz, Die Passauer Haube, NBay. Monatsschr. 1912, S. 79, stammt, erzählte mir die Geschichte von einer bürgerlichen Braut um die Mitte des 19. Jh. in Passau, die es verwirkt hatte, im jungfräulichen Kranl zum Altar zu gehen. In der Haube der Bürgerinnen, der bekannten Passauer, konnte sie sich ebenfalls nicht sehen lassen. Also verfiel sie auf den Ausweg, sich mit der Riegelhaube zu schmücken. So kam dieses in Passau sonst wenig gebräuchliche Trachtenstück dort zu einer bis heute unvergessenen Volkstümlichkeit. – Für den Wald weniger bedeutungsvoll ist das Vorkommen eines ganz kleinen, seitlich an die Passauer Haube gehefteten Blumen- oder Myrthenkranzes, wie er ähnlich auch am Hauptentuch des Gäubodens erscheint (Zaborsky, G, Abb. 34).

147. Prangen ... wird vorzüglich von Mädchen gesagt, welche mit dem jungfräulichen Kranz (dem Kranl) und allerlei Blumen und Bändern geziert, die Fronleichnamsprozession begleiten (Schmeller I, Sp. 470).

148. Vgl. Zaborsky, G, Abb. 20 und Tab., Nr. 19 u. 78.

149. Felix Dahn, Bavaria I, S. 378, vermerkt, daß die

Prangerinnen, z. B. im Berchtesgadener Land, weiße Hemden über ihrer Kleidung trugen, und daß erst gegen die Mitte des 19. Jh. die nach dem allgemeinen Zuschnitt angefertigte weiße Kleidung angelegt wurde.

150. Maximilian Schmidt (Waldschmidt), Der Reismüller, Reutlingen, o. J., S. 282. Wir zitieren ihn mit allem Vorbehalt und gestehen seiner dichterischen Freiheit Abweichungen zu. Doch stimmen seine Angaben nicht uneben zu unseren anderen Feststellungen. Sie scheinen z. T. von Rank übernommen zu sein.

151. Die freundlicherweise von Herrn Professor Fritz Blumentritt, Budweis, im Jahre 1938 beim dortigen bischöflichen Ordinariat für mich in die Wege geleitete Umfrage nach dem Vorhandensein von Votivtafeln hatte ein ausnahmslos negatives Ergebnis.

152. Merkwürdigerweise kommt ganz Böhmen, gemessen an der bevorzugten Darstellung mährischer, ungarischer, alpenländischer und südslawischer Trachten auch in bilderreichen Werken auffallend schlecht weg. So zeigen die französisch und englisch beschrifteten Costumes des états hereditaires de la Maison d'Autriche, Londres 1804, unter der Bezeichnung „un esclave bohemien" unter betontem Hinweis auf das in Böhmen herrschende Sklaven-, nicht Slawentum (!), das typische Bild eines Zigeuners mit seinem transportablen Schmiedewerkzeug, daneben das Bild einer ausdrücklich als Zigeunerin bezeichneten Frau. Das genügte dem Werk für Böhmen. Die identischen Abbildungen in den Kleidertrachten der kaiserlich österreichischen Staaten, Wien o. J., um 1805, sind um ein paar Blätter bereichert, darunter ein „Bauernmädchen aus Böhmen". Das prachtvolle Trachtenalbum aus Österreich-Ungarn mit 140 kolorierten Steinzeichnungen nach Ranftl, Kollarz, Gerasch u. a., Wien um 1856–62, enthält nur je eine Männer- und Frauentracht aus dem Pilsener und Piseker Kreis. Grüner stellt in seinen Trachten aus Böhmen, Prag um 1850, auch einige Sudetendeutsche dar. Seine Figuren aus dem Budweiser Kreis können wir aber mangels näherer Angaben nicht ohne weiteres als Böhmerwäldler in Anspruch nehmen. Dasselbe gilt von den beiden Trachtenpaaren, die A. Beck in seinem »Budweiser Kreis im Kgr. Böhmen«, Wien 1841, aus dem Sammelwerk »Das pittoreske Östereich« übernimmt. Die einzige Quelle, die mit einiger Wahrscheinlichkeit Bilder von Bauern aus dem Böhmerwald darzustellen versprach: A. Pucherna, Trachten böhmischer Bauern, Prag 1814, mit 36 Abbildungen in Kupferstichen von Ludwig Grf. Buquoy, dessen Geschlecht im Böhmerwald begütert war, fehlte in allen sieben Bibliotheken und graphischen Sammlungen Wiens, in denen ich 1957 danach suchte. Die reich illustrierten Werke von Josef Wenzig und Johann Krejci, Der Böhmerwald, Prag 1860, und Friedrich Bernau, Der Böhmerwald, Prag 1888, zeigen keine oder nur ganz oberflächlich gezeichnete Trachtenbilder.

153. Heimattreue Böhmerwäldler in der Fremde haben mir in entgegenkommendster Weise mit Lichtbildern, Zeichnungen und Zeitschriftenausschnitten wesentliche Beiträge geliefert.

154. Blau, H. u. V. III, S. 151.

155. Zeitschr. f. öst. Vkde., VI, 1900, S. 248., VIII, 1902, S. 192, XV, 1909, S. 117.

156. Wie auch auf manchen bayerischen Belegen erscheint es unklar, wie angesichts des lang herunterreichenden Kamisols die Hosenträger, deren Steg an der Brust sichtbar ist, angeknöpft waren.

157. Mitteilung von Josef Blau.

158. Josef Blau, Alteisensteiner Bauernhabe, Ztschr. f. Öst. Vkde., XV, 1909, S. 117.

159. In einem Hochzeitslied aus der Gegend von Krumau heißt es: „Schauts nur die Resl an, wia's sou schön schmunzln kann, wie sich der Brustfleck hebt und wie sichs Herz bewegt". – Die Tschechen übernahmen die Sache mit dem Wort und nannten noch gegen Ende des 19. Jh. die Weste „bruclek". Aus Hüttenhof im Böhmerwald vermerkt G. Baumgartner in der Öster. Ztschr. f. Vkde. 1950, S. 149, die Bezeichnung „Vorleib" für eine warme Decke, offenbar in Beziehung zum Brustfleck.

160. Abgedruckt in Waldheimat, 3. Jhg. 1926, S. 151.

161. Dies als einzige Sommerbekleidung auch größerer Kinder im Haus und Hof war bis zum ersten Weltkrieg im Oberen Bayerischen Wald nichts außergewöhnliches.

162. Blau, K. F., S. 430.

163. Ders., zum Inventar eines Bauern, Ztschr. f. Öst. Vkde. VIII, 1902, S. 194.

164. fl (Florin) = Gulden.

165. Für die Abschrift aus dem Manuskript bin ich Herrn Oberlehrer Blau zu besonderem Dank verpflichtet.

166. Die silbernen Leiblknöpfe, meist alte Münzen, waren nicht angenäht, sondern mit ihren großen „Ohren" durch Löcher der Weste gesteckt und mittels einer innen durchgezogenen Peitschenschnur befestigt. Blau, H. u. V. III, S. 270.

167. Um 1890 erlaubte sich in der Gegend von Rothenbaum bei Neuern ein Bauer, sich einen Überzieher machen zu lassen. Er wurde daraufhin von den Nachbarn als „Röckeltoni" verspottet und man prophezeite ihm, er würde bei solcher Verschwendung bald abhausen. (Mitteilung von J. Blau.) – Im Gegensatz dazu finden wir bei Schramek und Höfer einen Überrock zur Wintertracht im Künischen und im Unterland angeführt.

168. Mit Schuhen und Strümpfen wurde damals sehr gespart. Selbst bei Hochzeiten ging alles bloßwadig und barfuß bis zur Kirche, auch das Brautpaar. Am Kirchenanger wurden Strümpfe und Schuhe angezogen. Ebenso bei Wallfahrten. Um 1850 trug man dann auf Wallfahrten Strümpfe mit Sohlen aus altem Hutfilz benäht, ohne Schuhe, und ging in der Kirche in Pantoffeln. Noch um 1900 waren Schuhe sehr rar. In Flecken bei Neuern mußten eine große Bäuerin und

ihre Tochter abwechselnd zur Kirche gehen (Frühmesse und Amt), weil sie zusammen nur *ein* Paar Schuhe besaßen. – Mitteilung von J. Blau, vgl. Anm. 114. – Auch noch später gehörten Pantoffeln zur ordentlichen Kleidung. Der Gastwirt Ilg in Kuschwarda, ein sehr unterrichteter Mann, begrüßte im dunklen Anzug mit bestickten Pantoffeln um 1910 den durchreisenden Erzherzog Franz Ferdinand.

169. Gerippter Stoff, ähnlich Kord, aus gezwirntem Garn.

170. Noch um 1880 trug man in der Gegend von Bergreichenstein eine Art Halbzylinder.

171. Schramek zitiert S. 33 f. außer Rank auch Schmidl und Beck, deren Mitteilungen mit unserer Tabelle im wesentlichen übereinstimmen.

172. Wohl von der Uniform der im alten Österreich-Ungarn sehr populären Husaren übernommen.

173. Sepp Spat von Eisenstraß berichtete mir als Nachkomme künischer Freibauern: Der Bauer trug grüne Hutquasten, der Schöffe schwarze, der Richter silberne, der Oberrichter goldene. – 1765 trug der Oberrichter als Amtszeichen einen Richterstab (Blau, K.F.).

174. F. A. Schmalfuß erwähnt 1851, daß der Tuchrock der Künischen bis an die Knöchel reichte, mit schmalem stehenden Kragen, „darunter aber immer eine Jacke" – das althergebrachte Kamisol.

175. Die Wochentagshemden hatten keine Knöpfe, sondern wurden sonntags an Hals und Ärmeln mit einem Stich vernäht und am nächsten Sonntag wieder geöffnet. Die Haare kämmte man vom Scheitel nach allen Seiten auseinander. In Gutwasser bei Hartmannitz trug man unterm Hut ein anliegendes Käppchen aus schwarzem oder grünem Samt, wie das Soli Deo der Bischöfe. Es wurde im Wirtshaus nicht abgelegt. – Die Bauern-Leibln um 1880 im Museum Bergreichenstein waren von schwarzer Seide, eins, wohl das älteste, mit sehr großen Damastkaros und Stehkragen, zweireihig, die anderen einreihig, mit Umlegkragen, hoch geschlossen. Die Knöpfe schwarz, mit Metallrand.

176. In der Gegend von Prachatitz gab es im 19. Jh. gewerbliche Stricker von Zipfelmützen. Blau, H. u. V. III, S. 309.

177. Die Hosen wurden über die Oberschenkel hinunter mit grober „Werchener" oder „wirkener" Leinwand gefüttert, weil man auf den Dörfern keine Unterhosen trug. Blau, H. u. V. II, S. 101.

178. Jüngere Hüte ähnlich den „Dachauern", niedrig, mit abgerundetem Gupf, aus Velour, mit Entenfedern oder Kunstblumen geziert.

179. Das Leibl, die hochgeschlossene Weste, war um 1870 zweireihig, später einreihig, mit weißen, nicht metallenen Knöpfen.

180. Die Lederhosen hießen um 1870 „ihrene" (weißgegerbte), vgl. Schmeller I, Sp. 130 f. Hinten verlief eine Ziernaht quer oberhalb des Gesäßes, vgl. T. 14, unten.

181. Die Jacke (Schalk) war hinten kürzer als vorn, braun, blau oder schwarz mit engen Ärmeln, nur vorn wenige Metallknöpfe. Zu Festtagen trugen auch hier die Bauern lange mantelartige Schoßröcke in den gleichen Farben. (Anm. 178–181, nach Mitteilungen von Direktor Draxler, Wallern.)

182. An den schlauchartigen Geldgürteln unterscheidet man die älteren breit bandförmigen (Abb. 7), deren frühere Stufe dicht mit Zinn-Nieten in meist strengen Mustern benagelt ist. Die jüngere Stufe zeigt Federkielstickerei. Neuere Geldgürtel tragen über der zugezogenen Öffnung der Geldkatze einen liegend eiförmigen oder sozusagen spitzovalen Schild, daneben ein kleineres stehendes Rechteck zur Versteifung, und manchmal am Ansatz des Schnallriemens eine lange liegende Zacke, auf denen sich die Stickerei konzentriert. Diese neuere Form bietet den Vorteil, daß man ohne Umstände an die Öffnung der Geldkatze gelangen konnte, während man die älteren Gürtel abschnallen mußte, um den auf der Körperseite angebrachten Verschluß zu öffnen. Diese Gürtel wurden nach Blau, H. u. V. III, S. 128, bei Händlern bestellt, die sie in Oberösterreich und Bayern mit den gewünschten Mustern, Namen und Jahreszahlen herstellen ließen. Die Stickerei an ihnen sei Frauenarbeit gewesen.

183. Schramek bezeichnet es leider nicht näher, *wo* die Ärmel vorn geschlitzt waren. Am Unterrand, oder in der Ellenbeuge, wie im 17. Jh.

184. Die Holzschuhe sind die eigentliche und allgemeine Werktagfußbekleidung (der Männer und Weiber) außerhalb des Wohnraums. Von Außergefild an abwärts werden ganz hölzerne Schuhe getragen. Der professionelle Holzschuhmacher nimmt hiezu Fichten- oder auch Föhrenholz ... Er arbeitet das Innere derart aus, daß Sohle und Ristholz bei Kinderschuhen keinen ganzen Zentimeter, bei großen Schuhen nur wenig darüber dick werden ... Der Preis der Schuhe schwankt je nach Größe und Kaufort zwischen 50 und 80 Hellern. Viele Bauern, besonders aber Kleinhäusler, verstehen die Kunst der Holzschuhfabrikation selbst ... Von Außergefild aufwärts (nordwestlich und östlich (Bergreichensteiner Gegend) werden die sogenannten „Nejschla" getragen, das sind Schuhe, deren Sohle samt Absatz von Holz, der obere Teil von Leder ist, welches mittelst kleiner Nägel an dem Holze befestigt ist. – „Kwaderlin" sind Holzschuhe, deren lederner Oberteil hohen Schnürschuhen nahe kommt. Schramek, S. 23 f. u. 27. – Die Ähnlichkeit der ganz aus Holz bestehenden mit den Holländischen Holzschuhen, die auch in weiten Gebieten Nordwestdeutschlands getragen werden, ist auffallend. Der Schlüssel hierzu liegt bei der Initiative eines Fürsten Schwarzenberg, der in der zweiten Hälfte des 19. Jh. einige Holzschuhmacher zur Vervollkommnung ihres Könnens in die Niederlande schickte. (Leider ist dem Verf. der Lit.-Hinweis mit näheren Angaben durch Kriegseinwirkung abhanden gekommen.)

185. Früher wurde die Werktagstracht für Männer, Frauen und Kinder aus blauer Leinwand hergestellt. Die

Männer trugen auch gern gedruckte Janker (Tschanker). Blau, H. u. V. II, S. 131.

186. Höfer, S. 72 f. Er behandelt die allerletzten Erscheinungen der Böhmerwaldtrachten, leider ohne nähere Ortsangaben. Die häufige Verwendung der Stoff-Bezeichnung Duradei läßt seine Ausführungen auf den Unteren Böhmerwald lokalisieren.

187. Firmpatengeschenke waren um 1915 in der Krumaurer Gegend u. a. ein feines Hemd, dessen Oberleib und Ärmel von Kammertuch, der Unterleib aus Leinwand bestand, ein seidenes Halstuch, eine seidene Weste, oder Wollstoff zu einem ganzen Anzug. – Für Mädchen ein Kleid, eine seidene Schürze, ein seidenes Hals- oder Kopftuch, Ohrringe, ein verzierter Kamm und Halsschmuck (Schramek, S. 185). Hütbuben erhielten zu Allerseelen oder zu Martini ihren Lohn: 20–40 fl, drei Hemden (früher grobe linnene, jetzt baumwollene), ein „tscherkenes" Gewand, eine Sommer-Leinwandhose, ein Paar Stiefel [hohe Schnürschuhe], 2 P. Holzschuhe, ein Paar dicht gewirkte Fußsocken und manchmal auch noch einen Hut. Schramek, S. 167. – Jedes Mädchen, welches einen Verehrer hat, muß ihm zu Ostern, damit er ihm treu bleibe, ein Osterpackel geben, welches aus einem seidenen Halstuch, einem Vorhemd mit rot ausgenähtem Tauf- und Zunamen, einem Stück Westenzeug, einem Tabaksbeutel, Pfeifenflecken und Pfeifenquasten, einem mit Spitzen beränderten Taschentuch, roten Eiern und „Scheikln" und „Wackn" (Kuchen) besteht. Schramek, S. 146. (Entspr. Blau, H. u. V. III, S. 297, nach Pf. Mardetschläger aus Lagau bei Krumau, 1852.)

188. Vorhemd oder auch bestickter Latz aus anderem Stoff, von frz. chemise = Hemd.

189. Vielleicht Breis-Tüchlein, von breisen, schnüren, heften, Schmeller I, Sp. 363.

190. Taille, engl. *waist* (Anm. v. Höfer).

191. Jedoch soll man „verschrieenes" Vieh, in Deutsch Moliken, mit der „Pudlhaubn" (Pelzhaube) abreiben (Schramek, S. 241).

192. Von ung. gatya, Leinenhose. Vgl. aber auch Anm. 177.

193. Höfer behauptet, daß bis 1848 den Bauern das Barttragen „verboten" gewesen sei. Eine etwaige bis zu den Reformen Kaiser Josefs II. gültige Vorschrift (?) mochte länger nachgewirkt haben. Die künischen Freibauern trugen seit jeher Bärte. Spätestens seit der Mitte des 19. Jh. fand man solche auch häufig in der Gegend von Winterberg und Außergefild. In Wallern waren große Vollbärte bis zum 1. Weltkrieg üblich. Im Unterland starben die „Kaiserbärte" schon früher aus. Im Norden waren sie seltener, denn der Wirt Peter Weber in Flecken bei Neuern hieß der „Bartwirt", weil er sich als erster in jener Gegend um 1860 einen Bart wachsen ließ. (Blau, H. u. V., I.)

194. Ebd. II., S. 54.

195. Schramek, S. 295.

196. Ein reicher Bauer trug zu dunkelbraunen Hirschhosen schwarze Wadelstiefel mit großen roten „Trullala".

197. Ein Gebiet farbenfreudiger Stickerei ist das zwischen Vollmau und Stubenbach liegende Übergangsgebiet des nordgauischen zum bayrischen Stamme. Hier werden seit alter Zeit runde Hauskäppchen und Hosenträger (Halfter) für die Männer und Burschen (namentlich die Pfingstelreiter – vgl. Abb. 22), Wickel- und Wiegenbänder, dann die Miederleibchen und Handtaschen der Frauen ... mit Wolle und Seide, Pulswärmer auch mit Glasperlen bestickt, ... neuerer Zeit freilich schon teilweise nach fremden, abgesehenen Mustern ... Blau, H. u. V. III, S. 187 – vgl. Abb. 24.

198. In Gedankenverbindung damit zeigte mir der alte Baier, wie die Enden des Schnauz-(Schnurr-)bartes seitlich abstanden.

199. Das Röckl entsprach im Zuschnitt dem Gehrock des ausgehenden 19. Jh. und paßte sich auch in der Form des Kragens der Zeitmode an, während der Schalk und der im folgenden beschriebene „Schößlfrack" noch den hohen Biedermeierkragen aufwiesen.

200. Gradl, Art eines Zeuges aus Wolle und Baumwolle. Schmeller I, Sp. 985.

201. Auch hier das „Kulturgefälle" von den Alpen her, wie in Niederbayern.

202. Schramek, T. II.

203. Mesulan (Meßalan), Mischgewebe aus Garn und Wolle, der im folgenden erwähnte Verstat, eine Stoffart.

204. Josef Blau, Der Nachlaß einer Inwohnerin, Zeitschr., f. öst. Vkde. XV, 1909, S. 117 f.

205. Vgl. Schmeller I, Sp. 315 u. 1781.

206. Zweifarbig gestrickt, vgl. Anm. 209.

207. = Atlantis 1932, H. 9, S. 535.

208. Es ist unbestimmt, ob es sich bei den Frauen mit Kopftüchern in Kinnbildung um Deutsche handelt.

209. Zwirl (b. W.), Gewebe aus gezwirnten Fäden von zweierlei Farben, deren je einer von Garn, der andere von Wolle ist. Schmeller II, Sp. 1181. – Vgl. Anm. 56.

210. Die Röcke der Neuerner Spitzenklöpplerinnen (nach Blau: 1. der Rathauskittel (wenn sie aufs Rathaus berufen werden, um Steuern zu zahlen, der schlechteste, den sie hatten; 2. der Stallkittel, 3. der Werktagskittel, 4. der Wallfahrtskittel, mußte sehr dauerhaft sein, 5. der Sonntagsnachmittagkittel aus gehäuseltem oder gestreiftem Gewebe, 6. der Sonntagvormittagskittel, aus Tuch.
Um Winterberg trugen die Frauen früher kurze Hüftenröcke aus hausgewebtem „Meßalan"[203]; Blau, H. u. V. II, S. 111. – In der Nähe von Neumark mußten die Mädchen 7–9 Kittel tragen, damit sie umfangreich waren, als Zeichen der Wohlhabenheit. (Mitteilung von Jos. Blau.)

211. Josef Blau, der Enkel des Überlieferers, setzt hinzu: Diese Tracht wurde bis Ende der 20er und Anfang der 30er Jahre des 19. Jh. getragen und mußte den bunten Kattunen und den bunt gewirkten Umhängtüchern weichen. – Wir fanden auf der bayerischen Seite des Waldes dieselbe Erscheinung.

212. Ein ganz eigentümliches Tracht- und Wäschestück ist „s Mäultejchal", welches meines Wissens nur im Böhmerwalde vorkommt und im oberen Walde noch lange Zeit getragen werden dürfte. Es ist dies ein weißes Leinentuch von der Größe einer Serviette, welches so gefaltet und getragen wird, wie man sonst überall solche zum Verbinden einer Backe bei Zahnschmerz zu verwenden pflegt; doch wird dieses Tuch, seinem Namen entsprechend, so getragen, daß auch der Mund und das Vorderkinn davon verhüllt erscheinen. Der ursprüngliche Zweck dieses Mundtuches ist wohl der gewesen, zur Winterszeit, besonders bei stürmischem Wetter, der rauhen Zugluft und dem Schnee den Weg zum Munde abzuschneiden ... Indessen wurde das Tragen dieses Schutztuches so zur Gewohnheit, daß manche Weiber es auch bei guter, selbst bei recht warmer Witterung nicht mehr abzulegen pflegen. Da die Weiber darunter auch noch das Kopftuch tragen, so sehen ihnen nur Augen und Nase aus der Vermummung heraus, ... Mädchen tragen diese Mundtücher nicht. (Schramek, S. 20.) – Ob sich in diesem, den Frauen vorbehaltenen Trachtenstück nicht ein Rest des Gebändes erhalten hat (vgl. T. 1 r o), das z. B. im Rottal noch bis in die 20er Jahre des 19. Jh. (zur Trauer) im Gebrauch war? – Dieses Tüchlein trugen übrigens auch die tschechischen Chodinnen (Abb. bei Bernau).

213. Aus dem zweiten Jahrzehnt des 20. Jh. berichtet Blau (H. u. V. II, S. 58): Frauen und Mädchen beim Holzziehen (mit dem Zugschlitten) trugen feste Stiefel (hohe Schnürschuhe), Männerhosen, freilich auch noch einen oder zwei Röcke (Kittel) darüber. – Mägde dingten sich zu ihrem Lohn oft einen tscherkenen Kittel aus.

214. Silbernes Kettengeschnür, wiewohl als malerisch mehrfach abgebildet, scheint im Böhmerwald doch nur von besonders Wohlhabenden getragen worden zu sein.

215. Es ist bei dieser Längenangabe zu bedenken, daß bis gegen 1915 sehr lange Röcke in der Mode waren.

216. Im Bergreichensteiner Museum fand sich an Frauentracht: Ein roter, schwarzgrün geringelter Rock. Unten waren die Querstreifen breiter, oben nur Linien, aus leichter Sommertscherke[32]. – Ein in je 3 mm Breite rot und blau gestreifter Zwilchrock mit schwarzer Randborte, die kleine Bogen bildete, ein Unterrock aus rotem dicken Flanell mit bunten Streifen, ein 6 cm breites braunes Band, darunter ein 1 cm breites schwarzes am Saum. Ein zweiter Unterrock war weniger lebhaft in den Farben, aber mit schönem breiten gemusterten Randstreifen. *Diese „böhmischen Unterkittel" waren sehr weit verbreitet und wurden auch im Bayerischen Wald gern getragen.* (Es ist aber ganz verkehrt, sie, wie es jetzt manchmal geschieht, in Trachtengruppen als Oberröcke zu tragen.) – Sie wurden von „Vazierern" (Hausierern) verhandelt. – Der alte Schneider Baier in Obermoldau, Bez. Prachatitz, wußte noch aus der alten Zeit, daß früher die Weiberröcke aus weiß-rotem, die besseren aus weißblauem Leinen gewebt waren. Um 1840 seien die Blaudruckmuster aufgekommen. Diese Arbeitskittel waren an einem Leibl ohne Ärmel aus demselben Stoff angenäht. Es war mit Hafteln geschlossen. Der Ausschnitt spitzig und nicht groß, man sah die zwei obersten Hemdknöpfe. Manche trugen das Hemd auch etwas weiter ausgeschnitten. Das Schultertuch, „Drizipf", wurde mit den langen Vorderzipfeln unter die Schürze gesteckt. Es war aus Kattun oder Leinen.

217. Das Schaikl (Spenser) sei älter gewesen, nur für den Kirchgang aus Tuch, sonst aus leichtem Stoff, aus bedrucktem Kattun oder auch weiß (Hauswebe). Hinten gingen die Nähte gekrümmt vom Kreuz zu den Ärmelansätzen („Kaiserschnitt", wohl wegen der Ähnlichkeit mit Waffenröcken). Die Schößeln waren 2 bis 3 Finger breit. Zum Verschluß Hafteln bis an den Hals. – Später kam der „Schulk" (Schoßjacke) auf. Er war aus schwererem Stoff.
Eine alte Schneiderin in Haidl bei Bergreichenstein erzählte mir, daß die Röckln um 1850 ganz kurz und oben sehr weitärmelig waren, mit großem eckigen oder rundem Ausschnitt, oben und an den Ärmeln wattiert, an den Handgelenken eng. Mit Rüscherln, „Röserln", und Knöpferln um den Ausschnitt. Der ganz schmale Schoß wurde extra angenäht. Er war hinten zu einem Schüberl zusammengerafft, wie die zusammengezogene Öffnung eines Tabaksbeutels wegstehend, darum ein Dutzend und mehr kleiner Knöpfe (vgl. Abb. 24). Doch hielten sich diese Röckeln oder Scheikeln nicht lange, weil die Alten über diese „sündige Hohfohrt" empört waren. (Es kam vor, daß Väter den rückwärtigen Faltenansatz am Hackstock mit dem Beil abhieben!), Schramek, S. 30. – Danach kamen die „Maiker" mit längeren Schößen auf (Abb. 23 M), die mit schrägen Zierfalten über die Brust und Fischbeinstäben in allen Nähten in die Taille gearbeitet waren.

218. Auch diese kurzen Busenhemden lassen an eine Verwandtschaft der Böhmerwäldler mit den Rottalern denken.

219. Der alte Schneider Baier in Obermoldau meinte, in den 40er Jahren hätten die Tuttelstrümpfe nicht farbig sein dürfen, man hätte sonst die Trägerinnen als narrisch ausgelacht. Werktags waren die Strümpfe blau. Schramek erzählt (S. 18), daß die schadhaften Strümpfe und Socken nicht gestopft, sondern durch Aufnähen von Resten alter geflickt würden, so daß sie schließlich an Sohle und Rändern fingerdick wären. Das kann man noch heute im Bayerischen Wald beobachten.

220. Schuhe wurden früher nur beim Schuster „angefriemt" (bestellt), – der Schuhmacher macht Holzschuhe.

221. Zeger, Zöger, in Bayern sonst nur für Handtasche gebraucht.

222. Dasselbe berichtet Blau von den Bäuerinnen um Bergreichenstein. – Ferner trugen in Seewiesen im Künischen die Frauen in älterer Zeit große feinleinene weiße Halstücher, mehr oder weniger reich ausgenäht. Sie hatten Dreiecksform und waren so groß, daß sie

auf dem Rücken gebunden werden konnten und noch in langen Enden herabhingen. Blau, H. u. V. III, S. 187. – In der Krumauer Gegend trugen die Frauen gegen Ende des 19. Jh. Hemden mit netzförmiger Fältelung (Smoke).

223. Mehrfach, vom Unterland bis zum Künischen.

224. Die Bevorzugung der Farben Dunkelblau und Schwarz trifft ebenfalls für das Rottal zu.

225. Auch diese, der Überlieferung entnommene Formulierung widerlegt, daß die Flügelkopftücher böhmischen Herkommens seien.

226. In den 80er Jahren trugen auch die Schulmädchen in Neuern solche „hintere Tüchl", aber kleiner als die Erwachsenen.

227. Hier ergibt sich eine Verbindung zur Egerländer Art, das Kopftuch zu binden und zu der „Turbanform", Abb. 17.

228. Blau: Auch meine Mutter trägt sich seit ihrer Jugend so. Die Mädchen tragen jetzt bloß die „Hanka". Zschr. f. öst. Vkde. V, Wien, 1899.

229. Nach Mitteilung des Färbermeisters Budweiser in Neuern wurden bei ihm um 1880 wöchentlich 100 bis 150 Flügel-Kopftücher zum Auffärben gegeben (damals nicht mehr anders als schwarz). Um 1915 trugen sie nur noch wenige alte Frauen. Blau, H. u. V. III, S. 128.

230. Die Schmelchen, die Schmiele, Gras überhaupt, das dünn und langhalmig ist, Schmeller II, Sp. 549. – Direktor Draxler wies mich auf Stifters Erzählung, Der Waldgänger, hin, in der diese Tragart des Kopftuches beschrieben ist. Die Erzählung spielt in Ischl, doch sind dort die Heugertücher unbekannt.

231. Die Goldhauben als Brautzier sind offenbar erst an Stelle der „altmodisch" gewordenen Brautkronen (T. 18, a) zu dieser ehrenvollen Verwendung gelangt.

232. Blau, H. u. V. VII, S. 270. Er setzt fort: Nach dem großen Stadtbrande von 1863 widmeten die Wallerner Frauen ihre Goldhauben der Kirche und es wurden aus ihnen zwei Meßgewänder (Kaseln) angefertigt. Das eine, dessen Rückenteil aus drei Reihen von Haubenflecken besteht, ist eine wahre Musterkarte alter Goldstickerei.

233. Wenn Gustav Jungbauer nicht die aus seiner Oberplaner Heimat gewohnte Bezeichnung „Drahthaube" irrtümlich auf Bergreichenstein übertragen hat, dann kannte man auch dort „goldene Drahthauben" (G. Jungbauer, Böhmerwaldsagen, Jena, 1924, S. 53).

234. Blau, H. u. V. III, S. 267, S. 274. Er berichtet von der Verwendung kleiner Glasperlen, „Batterln", zur Verzierung von einzelnen Teilen der Volkstracht, besonders in der Gegend von Rothenbaum (vgl. Abb 24). – Es gab auch geschliffene Glasperlen. Sie waren teuerer (Obermoldau). Halsschmuck aus mehrreihigen anliegenden Ketten von Glasperlen nannte man Gspreng (T. 14 l).

235. Blau, H. u. V. III, S. 184 f.

236. Ebd. VII, S. 315.

237. Schramek, S. 25, 228.

238. Ebd. S. 149.

239. Im Zellertal sagt man, sonst sch... einen der Palmesel an.

240. Schramek, S. 194.

241. Bei der Verlobung vor den beiderseitigen Eltern und Zeugen schenkt die Braut ein seidenes Taschen- oder Halstuch und den kunstvollen Hutaufputz und erhält als Gegengeschenk vom Bräutigam das Drangeld von 1–5 fl. Kurz vor der Hochzeit kauft der Bräutigam den Ehering und die Brautschuhe, sie ihm ein Hemd, ein Halstuch oder eine Kravatte, und ebenfalls Schuhe. Schramek, S. 189, 193.

242. Nur bei sogen. „Nobelhochzeiten" waren die Bänder weiß. Schramek, S. 190. Weiß ist die „modernere" Hochzeitsfarbe. – Im Oberen Bayerischen Wald ist der von der Braut gespendete Bandschmuck am Stock des Hochzeitsladers vielfarbig. Hat sie noch kein Kind, dann sind auch weiße darunter.

243. Im oberen Wald werden jetzt den geladenen Hochzeitsgästen „von der Nahterin", meist aber von der Schwester der Braut, Myrtenzweiglein angesteckt, wie die Myrte überhaupt den althergebrachten Rosmarin als Hochzeitssymbol abgelöst hat.

244. Schrameks Berichte über die Hochzeitstrachten der einzelnen Gegenden S. 22–32. – Blau ergänzt: Jeder Bräutigam muß außer der Braut auch ein sauberes Tabakglasel besitzen. Dieses ist gewöhnlich ein besonders schön geschliffenes Rubinglas [flach, kreisrund, Ø 7–8 cm, mit kurzem Hals], mit Blumen oder Kränzlein bemalt oder mit Blasen oder Schnürln [eingeschmolzene, meist gedrehte farbige Glasfäden] geziert. Es heißt „Brägganglasl" (Rotenbaumer Pfarre). Wenn die Hochzeitsgäste im Hause des Bräutigams ankommen, wo sie sich vor dem Abmarsch zur Kirche allmählich versammeln, werden sie von der Musikbande, die vor dem Hause wartet, mit einem Tusch empfangen [im Bayer. Wald nennt man das „einispieln"]. Der Bräutigam steht in der Tür und bewillkommt die Gäste. In einer Hand hält er ein Halbeglas ... das mit einer roten Seidenmasche geschmückt ist, in der anderen den Tabak. Er läßt die Ankommenden trinken und bietet ... zum Schnupfen an. (H. u. V., V., S. 225.)

245. Rank 1851, S. 49. – Blau erwähnt den mächtig großen Kopfputz aus vergoldetem Draht, den eine Braut in der Gruft der Frh. Kotz v. Dobrsch in Oberneuern auf dem Haupte hatte. (B. H. u. V., IV., S. 189.)

246. Die letzten Zeilen, die Rank als Anmerkung bringt, sind der einzige ältere Beleg über die Böhmerwälder Brauttrachten, etwa von 1830. Die auffallend kurze Jacke kam damals auch im Rottal vor.

247. Hottenroth I, T. 13, nennt diese Kopfbedeckung „Böhmische Mütze". Er weist sie für die 2. Hälfte des 16. Jh. in Schwäb. Hall, 1577 in Nürnberg nach, jedesmal zur kleinbürgerlichen Tracht.

248. Durch den Vergleich mit der von derselben Hand

stammenden Tafel aus Kaikenried (V) in Greising von 1723 zeitlich bestimmt und örtlich mit großer Wahrscheinlichkeit auf den Ort dieses Namens, Gem. Drachselsried (V), bezogen.

249. Der Hut des Knaben in der Art des oberösterreichischen „Jodlhutes" und die Andeutung der Männerweste (Kamisol) nach einer VT von derselben Hand in Greising, 1721.

250. Mitgeteilt von Josef Blau.

251. Johann Reisbacher, geb. 1803 in Haibühl (K), 1834 in Kollnberg (V) als bürgerlicher Maler genannt. Einer der wenigen namentlich bekannten Tafelmaler in Niederbayern. Von ihm ist im Grenzgebiet der Landkreise Kötzting, Viechtach und Bogen eine Anzahl sorgfältig gemalter VT erhalten.

252. Ein Gegenstück aus der Steiermark sieht man auf dem in Anm. 52 bezeichneten Gemälde.

253. Vgl. Karlinger Farbtafel.

254. Das zugehörige Bildnis des Wachsziehers zeigt ihn im modischen Biedermeierrock.

255. Die Schützenscheibe um 1861 im Museum Prachatitz zeigte auffallend ähnliche Frauentrachten, jedoch ohne Miedergeschnür, und als Kopfbedeckung Tücher in Nackenbindung, z. T. auch große Umschlagtücher mit Kinnbindung.

256. Im Oberen Wald trugen die Roßknechte stets einen blauen Fürfleck (Schurz).

257. Ein Brauthemd wie das vorliegende, aber mit kürzerem Oberteil, um 1900, fand sich auf dem Schafhauserhof bei Haidl im Künischen (Bö).

258. A. Haberlandt, Werke der Volkskunst I, Wien 1914, T. XXXII.

259. Diversi Ditmarsorum et vicinarum gentium habitus, Nürnberg, Germ. Nat.-Mus., K. St. Kab., H. B. 17708.

260. Eine zweite, ähnliche, ohne den oberen Bogen, mit orangefarbigem Stanniol bezogen, ebd.

Schrifttum

Im Text sind die Werke durch die Namen der Verfasser und, wo nötig, durch die in Klammern angefügten Abkürzungen des Buchtitels bezeichnet.

Bavaria. Landes- und Volkskunde des Königreichs Bayern, bearb. v. einem Kreise bayerischer Gelehrter, 1. Bd.: Ober- und Niederbayern. München 1860

Bendel, Josef: Zur Volkskunde der Deutschen im Böhmerwald. Wien u. Prag 1915

Blau, Josef: Böhmerwälder Hausindustrie und Volkskunst, Beitr. z. dtsch.-böhm. Volkskde. XIV, Prag 1917/18 (H. u. V.)

— Die Künischen Freibauern. Pilsen 1932 (K. F.)

Bramm, Otto: Deutsche Brautkränze und Brautkronen; in Jahrb. f. hist. Volkskde., 3./4. Bd., Berlin 1934

Brunner, Johann: Heimatbuch des bayerischen Bezirksamtes Cham; Sonderbeilage II d. bayer. Hefte für Volkskde. München 1922

Castenauer, Joseph: Beschreibung der Pfarrei Ruhmannsfelden im Bayer. Walde, Landger. Viechtach, 1812; Niederb. Monatsschr., 2. Jhg., S. 28. Passau 1913

Geramb, Viktor von: Steirisches Trachtenb. Graz 1932

Graßl, Peter: Geschichte der deutschböhmischen Ansiedlungen im Banat. Prag 1904

Grueber, Bernhard, u. *Adelbert Müller:* Der Bayerische Wald. Regensburg 1851

Haberlandt, Michael u. *Arthur:* Die Völker Europas. Stuttgart 1928

Hahm, Konrad: Deutsche Volkskunst. Berlin 1928

Hanika, Josef: Sudetendeutsche Volkstrachten; Beitr. z. Sdd. Volkskde. Reichenberg 1937

Hazzi, Josef: Statistische Aufschlüsse über das Herzogtum Baiern. Nürnberg 1801–1806

Höfer, Josef: Die Kleidung der Böhmerwäldler; in Waldheimat, 2. Jhg. Budweis 1925

Hottenroth, Friedrich: Deutsche Volkstrachten vom 16. Jh. an bis um die Mitte des 19. Jh. Frankfurt a.M. 1898–1902

Karlinger, Hans: Die bairischen Bauerntrachten; in Bayer. Hefte f. Volkskde., 5. Jhg. München 1918

Köhler, Bruno: Allgemeine Trachtenkunde, 7 Bde.; Reclams Univ.-Bibl. Leipzig 1900–1902

Kubitschek, Rudolf: Böhmerwäldisches Spottbüchlein. Winterberg 1943 (Sp.)

— Der „Böhm" im bayerischen Volksspott; Böhmerwälder Heimatschriften 1921 (B.)

— Die Mundarten des Böhmerwaldes. Pilsen 1927 (M.)

— Die Herkunft der Wallerer; in Sdd. Z. f. Volkskde., 8. Jhg. 1935, H. 5/6 (H. W.)

— u. *Valentin Schmidt:* Wallern und die Wallerer; Böhmerwälder Dorfbücher, H. 4. Budweis 1921 (W. W.)

Lipovsky, Felix Joseph: Sammlung Bayerischer National-Costüme. München 1822

Lipp, Franz: Jahrbuch der Stadt Linz. Linz 1955 (J.)

— Linz und die österreichische Volkskultur; Katalog d. Oberöster. Landesmus. Linz. Linz 1956 (L.)

Medizinisch-topographische und ethnographische Beschreibung der Physikatsbezirke Bayerns, auf Grund der Entschließung vom 21. April 1858 angefertigt von den Gerichtsärzten. Um 1860. München, Bayer. Staatsbibl., Handschriften-Abtlg.

Österr.-Ungarische Monarchie im Bilde, Die, Bd. Böhmen I. Wien 1894 (Ö.-U.M.)

Rank, Josef: Aus dem Böhmerwald. Leipzig 1843 (Schramek zitiert die Ausgabe von 1851)

Reder, Heinrich: Der Bayerwald. Regensburg 1861.

Schmeller, J. Andr.: Bayerisches Wörterbuch. Stuttgart 1827 ff.

Schmid, Wolfgang Maria: Über Wege und Ziele der Trachtenkunde; Bayer. Hefte f. Volkskde., 10. Jhg. München 1923/24

Schmidl A. A. u. *A. Beck:* Das pittoreske Österreich, Wien 1840

Schönwerth, Fr.: Aus der Oberpfalz. Sitten und Sagen. Augsburg 1857–59

Schramek, Josef: Der Böhmerwaldbauer, = Beitr. z. dtsch. böhm. Volkskde. XII, Prag 1015

Weitnauer, Alfred: Tracht und Gwand im Schwabenland I. Kempten 1957

Zaborsky, Oskar von: Die Tracht des Berchtesgadener Landes, = Berchtesgad. volkskdl. Schriften. Wien 1943 (B)

— Die Tracht im Gäuboden, = Trachtenkunde der bayer. Gaue I. München 1940 (G)

Die Tracht im unteren Rott- und Vilstal, = Trachtenkunde der bayer. Gaue II. München 1941 (R)

— Die Tracht im Bayerischen Wald; in Bayer. Hauskalender. München 1954

Zelenin, Dmitrij: Russische (ostslavische) Volkskunde. Berlin u. Leipzig 1927

Nachweis der Figuren in den Tabellen der Männer- und Frauentrachten, nach Landkreisen geordnet

Landkreise *Kötzting* und *Cham,* sowie ein Beleg aus dem Grenzgebiet des Oberen Böhmerwaldes (diese Belege sind mit C bzw. B vor der Nummer bezeichnet).

Männer	Frauen	Jahr	Herkunft (Beruf)	Fundort
1		1598	Hohenwarth (adeliger Jüngling)	Runding, C, Pfarrkirche
2	1	1659	Neukirchen b. Hl. Blut (Hopfenhändler)	ebd.
	C2	1673	Dinzling, Gem. Sattelpeilnstein	Heiligenbrunn, Lkrs. Rottenburg
C3	C3	1675	Runding (Bäcker)	Haidstein
4	4	1688		Schönbuchen
5	5	1692		Schönbuchen
6	6	1695	Neukirchen b. Hl. Blut	Rittsteig
7	7	16(9)5	Götzelhof bei Rimbach	ebd.
C8		1698	Runding (Kramer)	Haidstein
9	10	1700		Schönbuchen
14		1701	Reitenstein (Wirt u. Metzger)	Schönferchen (C)
C10	C8	um 1700		Schönferchen
B11	B9	1700	Flecken bei Neuern, Böhmerw.	Rittsteig
12	11	1700	Rittsteig	ebd.
C13	C13	1704	Cham (Bürger u. Rotgerber)	Schönferchen, Braunau a. Inn, Museum
15	12	1704		Schönbuchen
16		1707	Schicherhof bei Rittsteig	Rittsteig
17	14	1713	Kühberg, Gem. Harrling	St. Hermann (R)
C18	C15	1716	Wilting (Müller)	Weißenregen
19		1722	Rittsteig (Maurer u. Zimmerer)	Rittsteig, Empore
20		1726	Chamerau	St. Hermann (R)
21	16	1727	Schafhof bei Gotzendorf	Neukirchen b. Hl. Blut, Regensburg, Museum
22		1729	Schädling (?)	Trailling
23	17	173(7)	Kötzting (Bürger)	Bachmeierholz
	18	1741	Leha, Gem. Allmannsdorf	Weißenregen
	19	1740–60	Rittsteig	ebd.
24		1747		Bachmeierholz
	20	1748		Bachmeierholz
	21	1748		Neukirchen b. Hl. Blut
	21a	o. J.		Neukirchen b. Hl. Blut
25		1750	Hudlach, Gem. Hohenwarth	Bachmeierholz
26	22	um 1750	Lutzenmühle, Gem. Gotzendorf	ebd.
27	23	1754	Miltach (Schreiner)	Neurandsberg (B)
C28	C24	1754		Schönferchen
29	25	1756		Bachmeierholz
	26	1757		Bachmeierholz, Sammlg. Krиß
	27	1768		Neukirchen b. Hl. Blut
	27a	o. J.		Neukirchen b. Hl. Blut
	C28	1770		Schönferchen
30		1772	Ried, Gem. Liebenstein	Bachmeierholz
	29	1773		Schönferchen
	30	1773		Schönferchen
	31	1777		Schönbuchen
31		1777		Bachmeierholz
	32	1779		Bachmeierholz, Braunau a. Inn, Museum
32		1782	Kötzting	Kötzting, Rathaus
33	43	E. 18. Jh.		Bachmeierholz
	33	1788		Bachmeierholz

Männer	Frauen	Jahr	Herkunft (Beruf)	Fundort
	34	1794		Bachmeierholz
34		1789	Kötzting (Hammermeister)	Weißenregen
	35	1794	Ried, Gem. Liebenstein	Bachmeierholz
35	36	1792		Bachmeierholz
	36a	1793		Schöne Eiche b. Gr. Aign
	38	1793		Bachmeierholz, Straubing, Museum
	39	1793		Bachmeierholz
	40	1794		Bachmeierholz
36	41	1795	Höhenried, Gem. Kreuzbach	Bachmeierholz
37		1795	Rittsteig	ebd.
38		1797		Bachmeierholz
40	42	1798		Bachmeierholz
39	37	1798		Bachmeierholz
41		1801		Bachmeierholz
42		1801		Bachmeierholz
	44	1801		Bachmeierholz
	45	1801		Bachmeierholz
	46	1802		Bachmeierholz
	47	180(?)		Bachmeierholz
	48	1805		Neukirchen b. Hl. Blut
	49	1805	Zittenhof, Gem. Voggendorf	Bachmeierholz
43		1807		Bachmeierholz
	50	1807		Rittsteig
	50a	1809		Rittsteig
	50b	1810		Rittsteig
	51	1808		Bachmeierholz
44	52	1808	Rittsteig	ebd., Empore
	53	um 1810		Bachmeierholz
	54	1810		Bachmeierholz
	C55	um 1810		Lamberg
45	56	1811	Rittsteig	ebd.
46	58	1811		Bachmeierholz
	57	1814		Weißenregen
47		1815	Arndorf	Schönbuchen
48		1815		Bachmeierholz
	59	1815		Bachmeierholz
	60	1815		Bachmeierholz
	61	1815		Bachmeierholz
49	62	1816		Bachmeierholz
	63	1816		Bachmeierholz
	64	1817		Bachmeierholz
49a	65	1817		Weißenregen
49b	66	1818		Bachmeierholz
	67	1818		Bachmeierholz
	68	1819		Bachmeierholz
50	69	1819		Weißenregen
51	75	um 1820		Bachmeierholz
	71	1820		Bachmeierholz
	72	1820	Oberndorf bei Miltach	Weißenregen
	70	1820		Neukirchen b. Hl. Blut
	73	1821		Neukirchen b. Hl. Blut
	74	1821		Neukirchen b. Hl. Blut
	76	1821		Bachmeierholz
52	77	1822	Thürnhofen, Gem. Voggendorf	ebd.
53		1823		Bachmeierholz
54	78	1824		Bachmeierholz
	79	1825		Neukirchen b. Hl. Blut
55	80	1827		Bachmeierholz

Männer	Frauen	Jahr	Herkunft (Beruf)	Fundort
55a	81	1827		Bachmeierholz
56	82	1830		Haidstein
	83	um 1830		Haidstein
	84	um 1830		Haidstein
	85	um 1830		Bachmeierholz
61	86	um 1830		Bachmeierholz
57	89	1831		Bachmeierholz
	87	1831		Weißenregen
	88	1831		Bachmeierholz
58	93	1832		Miltach
59	90	1832		Miltach
60		um 1830		Bachmeierholz, Sammlg. Kriß
62		1831	Zandt	? Sammlung Krämer, Kötzting
	91	1832		Miltach
	92	1832		Haidstein
	92a	1832		Bachmaierholz
	92b	1835		Miltach
	94	1832		Miltach
63	96	1833		Miltach
	95	1833		Bachmeierholz
	97	1833		Miltach
	97a	1833		Miltach
	97b	1833		Miltach
	97c	1834		Bachmeierholz
	98	1833		Miltach
	99	1834		Miltach
	100	1834		Bachmeierholz
	101	1835		Bachmeierholz
64	102	1836		Bachmeierholz
	103	1837		Bachmeierholz
	104	1837		Miltach
65	106	1837	Gr. Aign	? Regensburg, Museum
	105	1837		Rittsteig
66	107	1838	Holzhof, Gem. Eismannsberg	ebd.
66a	105a	1838		Bachmeierholz
C67	C111	1840		Lamberg, Sammlg. Kriß
	108	1838		Weißenregen
	109	1838		Weißenregen
	110	um 1840		Weißenregen
	112	1841		Kötzting, Annakapelle
	113	1841		Zenching
68	114	1842		Weißenregen
	115	1842	Neukirchen b. Hl. Blut	St. Anton b. Haunersdorf/Lkrs. Landau
	116	1842		Miltach
69		1843	Ramsried, Gem. Liebenstein	Bachmeierholz
	117	1844		Bachmeierholz
	118	1844		Bachmeierholz
	119	1846		Weißenregen
	120	1846		Weißenregen
71		1847		Miltach
70		1847		Haidstein
72		1847		Haidstein
73		1849		Haidstein, Sammlg. Kriß
74		1851		Bachmeierholz
C75		1858		Schönferchen
	123	1859		Bachmeierholz
	C124	1862		Schönferchen

Männer	Frauen	Jahr	Herkunft (Beruf)	Fundort
76		1863		Weißenregen
77	125	1864		Weißenregen
77a	125a	1864		Weißenregen
	C126	1865		Schönferchen
	C126a	o. J.		Schönferchen
	127	1868		Weißenregen
	128	1869		Neukirchen b. Hl. Blut
	129	1875		Weißenregen
	130	um 1880		Haidstein
	131	um 1880		Haidstein
78		um 1885		Haidstein
Landkreis *Bogen*				
	1	1521	Bogen	Bogen, Pfarrkirche
1		um 1550		Englmar, Pfarrkirche
2	2	1601	Stallwang	ebd., Pfarrkirche
3	3	1655	Neukirchen b. Haggn	ebd.
3a	3a	1655	Neukirchen b. Haggn	ebd.
3b		167(2?)		Neurandsberg
4		1662		Neurandsberg
5		1682		Neurandsberg
6		1685		Neurandsberg
7	4	1687		Weißenberg
8	6	1689	Hilm, Gem. Englmar	Weißenberg, Bogen, Museum
	5	1689		Weißenberg, Bogen, Museum
9		1692		Weißenberg, Sammlg. Kriß
10	7	1692		Neurandsberg
	8	1693	Reiben, Gem. Dachsberg	Weißenberg
11		1695	(Müller)	Weißenberg
12	9	E. 17. Jh.	Pürgl, Gem. Neukirchen	Sammerei (Vilsh.)
	10	A. 18. Jh.	Kienberg, Gem. Bärenzell	St. Hermann (R)
	11	A. 18. Jh.		Neurandsberg
13		1702		Weißenberg
	12	1702	Kostenz, Gem. Perasdorf	Weißenberg
14	13	1704	Amosried, Gem. Albertsried	Weißenberg
	14	1711		Weißenberg
15	15	1714		Weißenberg, Bogen, Museum
16	16	1716		Weißenberg
17		1727		Neurandsberg
18	19	1727	(wohl bürgerl. Hochzeiter)	Weißenberg
19	18	1727	Steinbühl, Gem. Landorf	Weißenberg
19a	17	1725–30		Neurandsberg
20		1727	Baumgarten, Gem. Schwarzach	Weißenberg
21	20	1728		Neurandsberg
22	22	1729		Neurandsberg
	21	1729		Weißenberg
23	24	1732	Vornwald, Gem. Siegersdorf (Müller) oder Elisabethzell	St. Hermann (R)
24		1732	Hubing, Gem. Rattenberg	Neurandsberg
25	23	1732	Burghausen, Gem. Schwarzach	Weißenberg
26		1733		Neurandsberg
27	25	1733		Weißenberg
	26	1734		Weißenberg
28		1735		Neurandsberg
29	27	1739		Weißenberg
	28	1742	Hagengrub, Gem. Pfelling	St. Hermann, viell. aus Gem. Prackenbach (V)

Männer	Frauen	Jahr	Herkunft (Beruf)	Fundort
	29	1746		Sicklasberg, Bogen, Museum
	30	1747		Weißenberg
30	31	1747		Weißenberg
31	34	1750–60		Neurandsberg
32	32	1749		Weißenberg
33	33	1750	Eggersberg, Gem. Zinzenzell	Sicklasberg, Bogen, Museum
33a	35	1752	Eggersberg, Gem. Zinzenzell	Sicklasberg, Bogen, Museum
34	36	1753		Weißenberg
	38	1760	Artlsöd, Gem. Konzell	ebd.
34a	39	1761		Weißenberg
35	37	1755		Weißenberg
36		1760	(reitender Fuhrmann)	Neurandsberg
	40	1763	Kager, Gem. Gittendorf (ledig)	Weißenberg, Bogen, Museum
37		1760		Weißenberg, Bogen, Museum
38		1761		Neurandsberg
39		1763		Weißenberg
	41	1764		Weißenberg
40	42	1767		Weißenberg
41	43	1769		Weißenberg, Bogen, Museum
	44	1770		Weißenberg
	45	1770		Weißenberg
42		1778		Weißenberg? Bogen, Museum
43	46	1779		Neurandsberg
44	48	1781		Neurandsberg
45	47	um 1780		Neurandsberg
	49	1783	Ratzing, Gem. Elisabethzell (Müllerin)	Pürgl
	49a	o. J.	Pürgl, Gem. Neukirchen (Wirtin)	Pürgl
	50	1784		Neurandsberg
46		1792	Albertsried	Weißenberg
47	51	um1790		Weißenberg
48		1784	Allersdorf, Gem. Schwarzach	Weißenberg, Bogen, Museum
49		1784	(Mühlknecht)	Neurandsberg
	52	1787		Sicklasberg? Straubing, Museum
50	53	1791	(Webermeister)	Neurandsberg
51		1792		Neurandsberg
	54	1793		? Bogen, Museum
52	55	1794	Seitlhof, Gem. Siegertsdorf	Stockhaus, Priv.-Bes.
53		1795	Waltersdorf, Gem. Degernbach	Bogenberg, Bogen, Museum
53a, b		1795		Weißenberg
	56	1795		Weißenberg
54		1796		Weißenberg
	57	1799		? Bogen, Museum
55	58	1800		Weißenberg
56	59	1803		Weißenberg
57		1805	Unterfreundorf, Gem. Degernbach	? Bogen, Museum
58	61	1806		Weißenberg
	60	1806		Weißenberg
59	62	181(1?)		Neurandsberg
60	67	1816		Neurandsberg
61		1818		Weißenberg
62	66	1821		Neurandsberg
64	63	1823		Neurandsberg
63	63a	o. J.		Neurandsberg
	63b	um 1820		Neurandsberg
63a	64	1820–30		Neurandsberg
63b	64a	1820–30		Neurandsberg
	64b	1820–30		Neurandsberg
	65	1819		Pürgl. b. Neukirchen

Männer	Frauen	Jahr	Herkunft (Beruf)	Fundort
65		1824		Sicklasberg
	68	1826		Neurandsberg
	69	1824		Pilgramsberg
	70	1820–35		Pilgramsberg
	71	1824	Amosried, Gem. Albertsried (Wirtstochter)	Weißenberg
65a		1825		Sicklasberg
	72	1826		Sicklasberg
	73	1828		Pilgramsberg, Bogen, Museum
	74	1830		Sicklasberg
65b	78	1839		Sicklasberg
66		1826		Sicklasberg
	75	1830		Pilgramsberg
66a		1845		Sicklasberg
67	76	1832		Sicklasberg
68		1831	Artlsöd, Gem. Konzell	ebd.
69	77	1835		Sicklasberg, Sammlg. Kriß
70		1839	Konzell (Bräu)	Schönau
	79	um 1840		Sicklasberg
	80	um 1840	Artlsöd, Gem. Konzell	ebd.
71		1843		Pilgramsberg
72		1840–55		Pilgramsberg
73	81	1844		Weißenberg
73a	81a	1844		Pilgramsberg
74	82	1845		Pilgramsberg
	83	um1845		Sicklasberg
	84	1849	Artlsöd, Gem. Konzell	ebd.
75		1850		Weißenberg
	85	1851		Pilgramsberg
76		1854		Sicklasberg
77	86	1854		Weißenberg
78	87	1855		Pilgramsberg
79		um 1850		Sicklasberg
80	88	um 1855		Pilgramsberg
81		1856		Pilgramsberg
	89	1856		Pilgramsberg
82	90	1857		Pilgramsberg
	91	1861		Pilgramsberg
	92	1861		Pilgramsberg
	93	1862		Pilgramsberg
83		1863		Pilgramsberg
84		1863		Pilgramsberg
84a	96	1864		Pilgramsberg
	94	1864	Artlsöd, Gem. Konzell	ebd.
85		1864		Pilgramsberg
86		186(?)		Pilgramsberg
87	95	1864		Pilgramsberg
	97	1865		Pilgramsberg
	98	1866		Neurandsberg
	99	1866		Pilgramsberg
	100	1866		Pilgramsberg
	101	1866	Tiefendorf, Gem. Albertsried	Pilgramsberg
88	102	1867		Pilgramsberg
89	103	1867		Pilgramsberg
90	104	1867		Pilgramsberg
91	107	um 1870		Pilgramsberg
92	106	um 1870		Pilgramsberg
93	105	1870		Pilgramsberg

Männer	Frauen	Jahr	Herkunft (Beruf)	Fundort
	108	1870		Pilgramsberg
94	110	1871		Pilgramsberg
95	109	1871		Pilgramsberg
96	111	1872		Pilgramsberg
97	112	1872		Pilgramsberg
98	113	1873		Pilgramsberg
99	114	1873		Pilgramsberg
100		1873		Pilgramsberg
	115	1874		Pilgramsberg
	116	1874		Pilgramsberg
	117	1874		Pilgramsberg
101		1875		Altrandsberg
102		um 1875		Pilgramsberg
103		1876		Pilgramsberg
	119a	1876		Pilgramsberg
104	118	1876		Pilgramsberg
105	119	1876		Pilgramsberg
106	123	1879		Englmar, Weiße Marterkap., Sammlg. Kriß
	120	1877		Pilgramsberg
	121	1877		Pilgramsberg
	122	1878		Pilgramsberg
107	124	um 1880		Pilgramsberg
106a		1879		Pilgramsberg
108		1881		Pilgramsberg
109		1882		Pilgramsberg
110		1886		Pilgramsberg
111		1887		Pilgramsberg
112		1890		Pilgramsberg

Landkreis *Viechtach*

1	1	1639	Wettzell (Wirt)	Sackenried
	2	1645	Viechtach (Bürger- u. Müllerstochter)	Geiersberg (D)
2	3	1654	Ruhmannsfelden (Bräu)	Geiersberg (D)
3		1655	Kaikenried, Gem. Teisnach (Wirt)	St. Hermann (R)
4		1657	Linden, Gem. Geiersthal (Hofküfer)	St. Hermann (R)
5		1658	Ehrenhof, Gem. Ruhmannsfelden	St. Hermann (R)
	4	1664	Hof, viell. Gem. Allersdorf	St. Hermann (R)
6		1666	Klessing, Gem. Zachenberg	St. Hermann (R)
	5	1666	Leckern, Gem. Wettzell	Weißenregen (K)
	6	1668	Mooshof (2 im Lkrs. Viechtach)	Schönau
7		1669	Kolbersbach, Gem. Drachselsried	St. Hermann
7a		um 1670	Hinterholzen, Gem. Allersdorf	St. Hermann, Sammlg. Kriß
	7	1674	Oberberging, Gem. Rechertsried	St. Hermann
8	8	1681	Ruhmannsfelden	St. Hermann
	9	1685	Rechertsried	St. Hermann
9		1685	Ruhmannsfelden (Müller)	Greising (D)
10	10	1692	Lämmersdorf, Gem. Zachenberg	Greising (D)
11		1692	Böhmersried, Gem. Kirchaitnach	Weißenberg (B)
12	11	1693	Böhmersried, Gem. Kirchaitnach	Weißenberg (B)
13	12	1694	Böbrach (Müller)	Weißenberg (B)
14		1696	Weghof, wohl der in Gem. Achslach	Weißenberg (B)
	13	1700	Viechtach (verw. Schreinerin)	St. Hermann
15		1711	Ruhmannsfelden (Bräu)	St. Hermann
16		1711	Neidling, Gem. Kirchaitnach	Geiersberg (D)
17		1713	Sohl, Gem. Teisnach	St. Hermann
18	14	1714	Muschenried, Gem. Zachenberg	Weißenberg

Männer	Frauen	Jahr	Herkunft (Beruf)	Fundort
19	14a	1715	Zachenberg	Weißenberg
	14b	1718		Arnbruck
20		1720	Schnitzhof, Gem. Schlatzendorf	Greising (D)
21	15	1723	Kaikenried, Gem. Teisnach (Leinweber)	Greising (D)
22	16	um 1725	Unterried, Gem. Drachselsried	St. Hermann
23	17	1726	Wolfsberg, Gem. Zachenberg	St. Hermann
	18	1727	Einweging, Gem. Allersdorf	Greising
24		1729	Wurzhof, Gem. Schönau	Schönau
25	19	1730	Rechertsried	St. Hermann
26		173(?)	Moosbach	Neurandsberg (B)
27	20	1735	Schneitlsberg (?)	Sackenried
	21	1736	Mitterndorf, Gem. Moosbach	Neurandsberg
	22	1737	Unterried, Gem. Drachselsried	St. Hermann
28	23	1753	Pointmannsgrub, Gem. Zachenberg	St. Hermann
29	24	1759	Drachselsried	Arnbruck
	25	1760	Neubau, Gem. Gotteszell	St. Hermann
	26	1766	Engelsdorf, Gem. Ruhmannsdorf	Neurandsberg
30	27	1768	Sohl, Gem. Teisnach	St. Hermann
	28	1771	Moosbach (Wirtstochter)	Neurandsberg
31		1786	Altnußberg, Gem. Schönau	Schönau
32	31	1798		Altnußberg
33	29	um 1795		Altnußberg
34	30	um 1795		Bachmeierholz (K)
35	32	E. 18. Jh.		Schönau
36	37	A. 19. Jh.	Gegend von Viechtach	München, Staatl. Graph. Slg.
37	33a	A. 19. Jh.	Gegend von Viechtach	München, Staatl. Graph. Slg.
38	33	A. 19. Jh.	Gegend von Viechtach	München, Staatl. Graph. Slg.
39	35	A. 19. Jh.	bei Viechtach	München, Staatl. Graph. Slg.
	34	A. 19. Jh.	Gotteszell	Nürnberg, Germ. Nat. Mus./ Kupferst. Kab.
	36	A. 19. Jh.	bei Kollnburg	München, Staatl. Graph. Slg.
	38	um 1820	Gotteszell	Lipovsky, T. 28
	39	um 1820	Gotteszell	Lipovsky, T. 28
40		1818		Arnbruck
	40	1819		Arnbruck
41	41	1820		Sackenried
	42	1821		Altnußberg
42	43	1827	Seigersdorf, Gem. Geiersthal	Altnußberg
43	44	1828		Schönau
	45	1829		Altnußberg
	46	1829		Altnußberg
44	50	1830		Arnbruck
47		1830		Arnbruck
45	51	1830		Arnbruck
	47	1830		Igleinsberg
	48, 49	um 1830	Viechtach	Viechtach, Ansicht d. Marktplatzes
46		um 1830		Sackenried, Priv.-Bes.
48	52	1832	Seigersdorf, Gem. Geiersthal	Altnußberg
	53	1832		Holzhof, Gem. Eismannsberg
49	55	1834		Altnußberg
	54	1833		Sackenried
50	57	1835		Altnußberg
	56	1835		Altnußberg
50b		um 1835		Altnußberg
	58	1836		Arnbruck
50a		1835	(Bräumeister)	St. Wolfgang b. Böbrach
	59	1836		Arnbruck
51	60	1838		Arnbruck

Männer	Frauen	Jahr	Herkunft (Beruf)	Fundort
52	61	1838		Sackenried
53		1839		Schönau
	62	1839		Sackenried
54	63	1842		Schönau
	63a	1845		Schönau
55	64	1843		Schönau
56		1845		Altnußberg
58	65	1845		Arnbruck
57	66	1845		Arnbruck
	67	1846	Viechtach	Viechtach, Ansicht, Priv.-Bes.
	68	1845		Schönau
	68a	1848		Igleinsberg
59		1845		Schönau
59a		1845		Schönau
59b		1848		Igleinsberg
60		um 1850	Arnbruck	ebd.
61	69	1851		Allersdorf
	70	1854		Sackenried
	71	185(4?)		Igleinsberg
63	72	1857		St. Wolfgang b. Böbrach
	72a	um 1857		St. Wolfgang b. Böbrach
62	73	um 1857		St. Wolfgang b. Böbrach
64	74	1857	Böbrach	St. Wolfgang b. Böbrach
	75	1858		St. Wolfgang b. Böbrach
	76	1864	Öd b. Böbrach	St. Wolfgang b. Böbrach
	77	1869		St. Wolfgang b. Böbrach
65	78	1869	Baierweg, Gem. Kollnburg	ebd.
	79	1872		Igleinsberg
	82	1876		Igleinsberg
	83	1877		Igleinsberg
	84	1877		Igleinsberg
66	81	um 1875	Kaitersbach, Gem. Wettzell	ebd.
	80	1879		Igleinsberg
67	85	1882	Pointmannsgrub, Gem. Zachenberg	St. Wolfgang b. Böbrach

Landkreis *Regen*

Männer	Frauen	Jahr	Herkunft (Beruf)	Fundort
	1	1646	Großseiboldsried, Gem. Eggenried	St. Hermann
	2	1653	Regen (Kupferschmiedstochter)	Geiersberg
	3	1660	Ried, Gem. Ellerbach	St. Hermann
1		1660	Trametsried, Gem. Schlag	St. Hermann
	4	1665	Regen (Bürgerin u. Weißbäckin)	St. Hermann
3	5	1667	Regen (Bierbräu)	St. Hermann
2		1667		St. Hermann
5		1670	Oberried, Gem. Bischofsmais	St. Hermann
4	6	1670		St. Hermann
6	7	1672		St. Hermann
7		1675	Ritzmais, Gem. Hochdorf	St. Hermann
8		1679		St. Hermann
	8	1679		St. Hermann
9	9	1680		St. Hermann
10	10	1681	In den Riedern, Gem. Bischofsmais (Weber)	St. Hermann
11		1681	March	St. Hermann
12	9a	1684	Trametsried, Gem. Schlag	Greising (D)
	11	1683	„Althüttenfelden" (Bräu)	St. Hermann
13		1687		St. Hermann
	12	1687		St. Hermann

Männer	Frauen	Jahr	Herkunft (Beruf)	Fundort
14	16	1690		St. Hermann
15	14	1692		St. Hermann
	22	1693		St. Hermann
16	18	1692		St. Hermann
17	15	1692		St. Hermann
18	20	1693		St. Hermann
19	17	1696		St. Hermann
	19	1697		St. Hermann
22	21	E. 17. Jh.		St. Hermann
	13	2.H.17.Jh.		St. Hermann
20		E. 17. Jh.		St. Hermann
23		E. 17. Jh.		St. Hermann
21		E. 17. Jh.	Doppelmühle, Gem. Bischofsmais	St. Hermann
25		A. 18. Jh.		St. Hermann
24		A. 18. Jh.		St. Hermann
26	25	A. 18. Jh.		St. Hermann
	26	A. 18. Jh.		St. Hermann
28	27	A. 18. Jh.		St. Hermann
27	40	um 1720		St. Hermann
31		1703		St. Hermann
30		1703		St. Hermann
32	29	1706	Bodenmais (Bäcker)	St. Hermann
33	23	1706		St. Hermann
35		1708		St. Hermann
36	24	1710	Hochdorf	St. Hermann
	28	1709		St. Hermann
29		1700–10	Bischofsmais	Greising (D)
	29a	1711		St. Hermann
37	30	1712	Zwiesel	St. Hermann
	33	1713		St. Hermann
39	31	1713	March (Schmied)	St. Hermann
34		1712	Regen (Müller)	Greising
38	32	1713		St. Hermann
40		1715		St. Hermann
	35	1717	Bischofsmais (Wirtin)	St. Hermann
	34	1717	Grub, Gem. Ellerbach	St. Hermann
41	36	1719	Bischofsmais (Zimmermeister)	St. Hermann
	38	um 1720		St. Hermann
	40	um 1720		St. Hermann
42	37	172(1?)		St. Hermann
43	41	1722	Reinhardsmais, Gem. Obermais	St. Hermann
44a	39	1722	Bischofsmais	St. Hermann
44	39a	1722		St. Hermann
49	42	1725	Habischried	St. Hermann
	43	17(26?)	Zwieselberg, Gem. Bärnzell	Zwiesel, Museum
	44	1727		St. Hermann
45		1725		St. Hermann
49a	45	1730		St. Hermann
46		1731		St. Hermann
49b		1731	Bäckenbach (?)	St. Hermann
53		1732	Dornhof, Gem. Zell	St. Hermann
53a	47	1732	Lindberg	St. Hermann
47	47b	1732	Hartwachsried, Gem. Habischried	St. Hermann
49c	46	1732		St. Hermann
48	50	1738	Bischofsmais	St. Hermann
50	48	1738	Stadlmühle, Gem. Ellerbach (Müller)	St. Hermann
51		1738		St. Hermann
54		1739	Großbärnbach, Gem. Bischofsmais	St. Hermann

Männer	Frauen	Jahr	Herkunft (Beruf)	Fundort
	49	1738		St. Hermann
52		1740		St. Hermann
	51	1740		St. Hermann
49d	52	um 1740		St. Hermann
59	53	1741	Oberried, Gem. Bischofsmais	St. Hermann
60	54	1741		St. Hermann
55	55	1742	Hartwachsried, Gem. Habischried	St. Hermann
58	57	1743	Frauenau	St. Hermann
61	56	1743	Fahrnbach, Gem. Hochdorf	St. Hermann
56		1743	Bischofsmais	St. Hermann
57	58	1743		St. Hermann
65	59	1743	Kleinbärnbach, Gem. Bischofsmais	St. Hermann
82	59a	1743	Schweinhütte, Gem. Rinchnachmündt	St. Hermann
53b	60	1744	Bärnbach, Gem. Bischofsmais	St. Hermann
53c	60a	1744	Bischofsmais	St. Hermann
65a	60b	1745	Kleinbärnbach, Gem. Bischofsmais	St. Hermann
68	65	1746		St. Hermann
62	61	1746	Schloß Au b. March	St. Hermann
63		1747	Schloß Au b. March (Amtmann)	St. Hermann
53d	60c	1748	Bischofsmais	St. Hermann
53e		1748	Ginselsried, Gem. Hochdorf	St. Hermann
65b		1748	Bischofsmais	St. Hermann
65c		1748		St. Hermann
64	62	1749	Bärnbach, Gem. Bischofsmais	St. Hermann
64a		1749	Bischofsmais	St. Hermann
	63	1749	Bischofsmais	St. Hermann
66	67	1750		St. Hermann
	66	1750	Oberbreitenau, Gem. Habischried	St. Hermann
69		Mi. 18. Jh.		St. Hermann
67	68	Mi. 18. Jh.		St. Hermann
53f	60d	1750	Seiboldsried, Gem. Hochdorf	St. Hermann
72	64	um 1750		St. Hermann
70	70	1753		St. Hermann
74	69	1753		St. Hermann
75	72	1753		St. Hermann
	71	1753		St. Hermann
73	74	1754	Bischofsmais	St. Hermann
77	73	1754	Leitzenried (?)	St. Hermann
77a	60e	1754	Burggrafenried, Gem. Habischried	St. Hermann
53g		1755	Bischofsmais	St. Hermann
76		1756	Kandlbach, Gem. Kasberg	Geiersberg (D), Berlin, Mus. f. Dt. Volkskd.
78		1756		Zwiesel, Museum
68a	65a	1757		St. Hermann
68b	75	1758		St. Hermann
79	77	1759	Hochdorf	St. Hermann
82a		1759	(Groß) Seiboldsried, Gem. Hochdorf	St. Hermann
80	76	1759	Fahrnbach, Gem. Hochdorf	St. Hermann
83	78	1760	Schwaighof, Gem. March	St. Hermann
81	81	1760		St. Hermann
77b	80	um 1760	Dinnenried (?)	St. Hermann
82b	73a	1761	Bärnbach, Gem. Bischofsmais	St. Hermann
77g	73b	1761	Großbärnbach	St. Hermann
68c	82	1761	Bischofsmais	St. Hermann
85	83	1761		St. Hermann
53h	79	1761		St. Hermann
68d	65b	1762		St. Hermann
84		1762	Bischofsmais (Schmied)	St. Hermann

Männer	Frauen	Jahr	Herkunft (Beruf)	Fundort
86	84	1763		St. Hermann
87		1764		Zwiesel, Museum
	85	1764	Raindorfer Mühle, Gem. Raindorf	St. Hermann
	86	o. J.		St. Hermann
68e	87	1765	Ritzmais, Gem. Hochdorf	St. Hermann
88	88	1767		Zwiesel, Museum
82c	89	1767	Obernaglbach, Gem. Kirchberg	St. Hermann, Berlin, Mus. f. Dt. Volkskd.
	90	1768		St. Hermann
82d		1769		St. Hermann
89	93	1769		Zwiesel, Museum
90	91	1770	Ritzmais, Gem. Hochdorf	St. Hermann
	92	1770		St. Hermann
	94	nach 1770	Habischried (ledig)	St. Hermann
91		1770		St. Hermann
95	93a	1771		St. Hermann
95a	93b	o. J.		St. Hermann
77d	95	1771		St. Hermann
77e	96	177(1?)		St. Hermann
93		1772	Einöd, wohl das bei Bodenmais	Bachmeierholz (K)
	97	1772	Kattersdorf, Gem. Eggenried	St. Hermann
94		1772		Zwiesel, Museum
	93c	1772		Zwiesel, Museum
	98	1772		Zwiesel, Museum
96	99	1773		St. Hermann
77h	100	1773		St. Hermann
92		um 1775		St. Hermann
82e	93a	um 1775		St. Hermann
82f		um 1775	Bischofsmais	St. Hermann
	101	um 1775		St. Hermann
77f	93e	1776	Bärndorf, Gem. Bischofsmais	St. Hermann
	102	1776	Fichtenbach, Gem. Hochdorf	St. Hermann
82g	96a	1776	Fichtenbach, Gem. Hochdorf	St. Hermann
82h	104	1777		St. Hermann
82k	104a	1778		St. Hermann
82i	103a	1777		St. Hermann
	103	1777	Oberried, Gem. Bischofsmais	St. Hermann
89a	103b	1778	Höllmannsried, Gem. Zell	St. Hermann
87		1779	Zell	St. Hermann
82l		1780		St. Hermann
	105	1778	Bischofsmais	St. Hermann
98	106	1782	Reinhardsmais, Gem. Oberneumais	Arnbruck (V)
82m	107	1784		St. Hermann
93a		1787		St. Hermann
99	108	1788		Zwiesel, Museum
100		1791	Langbruckmühle, Gem. Hochdorf	St. Hermann
101		1794	Hermannsried, Gem. Bischofsmais	St. Hermann
103		1792		St. Hermann
102	104b	1795		St. Hermann
	109	1796	(wohl Müllerin)	Zwiesel, Museum
	111	1798	Fahrnbach, Gem. Hochdorf	St. Hermann
	110	1788		St. Hermann, Sammlg. Kriß
	112	1799		Zwiesel, Museum
82n	93f	o. J.		St. Hermann
104	113	1801	Bischofsmais (Wirt)	St. Hermann
105	114	1801	(Bader)	Zwiesel
106		1802	(Waldarbeiter)	St. Hermann
107	115	1803		St. Hermann

Männer	Frauen	Jahr	Herkunft (Beruf)	Fundort
108	116	1803		St. Hermann
109	117	1805		Zwiesel, Museum
110		1806		St. Hermann
	120	1806		St. Hermann
	118	1808		St. Hermann
112	118a	1808		St. Hermann
111		1808		St. Hermann
113	119	1888		St. Hermann
	120a	1809	Metten, Gem. Oberneumais	St. Hermann
114		1812		St. Hermann
115	121	1816		St. Hermann
116	122	1817		St. Hermann
117		1817		St. Hermann
118	123	1820		St. Hermann
120	124	1821		Hangerleiten
119		1822		St. Hermann
	125	1825		Zwiesel, Museum
121		1826		St. Hermann
122		1827		Zwiesel, Museum
123		1828		St. Hermann
	126	1828		Zwiesel, Museum
122a		1832		Zwiesel, Museum
124	127	1832		Hangerleiten
	128	1834		St. Hermann
125		1835		St. Hermann
126		1836		St. Hermann
	129	1837		St. Hermann
127	130	1837	Außenried, Gem. Brandten	Zwiesel, Museum
128	131	1838		St. Hermann
129		1838		St. Hermann
130		1839	Bärnzell	Zwiesel, Museum
	132	1841		Zwiesel, Museum
131		1842		St. Hermann
	133	1845		St. Hermann
132	134	1846		Zwiesel, Museum
134		1847		St. Hermann
135	135	1847	Kühhof, Gem. Oberneumais	St. Hermann
136		1848–61		St. Hermann
	136	1848		Zwiesel, Museum
137	137	1849		Hangerleiten
138	138	1850		Hangerleiten
139	139	1849		St. Hermann
133	139a	um 1850		St. Hermann
140		1851	Bischofsmais	St. Hermann
141		1852		St. Hermann
142		1854		St. Hermann
143	140	1854		St. Hermann
	140a	um 1855		St. Hermann
144		1855		St. Hermann
145	141	1858		St. Hermann
146	142	1863		St. Hermann
147		1864		St. Hermann
148	143	1865		St. Hermann
149		1872		St. Hermann
	144	1873		St. Hermann
150	145	1875	Doppelmühle, Gem. Bischofsm. (Müller)	St. Hermann
151	146	1877		St. Hermann
	147	190(?)		St. Hermann

Männer	Frauen	Jahr	Herkunft (Beruf)	Fundort
Landkreis *Deggendorf*				
1	1	1640	Deggendorf	Geiersberg, Deggendorf, Museum
2	2	1644	Stamhof (?)	Geiersberg, Deggendorf, Museum
3	3	1665	Ginn, Gem. Lalling	St. Hermann (R)
	3a	1669	Schwarzach	St. Hermann (R)
4	4	1681	Leoprechtstein, Gem. Deggenau	Greising
	5	1683	Ecking, Gem. Iggensbach	St. Hermann (D)
5		1685	Öd (?)	Greising
6		1692	Edenstetten	Weißenberg (B)
7	6	1692		Greising
8	7	1693	Neumühle, Gem. Grafling od. Schaching	Greising
9	8	1695	Mietzing, Gem. Deggenau	Greising
10	9	1695	Mietzing, Gem. Deggenau	Greising
11	10a	1700	Edenstetten	St. Hermann (R)
	10	1700	Edenstetten	St. Hermann (R)
12	11	1702	Arbing, Gem. Schöllnach	Greising
13	12	1702	Petraching, Gem. Hirschberg	Weißenberg (B)
14		1705	Nemering, Gem. Nadling	St. Hermann (R)
15	13	1713	Böhaming, Gem. Lalling	St. Hermann (R)
16		1715	Hochbühl, Gem. Bergern	Greising
17		1715	Matzing, Gem. Waltersdorf od. Neßlbach	Greising
	14	um 1715	Niederaltaich	ebd.
18	15	1716		Greising
19		1716		Ulrichsberg
20	16	1719	Schloß Egg, Gem. Egg	Greising
21	17	1721		Greising, Sammlg. Kriß
22	18	1724	(Müller)	Greising, Sammlg. Kriß
23	19	1725	Dattingerberg, Gem. Lalling (Zimmermann)	Greising
24		1730	Sicking, Gem. Nadling od. Schwanenkirchen	St. Hermann
25	20	1733		Handlab
26	21	1739	(Müller)	Handlab
	22	1739		Geiersberg
27		1740		Handlab
28		1756	Kandlbach, Gem. Schaching	Geiersberg, Berlin, Mus. f. Dt.Vkde.
29	24	1758	Haidmühle, Gem. Penzenried	Weißenberg (B)
	23	1758		Geiersberg
30	25	1759		Handlab
31	26	1761	Edenstetten	Weißenberg (B)
32	28	1765		Geiersberg
	27	1765		Handlab
33		1766		Geiersberg
	29	1770		Niederaltaich
	30	1772		St. Hermann (R)
34		1776		Greising
35		1777		Greising
36		1778		Greising
37		1778		Handlab
38	31	1780		Handlab
39	32	1785		Halbmeile
40	33	1787		Handlab
41		1790		Greising
	34	1794		Handlab
	35	1796		Handlab
42		um 1800		Geiersberg
43	36	1801		Handlab

Männer	Frauen	Jahr	Herkunft (Beruf)	Fundort
44	37	1801		Handlab
45		1802	Gschwend, Gem. Iggensbach	Handlab
46		1802		Handlab
	38	1802		Handlab
47	41	1803		St. Hermann (R)
	39	1803		Handlab
	40	1803		Handlab
48		1804		Greising
49		1804	Oberried, Gem. Penzenried oder Bergern	Greising
50		1806	(Müller)	Greising
51		1806	Grafling	St. Hermann (R)
	42	1811		Handlab
	43	1815		Handlab
	44	1815		Hintereggenbach, Gem. Iggensbach
	45	1815		Handlab
52		1816	Predling, Gem. Brandlberg	Handlab
53		1816		Handlab
	46	1816		Handlab
	47	1816		Handlab
54	48	1819		Handlab
	49	1817-39		Handlab
55		1820		Geiersberg
	50	1821		Hintereggenbach
	51	1824		Greising
	52	1825		Handlab
56	53	1825		Greising
57	54	1825	Tannleiten (?)	Greising
58	55	1826		Handlab
59	56a	1827		Geiersberg
60		1827	Irrach, Gem. Außernzell	St. Hermann (R)
	56	1827–51		Handlab
	57	1830	Außerrötzing, Gem. Außernzell	Handlab
	58	1830		Handlab
	58a	bis 1830		Handlab
	59	um 1830		Handlab
	60	1830	Hasenleiten, Gem. Iggensbach	Ulrichsberg
	61	1832		Handlab
61		1833		Geiersberg
	62	1833	Oberau (?)	Handlab
	63	1833		Handlab
61a		1833		Handlab
61b	65	1836		Handlab
62	68	1836		Handlab
	64	1836		Hintereggenbach
	66	1836		Handlab
	67	1836		Handlab
63	70	1837	Oberrötzing, Gem. Außernzell	Handlab
	69	1837	Sieberding, Gem. Iggensbach	Handlab
	71	1837		Handlab
64	72	1838	(Der Tracht nach Lkrs. Deggendorf)	St. Hermann (R), Sammlg. Kriß
	73	um 1840	Poppenberg, Gem. Schöllnach	Handlab
65		1842		Geiersberg
	74	1845		Ulrichsberg
66		1847		Handlab
66a		1846	Vorading, Gem. Taiding	St. Hermann (R)
	78	1847	Schöllnach	Rastbuch, Sammlg. Kriß
67		1850		Greising

Männer	Frauen	Jahr	Herkunft (Beruf)	Fundort
	76	1850		Ulrichsberg
	77	1851		Handlab
68	78	1852		Ulrichsberg
	77a	1852		Handlab
69	78a	1853		Rastbuch, Sammlg. Kriß
	79	1854	Bichelstein, Gem. Oberaign	Rastbuch, Sammlg. Kriß
70		1856	Ringelwies, Gem. Greising	Greising
71	80	1858		Geiersberg
71a	80a	1858		Ulrichsberg
	81	1859		Greising
	82	1866		Greising
	83	1868		Handlab
	84	1869		Greising
72	85	1871		Geiersberg
73	86	um 1871		Geiersberg
74	87	1872		Geiersberg
75		1882		Geiersberg
76		1884	Winzer	Handlab
	88	1872		Greising
	89	1872		Greising

Landkreis *Grafenau*

1	1	Mi. 16. Jh.		Oberkreuzberg
2		1607	Grafenau (Bürger u. Glashändler)	? Berlin, Mus. f. Dt. Vkde.
3		1658	Schönberg (Amtmann)	Geiersberg (D)
4		1662	Lindau, Gem. Thurmannsbang (Müller)	St. Hermann (R)
5		1692	Mitternach	St. Hermann (R)
6	2	A. 18. Jh.	St. Oswald	ebd.
7		1742	Dießensteinmühle, Gem. Lembach (Mühlknecht)	Ulrichsberg (D)
8		1743	Kayserhütte/Altschönau (Glashüttenmeister)	St. Hermann (R)
9	3	1776	Grafenau (Lebzelter)	Grafenau Priv.-Bes.
10		1777		Eggenreuth
	4	1790	Grafenau (Lebzelterin)	Grafenau Priv.-Bes.
11		1823	Voitschlag, Gem. Bärnstein	Kirchberg b. Perlesreut (Wo)
12	5	1829	Daxstein b. Schöllnach	? Berlin, Mus. f. Dt. Vkde.
	6	1850		Eggenreuth
13		1830–54		Brudersbrunn
14		1838		Eggenreuth
15		1838		Eggenreuth
	7	1838		Eggenreuth
	7a	1840		Eggenreuth
	8	1841		Brudersbrunn
	9	1841		Brudersbrunn
	10	1843	Seifertsreuth, Gem. Mitternach	Brudersbrunn
	11	um 1845		Brudersbrunn
16		18(45?)	(Holzknecht)	Brudersbrunn
	12	1848		Brudersbrunn
	13	um 1850		Eggenreuth
	14	1851		Brudersbrunn
	15	1852		Brudersbrunn
17		1854		Brudersbrunn
	16	1858		Brudersbrunn
18		1866		Thurmannsbang
	17	um 1880		Brudersbrunn
	18	um 1880		Brudersbrunn

Männer	Frauen	Jahr	Herkunft (Beruf)	Fundort
19		um 1870	Grafenau (Nagelschmied)	Grafenau, Sammlg. Link
20		um 1880	Grafenau	Grafenau, Sammlg. Link
21		A. 19. Jh.	Grafenau (Holzknecht)	Grafenau, Sammlg. Link

Landkreis *Passau* nördl. der Donau
Landkreis *Vilshofen* nördl. der Donau (mit Vh bezeichnet)

1	1	1656	Rathsmannsdorf (Vh) (Erzbisch. Bräuer)	Sammerei (Vh)
2		1670	Kollnberg b. Fürstenstein	St. Wolfgang (Griesb.)
3	2	1671	Schwarzhöring, Gem. Albersdorf (Vh)	St. Hermann (R)
4	3	1697	Öd, wohl das in Gem. Fürstenstein	Vilshofen, Mariahilf
5		1697		Vilshofen, Mariahilf
6	4	1760	Kirchberg (Vh) (Beamtenfrau, Bader u. Gehilfen)	ebd.
7		1782		Büchlberg
8	5	1782	(Lederer)	Büchlberg
9		1782		Büchlberg
10	6	1783		Büchlberg
11		1784		Büchlberg
12	7	1790		Büchlberg
13	8	1792		Büchlberg
14	9	1793		Büchlberg
15	10	1799		Büchlberg
16		1802	Gern, Gem. Kirchberg (Vh) oder Gem. Schimmelbach (Wo)	Büchlberg
17	11	1802		Büchlberg
18	12	A. 19. Jh.		Büchlberg
	13	1811		Büchlberg
19	14	1811		Büchlberg
	15	1813		Büchlberg
	16	1826		Büchlberg
	17	1828		Büchlberg
	18	1832	Öd, wohl das bei Fürstenstein	Handlab (D)
20		1834		Büchlberg
21		1839		Büchlberg
22	19	1842		Büchlberg
23	20	1844		Büchlberg
24	21	1846		Büchlberg
25	22	1847		Büchlberg
26	23	1848		Büchlberg
27	24	1857		Büchlberg
28	25	1866	Tittling (Bäckermeister)	Dachsbergkap. b. Hutthurm
29		1877		Dachsbergkap. b. Hutthurm
30		1877		Dachsbergkap. b. Hutthurm
31	26	1883		Büchlberg
	27	1888		Büchlberg

Landkreis *Wegscheid*

1	1	1598	Obernzell (Bäcker und Ratsherr)	Obernzell
	2	1691		Obernzell
	4	1698		Obernzell
	3	1695		Obernzell
2		E. 17. Jh.		Obernzell
3	5	E. 17. Jh.		Obernzell
	6	1708		Obernzell
4		1708		Obernzell
	7	1710		Obernzell

Männer	Frauen	Jahr	Herkunft (Beruf)	Fundort
5	8	172(?)		Obernzell
6		1731		Obernzell
	9	1733		Obernzell
11		Mi. 18. Jh.		Rackling
	10	1740–60		Rackling
7	11	1741		Obernzell
8		1745		Obernzell
9		1748		Obernzell
10	12	1750		Obernzell
12		1751		Obernzell
	13	1752		Obernzell
	14	1752		Obernzell
	17	1752–78		Rackling
13	15	1753		Rackling
14		1753		Obernzell
	16	1755		Rackling
	18	1760		Obernzell
15	19	1761		Rackling
	20	1761		Obernzell
16	21	1763		Rackling
	22	1764		Rackling
17	23	1765		Rackling
18	24	1766		Rackling
19	25	1767		Rackling
20	26	1781	Obernzell (Bürgerschaft)	Büchlberg
	27	1810		Obernzell
	28	1839		Obernzell

Landkreis *Wolfstein*

Männer	Frauen	Jahr	Herkunft (Beruf)	Fundort
	1	E. 17. Jh.	Freyung (Bürgerin)	St. Hermann (R)
1		1817		Kirchberg b. Perlesreut
2	2	1839		Hobelsberg
3		1840–60		Hobelsberg
	3	1840–60		Hobelsberg
4		1844	Simonsreut (Webermeister)	Kirchberg b. P.
5	4	1844	Grainet (Hufschmied)	Aigenstadl
	5	1847		Aigenstadl
	6	1848		Hobelsberg
	7	1850		Aigenstadl
6	8	1850		Kirchberg b. P.
	9	1853		Aigenstadl
7	10	1855		Aigenstadl
8		1856		Aigenstadl
9	11	1857		Aigenstadl
10	12	1858		Aigenstadl
	13	1860		Aigenstadl
11	14	1861		Aigenstadl
	15	1862		Aigenstadl
	16	1865		Aigenstadl
12	18	1872		Aigenstadl
13	17	um 1875		Aigenstadl
	19	190(?)		Kirchberg b. P.
	20	1901		Kirchberg b. P.
	21	1905	Kirchberg b. Perlesreut	ebd.

Männer	Frauen	Jahr	Herkunft (Beruf)	Fundort
Böhmerwald				
1	1	um 1600	Bergreichenstein	ebd., Pfarrkirche
2	2	1611		ebd., Pfarrkirche
3	3	1632	Prachatitz	ebd., Pfarrkirche
4	4	1694	Seewiesen, Künisches Gebiet	ebd. Eisenstein Museum
–	–	1700	Flecken b. Neuern	Rittsteig (K) Tabelle K/B 11/g
5	5	1718		Bergreichenstein, Museum
5a		1759	Kubitzen b. Taus	Moosbach (Vohenstr.)
6	6	1816	Prachatitz	ebd. Schützenscheibenmus.
7		1819	Prachatitz	ebd. Schützenscheibenmus.
8	7	1830	Prachatitz	ebd. Schützenscheibenmus.
9	8	1847	Guthausen b. Wallern	ebd.
10	9	um 1850	Stubenbach, Bez. Schüttenhofen	Schramek, T. 1
11	10	1861	Prachatitz	ebd. Schützenscheibenmus.
12	11	um 1870	Neumark	Ö-U.M.S.573
13	12	um 1890		Ö-U.M.S.579
14	13	um 1900	Stadln od. Haidl, Kün.Gebiet	Bergreichenstein, Museum
	14	um 1900	Wallern	Schramek, T. 4
15	15	um 1900	Krenau, Bez. Kalsching	Böhmerwaldmus. Oberplan

Tabellen der Trachten

Tabelle der Männer- und Frauentrachten
im Bayerischen- und Böhmerwald

Tabelle der Männertrachten
im Bayerischen- und Böhmerwald

Tabelle der Frauentrachten
im Bayerischen- und Böhmerwald

Tabelle der Männer- und Frauentrachten im Bayerischen- und Böhmerwald

Die unterstrichenen Figuren sind dem Herkunftsort nach gesichert, die übrigen nach Fundort der Votivtafeln geordnet.

Jugendtrachten sind kleiner gezeichnet
A bedeutet Arbeits- u. Alltagstracht
R bedeutet Rückseite

12 13 14 15 16 17 18 19 20 21
1830-54 1838 1838 18(45?) 1854 1866 noch um 1870 um 1880 um 1900
A
NAGELSCHMIED
14 15 16 17 18 19 20 21 22 23 24 25 26 27 28 29 30 31
1793 1799 1802 1802, Anf. 19. Jh., 1811 1834 1839 1842 1844 1846 1847 1848 1857 1866 1877 1877 1883
Joppen
WESTEN
BÄCK.
20
1781
Landkreis Wolfstein
1 2 3 4 5 6 7 8 9 10 11 12 13
1817 1839 1840-60 1844 1844 um 1850 1855 1856 1857 1858 1861 1877 um 1875
WEBERMSTR.
Huf-schmied
6 7 7a 8 9 10 11 12 13 14 15 16 17 18
1830 1838-40 1841 1841 1843 um 1845 1848 um 1850 1851 1852 1858 um 1880
SCHÜRZE?
11 12 13 14 15 16 17 18 19 20 21 22 23 24 25 26 27
1802 Anfg. 19. Jh. 1811 1811 1813 1826 1828 1832 1842 1844 1846 1847 1848 1857 18 66 1883 1888
H
Landkreis Wolfstein
2 4 7 9 12 15 17 19 20
1839 1844 1850 1853 1858 1862 um 1875 190(?) 1901
27 28
1839
1 3 5 6 8 10 11 13 14 16 18 21
1840-60 (-82) 1847 1848, um 1850 1855 1857 1860 1861 1865 1877 1905
Schürze
Schürze?
14 15 1 2 3 4 5 5a 6 7 8 9 10 11 12 13 14 15
1900 um 1600 1611 1632 1694 1718 1759 1816 1819 1830 1847 um 1850 1870 um 1890 um 1900
R